El efecto empatía

Helen Riess
con Liz Neporent

Helen Riess
con Liz Neporent

El efecto empatía

7 claves basadas en la neurociencia para transformar nuestra forma de vivir, de amar, de trabajar y de conectar a través de las diferencias

EDICIONES OBELISCO

Si este libro le ha interesado y desea que le mantengamos informado de nuestras publicaciones, escríbanos indicándonos qué temas son de su interés (Astrología, Autoayuda, Ciencias Ocultas, Artes Marciales, Naturismo, Espiritualidad, Tradición...) y gustosamente le complaceremos.

Puede consultar nuestro catálogo en www.edicionesobelisco.com

Colección Psicología
El efecto empatía
Helen Riess, Liz Neporent & Alan Alda

1.ª edición: octubre de 2021

Título original: *The Empathy Effect*

Traducción: *Adolf Fuertes*
Corrección: *M.ª Ángeles Olivera*
Diseño de cubierta: *Enrique Iborra*

Edita: Ediciones Obelisco, S. L.
Collita, 23-25. Pol. Ind. Molí de la Bastida
08191 Rubí - Barcelona - España
Tel. 93 309 85 25
E-mail: info@edicionesobelisco.com

ISBN: 978-84-9111-781-0
Depósito Legal: B-15.348-2021

Impreso en los talleres gráficos de Romanyà/Valls S. A.
Verdaguer, 1 - 08786 Capellades - Barcelona

Printed in Spain

Nota:
Se han cambiado algunos nombres y datos que pueden identificar a las personas con vistas a proteger su privacidad. Las opiniones que aparecen en este libro no reflejan necesariamente las de las instituciones a las que está vinculada la Dra. Helen Riess. E.M.P.A.T.H.Y.® es una marca registrada del Hospital General de Massachusetts, bajo su licencia exclusiva, para Empathetics, Inc.

Este libro está dedicado a todos aquellos que conocen la sensación de haber sido considerados «distintos», y a la confianza en que la empatía y la humanidad que compartimos llegarán un día a unirnos.

Prólogo de Alan Alda

En una carretera cualquiera, un coche hecho añicos quedó atravesado en un cruce con los faros caídos. Al lado del coche había un hombre sentado, cubierto de sangre.

Mi amigo George lo vio y detuvo su coche. Alguien comentó que la policía estaba de camino. George salió del coche pero no se quedó allí mirando, en silencio, como hacían otros. Se sentó en el asfalto y sostuvo al hombre en sus brazos, acercándolo a su pecho y susurrándole palabras de ánimo y confort mientras la sangre que goteaba de la cabeza del hombre caía sobre su ropa. ¿Qué le dio la fuerza a George para hacer eso? Él se enfrentó al problema, no se apartó de él.

Hace unos años, mi amigo Bert se encontraba alojado en un hotel de Chicago. Corría el año 1968 y se estaba celebrando la Convención Demócrata en medio de grandes protestas. La calle donde se ubicaba el hotel estaba llena de jóvenes que gritaban consignas. De pronto, estalló la violencia y la policía respondió a su vez con violencia. Algunos manifestantes corrieron a refugiarse al hotel con la esperanza de escapar de la policía. Al cabo de pocos minutos llamaron a la puerta de Bert, que abrió y se encontró con varios jóvenes ensangrentados. Bert les dejó entrar, pero a los pocos minutos ya tenía a la policía en la puerta. Los agentes se llevaron a los manifestantes, a algunos de ellos arrastrándolos por el pelo.

Una vez sólo, Bert sintió la apremiante necesidad de hacer algo al respecto, así que se puso una corbata y una americana y bajó a la calle. Allí, con prudencia se abrió paso entre la muchedumbre, camino de la comisaría en la que estaban detenidos los jóvenes.

Una vez dentro, se dirigió al sargento que había en la recepción y se hizo pasar por un abogado de Nueva York (de hecho, Bert era actor). Dijo representar a los jóvenes que acababan de ser trasladados a la comisaría.

Asumía el riesgo de que a esas horas de la noche la policía no podría llamar a Nueva York para comprobar sus credenciales. Y funcionó. Consiguió sacar a los jóvenes de la cárcel y llevarlos a un hospital sin que lo arrestaran.

He pensado muchas veces en estos dos amigos y me he preguntado de dónde sacaron la valentía para llevar a cabo semejantes actos de generosidad.

La conclusión a la que he llegado es que esa valentía les viene de lo que es el tema de este libro: la empatía.

Durante más de veinticinco años he intentado comprender qué es lo que lleva a la gente a relacionarse con los demás de la forma más positiva posible, a comunicarse de manera diáfana, sin obstáculos ni malentendidos, y con el tiempo he tenido cada vez más claro que lo que realmente buscaba era la empatía.

Helen Riess es una experta en el tema, y cuando la conocí me di cuenta de que finalmente había entendido el valiente comportamiento de mis amigos. Ellos habían experimentado un instante de empatía y habían actuado en consecuencia.

Pero ¿qué es exactamente la empatía? Al intentar definirla, surgen todo tipo de contradicciones. Para algunos, empatía es compasión, mientras que para otros podría ser un *importante paso intermedio* hacia la compasión que no necesariamente implica en sí mismo una buena conducta. Otras personas afirman que, sea lo que sea, todos nacemos con una cierta empatía que ya no volvemos a tener después. No, dicen otros: la empatía es algo que se enseña cuando somos niños. Y, cómo no, también están los que declaran rotundamente que la empatía *no puede* enseñarse.

Helen Riess se introduce entre tanto desacuerdo y acalla a la multitud. Helen sabe que la empatía puede enseñarse porque ella misma la enseña y la estudia. Sus enseñanzas han llegado a miles de profesionales médicos. Ha observado cómo aumentaban los niveles de empatía y ha documentado los resultados de sus estudios.

Helen aborda desde la esencialidad un rasgo humano que es esencial. Los científicos que han estudiado lo que nos distingue de los otros animales me han confirmado que la empatía tiene una importancia fundamental en nuestra configuración. Nos da la capacidad de leer la mente de los demás, o también, dicho de un modo menos espectacular, de considerar su perspectiva y ver el mundo tal como lo ven ellos. Y quizás sea esta capacidad la que, en gran medida, hace la vida posible para los modernos humanos.

La empatía no sólo logra que surja una conversación: también posibilita el comercio e incluso la política. (¿Cómo puedes convencer a alguien de que lo que le propones le interesa si no eres capaz de saber qué es lo que le interesa?).

Así pues, no debería sorprendernos que hayamos estado planteándonos todo tipo de preguntas sobre este rasgo tan nuestro durante siglos.

Hace unos cien años solamente que la palabra *empatía* se utiliza en nuestra lengua, aunque tanto escritores como filósofos la han explorado durante mucho tiempo.

Walt Whitman pensaba en el efecto que podía tener en nosotros el sufrimiento de otra persona cuando escribió: «No pregunto al herido cómo se siente. Yo me convierto en el herido». Whitman estaba descubriendo la idea de que entendemos lo que siente otra persona cuando experimentamos esos sentimientos en nosotros mismos. De algún modo, nuestros sentimientos son el prisma a través del cual vemos los sentimientos del otro.

David Hume dijo: «Las mentes de los hombres son espejos unas de otras».

Y las reflexiones sobre el tema se remontan como mínimo hasta Homero, quien en el siglo VIII a. C. escribió: «[...] enseñado por el tiempo, mi corazón ha aprendido a brillar con lo bueno de los demás y a fundirse en la desdicha de los otros».

La empatía no es lo mismo que la compasión, pero cuesta imaginar la existencia de una compasión sin empatía. Parece algo fundamental de nuestra condición humana, algo que va al centro mismo de los riesgos que asumieron mis amigos en aquellas lejanas noches por la seguridad de unas personas que ni tan siquiera conocían.

¿Qué nos hace conectar con los demás? ¿Qué nos ayuda a construir cosas juntos? ¿A colaborar de forma desinteresada? ¿Qué fuerza poderosa nos empuja a sacar lo mejor de nosotros mismos?

Si la pregunta es *cómo podemos alcanzar ese algo fundamental que nos ayuda a progresar*, la respuesta la encontrarás en el libro que tienes entre las manos.

Alan Alda

Introducción

¿Por qué la empatía?

En mi primer año como estudiante en la Facultad de Medicina de la Universidad de Boston, mi profesor de psiquiatría, el doctor Richard Chasin, dispuso unas cuantas sillas en círculo sobre un estrado; el círculo representaba un sistema familiar cuyos miembros habían sufrido algún trauma. Cada silla representaba un miembro de la familia. Sin centrarse exclusivamente en un individuo traumatizado, Chasin demostró que era toda la familia la que expresaba y gestionaba las emociones de aquellos que sufrían. Cada vez que se quitaba una silla del sistema, la familia tenía que lidiar con la situación creada por el hecho de que ese miembro ya no desempeñaba su papel.

Fue la primera vez que me di cuenta de que mi familia no era ni tan única ni incluso tan poco común como yo siempre había pensado. Fue un alivio comprobar que podía reconocer y compartir –los elementos básicos de la empatía– todos los temas que habían modelado mi primera infancia.

Mis padres llegaron a Estados Unidos tras perderlo casi todo en la Segunda Guerra Mundial. Cuando mi padre apenas tenía catorce años, sus padres fueron ejecutados por un régimen dictatorial. En aquel momento, junto a sus dos hermanas fue apartado de una vida privilegiada y enviado a un campo de exterminio por inanición. La familia de mi madre también fue obligada a dejar su hogar y todas sus pertenencias para ir a campos de trabajo, donde su padre murió. Son historias terribles que rondan las cuatro esquinas de nuestros hogares como cortinas de una ventana: entraba mucha luz, pero las telas siempre estaban ahí, haciendo sombra.

Para complicar aún más esta historia, mis padres eran de ascendencia alemana y protestantes. Sus antepasados se trasladaron al valle del Danubio, en Yugoslavia, hacia la primera década del siglo XIX. Allí vivieron en paz hasta casi el final de la Segunda Guerra Mundial. Con el régimen de Tito fueron inmediatamente barridos en medio de la limpieza étnica que buscaba la eliminación de la minoría alemana y de otros grupos «indeseables». Por un triste capricho del destino, el régimen de Tito sacó a estos alemanes de sus casas y los envió a campos de concentración, exactamente lo mismo que estaba haciendo el régimen alemán de Hitler a millones de judíos y otras minorías en Europa, y lo mismo que habían hecho regímenes despiadados a lo largo de la historia a millones de otros seres humanos cuyas historias siguen sin conocerse.

Mis padres se escaparon de los campos con la ayuda de su fe y la empatía transformadora de las personas que conformaban su comunidad parroquial. Posteriormente se conocieron y se casaron en Austria, y desde allí emigraron a Estados Unidos. Las personas que no les comprendieron ni quisieron saber sus historias los juzgaron al instante por su origen y su acento alemán. Para muchos, el hecho de ser alemanes los hacía cómplices de los mismos horrores por los que habían pasado.

El dolor de ser juzgados y asociados a los horrendos crímenes de la guerra, agravado por la escasa empatía recibida por su experiencia, tuvo un profundo efecto en ellos. Por si no bastara con las trágicas pérdidas de la familia, el hogar y la tierra natal, todos los juicios erróneos vertidos sobre ellos les resultaron difíciles de soportar. Y esas ideas equivocadas también me afectaron profundamente a mí.

De niña me enfadaba mucho cuando mis compañeros de clase ridiculizaban a los otros por cosas que no podían controlar, como el color de su piel, el lugar donde vivían o su situación familiar. La injusticia que suponía el dejarse engañar por las apariencias me irritaba enormemente, lo cual dejó paso a una preocupación por la justicia social que me ha acompañado hasta el presente. Fue este deseo de sanar el dolor emocional de los demás lo que me llevó a cursar la carrera de psiquiatría. Ahora, como profesional, escucho a mis pacientes contar historias sobre la estigmatización que sufren por su trastorno mental, o los interrogatorios a los que se les somete porque «toman tantos fármacos psiquiátricos», y me irrita la falta de empatía por los esfuerzos que todos ellos están llevando a cabo.

Cuando hace aproximadamente una década empezaron a publicarse titulares en el *New York Times*, el *Wall Street Journal* y el *Washington Post* que sistemáticamente pedían una mayor presencia de la empatía en la atención sanitaria, yo ya estaba investigando sobre el tema de la empatía. En el Departamento de Psiquiatría del Hospital General de Massachusetts (HGM) investigábamos si los parámetros fisiológicos entre pacientes y facultativos coincidían en aquellas visitas en las que la conducta de estos últimos era más empática. Nos interesaba ver si podíamos encontrar alguna prueba física que demostrara que dos personas están «en sintonía».

Mediante una sencilla tecnología denominada *respuesta galvánica de la piel*, que mide los cambios de resistencia eléctrica de la piel y es uno de los indicadores más sensibles de la activación emocional, un exestudiante mío, el doctor Carl Marci, obtuvo registros fisiológicos que revelaban cuándo había sintonía y cuándo no entre los facultativos y los pacientes. Dichos registros revelaron la presencia de una actividad electrodermal que mide la cantidad de sudor secretado en la piel e indica el grado de actividad fisiológica y emocional que se da en tiempo real. A continuación, pedimos a los pacientes que clasificaran a sus médicos en una escala de empatía. El resultado fue que los facultativos pertenecientes a las parejas paciente-médico con mayor concordancia psicológica recibieron una mayor puntuación.

Lo importante aquí fue que habíamos descubierto un biomarcador que parecía cuantificar ese escurridizo rasgo llamado empatía. Una mujer que vio el resultado de su registro, su estado interno de ansiedad y la respuesta del facultativo dijo con la voz entrecortada: «Me siento como si estuviera viendo una radiografía de mi mente». Había vivido con ansiedad casi toda su vida, pero sentía que nadie había detectado nunca su dolor. El poder ver esa conexión le ayudó a conseguir grandes adelantos en su tratamiento. Aquí destacamos el poder de la empatía mientras perfeccionamos nuestra capacidad de identificarla y cuantificarla.

Cuando era docente en la Facultad de Medicina de Harvard me fascinaba que pudiéramos hacer visibles las emociones invisibles, y empecé a pensar en cómo utilizar esta herramienta para mejorar la respuesta empática de los profesionales médicos. Me sentí muy afortunada al obtener una beca posdoctoral de enseñanza *médica en Harvard y* asistir a cursos del Instituto Macy de Harvard para aprender sobre la neurociencia de la empatía e incorporar nuevas herramientas, además de crear una intervención de formación en empatía y probarla en un ensayo aleatorio controlado.

A raíz de ello fundé el Programa de Empatía y Ciencia Relacional del Massachusetts General Hospital, el primer programa de investigación de clase. Al principio, muchos expertos creían que la empatía era algo que viene de nacimiento: o la tienes o no la tienes. En las investigaciones llevadas a cabo con mis colegas del Programa de Empatía, seleccionamos a un grupo de facultativos de seis especialidades distintas para investigar si, con una breve formación en habilidades empáticas, era posible enseñarles a percibir mejor las señales emocionales de los pacientes y responder a ellas de un modo más eficaz. Se pidió a los pacientes que puntuaran a los facultativos antes y después del período de formación: aquellos facultativos que habían sido asignados al grupo de formación obtuvieron sistemáticamente una puntuación mucho más alta en los baremos de empatía que los que no habían formado parte de dicho grupo. Y, efectivamente, constatamos que la empatía sí que podía ser enseñada y aprendida.

Sabemos que, cuando los pacientes son tratados con mayor empatía y respeto, su experiencia mejora y, como consecuencia, hay más posibilidades de que confíen en su médico y acepten sus recomendaciones, y los resultados médicos sean más positivos. También los facultativos se benefician de ello. Nuestra investigación demostró que una mayor empatía en sus interacciones les proporcionaba una mayor satisfacción laboral y una menor sensación de desgaste. Asimismo, los médicos participantes afirmaron que, al sentarse y ver a la persona en su globalidad enfrente, no solamente la enfermedad o la parte del cuerpo herida, se sintieron más conectados a sus pacientes y a su profesión.

Mis cursos de formación en empatía empezaron a ser tan solicitados que no podía hacerme cargo de ellos exclusivamente mediante la modalidad presencial. Un curso en el Instituto Macy de Harvard denominado Principales Innovaciones en Asistencia y Enseñanza Sanitaria me enseñó a adaptar mi programa para alcanzar al mayor número de personas posible, y en consecuencia cofundé Empathetics, Inc., una empresa dedicada a la formación en empatía que facilita aprendizaje *online* y brinda soluciones de formación presencial sobre el tema en todo el mundo.

No tardaron en llegar solicitudes de formación en empatía por parte de otros profesionales, y fue entonces cuando me di cuenta de que los métodos que había diseñado para enseñar a los profesionales médicos pueden aplicarse en realidad a cualquiera, independientemente de quiénes sean, de lo que hagan o de dónde vengan. De hecho, la primera empresa que implementó nuestro programa de formación fue un gran banco del Medio Oeste estadounidense. Su vicepresidenta ejecutiva de desarrollo organizativo, Lauris Woolford, supo ver que la empatía era una competencia clave para que sus equipos ejecutivos llevaran el éxito a la empresa.

En este libro espero demostrar que una mayor empatía hacia los demás seres humanos puede mejorar tu vida y la sociedad en su conjunto. Mediante la empatía, los padres ven a sus hijos como lo que son y les ayudan a realizar su potencial. Los profesores conectan con los estudiantes de un modo que ayuda a éstos a descubrir y ampliar su talento. Las empresas tienen más probabilidades de crecer porque invierten en las personas que trabajan para ellas. Los políticos empiezan a representar las necesidades de todas sus circunscripciones. Las artes siempre han sido un conector para que gentes de todos los ámbitos de la vida aprendieran más unas de otras, encontraran intereses comunes, inspiraran curiosidad en lugar de opinión y compartieran experiencias empáticas que nos recuerdan que todas las personas formamos parte del tejido de la humanidad.

Las siete claves de la empatía que he desarrollado en mi investigación y he perfeccionado en mi formación pueden ayudarte a llevar una vida mejor. Aprenderás a saber lo que son y a cómo emplearlas para mejorar todas las facetas de tu vida, desde las relaciones más íntimas hasta la vida familiar, el entorno educativo, la empresa, la vida comunitaria y el liderazgo en las organizaciones. Cuanto más sintonizamos con las ricas redes neuronales que conforman la inteligencia mental compartida –el tema de nuestro siguiente capítulo–, más contribuimos a mejorar la vida de los demás y a hacer que el mundo sea un lugar más inclusivo y tolerante.

Cualquier parecido de las personas mencionadas en este libro con pacientes reales y sus familias es pura coincidencia y carece de toda intencionalidad. Para facilitar la lectura, cuando hago referencia a individuos utilizo los pronombres en singular *él* y *ella* en lugar de *él o ella*, una fórmula más engorrosa. Con ello no pretendo entrar en generalizaciones propias de la cuestión de género. Las opiniones que se analizan en este libro son sólo mías y no reflejan necesariamente las de las instituciones con las que estoy vinculada.

Parte I

1

La inteligencia mental compartida

Sandra se dejó caer en la silla de mi despacho con un hondo suspiro. La expresión de su cara era una premonición.

«No sé cómo voy a lograr superar lo ocurrido», dijo.

Sentí que se me hacía un nudo en la garganta y el corazón me latía con más fuerza. Sin conocer los detalles, había captado su emoción cuando una sensación de miedo y temor se apoderó de mí. Formaba parte del equipo de emergencias que socorría a los heridos por los atentados de la maratón de Boston. Cuando intentó quitarle la zapatilla a uno de los corredores heridos, se quedó con la pierna en sus manos.

Puede que esta historia te deje sin aliento o te haga sentir incómodo. Quizás hasta te hayas tocado la pierna de forma inconsciente. Si es así es porque has vivido una experiencia mental compartida.

Incluso sin haber sentido nada físicamente, tu cerebro habrá registrado el dolor físico y emocional de Sandra y de la víctima a través de circuitos neuronales especializados que muestran de forma aproximada lo que sintió Sandra, y entonces es probable que no te sientas exactamente igual que antes de leer lo narrado. Así es como funciona la empatía. Por un momento imaginamos los pensamientos y sentimientos de otra persona, y experimentamos su malestar. Situaciones como ésta suelen desencadenar lo que se conoce como *preocupación empática*, un sentimiento de afecto hacia la otra persona que motiva una respuesta compasiva.

En muchos casos, la preocupación empática impulsa nuestra motivación para ayudar. Por increíble que parezca, la empatía es objeto de investigación exclusiva de un campo entero de la psicología y la neurociencia, con unos resultados fascinantes. Los estudiosos de la empatía consideran que ésta tiene su origen en el cuidado parental, cuya finalidad era garantizar la supervivencia de los hijos mediante un comportamiento afectuoso. Este comportamiento afectuoso hacia los demás ha hecho posible la supervivencia de nuestra especie, lo cual ha permitido que los circuitos cerebrales de la empatía se hayan conservado durante milenios.

Hay muchas definiciones de empatía, y ésta ha provocado confusión incluso entre los muy variados tipos de expertos que la estudian, incluyendo a filósofos, psicólogos, científicos y educadores que han intentado definirla como un solo rasgo. La empatía se define sobre todo como aquella capacidad humana formada por distintas facetas que, juntas, hacen que nos conmuevan las dificultades y las emociones de los demás. Yo prefiero usar el término *capacidad empática* en lugar de *empatía*, ya que este último transmite la idea de que la empatía la componen muchas y muy distintas facetas psicológicas y fisiológicas.

Nuestra capacidad empática requiere circuitos cerebrales especializados con los que podemos percibir, procesar y responder a los demás –recordemos mi reacción ante la experiencia vivida por Sandra en la maratón de Boston–. La integración de estas tres actividades tan humanas anticipa cuán «empática» es una persona. Cuando la gente muestra empatía por los demás, normalmente se les da bien *percibir* lo que sienten los demás, pueden *procesar la información* y pueden *responder con eficacia*. Así pues, es importante ampliar la definición: capacidad de abarcar el ciclo completo de la empatía, desde la percepción *de* hasta la respuesta *a* la experiencia de alguien, y finalmente comprobar su exactitud con esa persona, en caso de duda. Esta última parte del ciclo lleva el nombre de *exactitud empática*. En el libro usaré el término científico *empático* en lugar del de *comprensivo*,[1] ya que la información se basa en la neurociencia de la empatía.

---

1. La autora establece una distinción de matiz entre las voces inglesas *empathetic* y *empathic*, que sin embargo, poseen un significado equivalente según diccona-

Volvamos al caso de Sandra. Capté sus sentimientos al percibir su expresión facial, su postura y el tono de su voz, y al imaginar qué podía motivarle a ayudar a un hombre herido y tener de repente su pierna entera entre las manos, separada del cuerpo. Una historia abrumadora. Tuve que componerme para poder escuchar con atención su relato sin verme arrollada por el horror. Lo conseguí mediante una respiración lenta, calmada y profunda con la que estabilizarme. Tampoco sabía exactamente qué emociones estaba sintiendo Sandra, pero sí que eran muy incómodas y yo debía profundizar en ello. Tenía que ocuparme de mi propia reacción emocional como ser humano antes de poder ayudarla realmente. Eché mano de mi técnica «ABC», que es una de las bases de mis cursos de formación en empatía. Así, al registrarme la tensión y las palpitaciones, (A) reconocí que estábamos entrando en una conversación difícil desde el punto de vista emocional, (B) respiré profundamente para gestionar mi reacción y (C) activé mi curiosidad para saber más. Supuse que entre sus emociones estaban el terror y la pena. Al preguntarle qué sentía, Sandra dijo que estaba aterrorizada y desconsolada, y después añadió también que se sentía culpable.

«Debería haber podido hacer algo más por él», dijo.

Tuve entonces que imaginarme qué se siente cuando intentas ayudar a alguien y parece que tus esfuerzos sólo han servido para empeorar las cosas. (Lo cual, obviamente, no era el caso. La pierna estaba dañada, de un modo trágico e irreparable, por la metralla de la bomba y no podría haberse salvado de ningún modo). Se trataba de un ejercicio de perspectiva e imaginación, ya que nunca me había encontrado con una situación así. En mi papel de terapeuta no podía dejar que siguiera adelante ese momento de angustia compartida, que en un principio me había permitido conectar con su terrible experiencia. Tuve que adoptar una actitud más meditada que me permitiera activar mi curiosidad y mi capacidad profesional como psiquiatra para comprender la situación por la que había atravesado Sandra, la cual necesitaba sanar, y

---

rios de referencia como el de Oxford o el Merriam-Webster. En nuestra traducción hemos tratado de reflejar esa diferencia de matiz que trata de hacer notar la autora. *(N. del T.)*

necesitaba a alguien que diera fe de lo que había ocurrido y le ayudara a recuperarse de su trauma psicológico.

La empatía se desencadena en el cerebro de un modo que ha sido demostrado por estudios con neuroimágenes, en los que se fotografía el cerebro mientras la persona está en un escáner mirando imágenes o vídeos que activan estructuras relacionadas con la empatía. Los investigadores han identificado distintas regiones del cerebro que se activan cuando las personas sienten empatía por los demás. Una de las principales contribuciones de los neurocientíficos que estudian la empatía ha sido probar que la capacidad tiene partes tanto emocionales (afectivas) como cognitivas (mentales). Juntando ambas, hoy sabemos que la empatía se acciona cuando las personas entienden el sufrimiento de los demás y responden adecuadamente incluso sin sentir exactamente la misma emoción, pero accediendo cognitivamente a la experiencia a través de la imaginación.

La capacidad empática es un rasgo humano fundamental que acarreamos en cualquier aspecto de nuestra vida, desde la paternidad hasta los sistemas educativos, la asistencia sanitaria, el puesto de trabajo, la empresa, las prácticas jurídicas, las artes, el medio ambiente, el ámbito digital y el liderazgo y la política. Analizaremos por qué y cómo la empatía nos ayuda a sopesar posibilidades y resultados que nunca podríamos alcanzar por nosotros mismos, pero sí gracias al poder de nuestros cerebros compartidos cuando nos entendemos mutuamente y cooperamos unos con otros. Del mismo modo que la empatía evolucionó para asegurar el cuidado parental y la supervivencia de los hijos, el modelo de cuidado parental constituye la base para la comprensión de la empatía en otros contextos.

En el pasado, la gente pensaba que uno nacía con la empatía o no, y que poco podía hacerse al respecto. Es muy importante para quienes estudiamos las aplicaciones de la empatía que ésta *pueda* enseñarse. Las investigaciones que hemos llevado a cabo en mi laboratorio han demostrado esta hipótesis. Así, mostramos que los pacientes otorgaban a sus médicos una mayor puntuación en las escalas de empatía después de la formación que éstos habían recibido. Mediante las intervenciones específicas se pueden impulsar las competencias relacionadas con la percepción, la adopción de distintas perspectivas y la autorregulación, para garantizar así que el sufrimiento de los demás no nos desborde y nos provoque desasosiego. La empatía es un delicado equilibrio entre el reconocimiento de los sentimientos ajenos y el aprendizaje de cómo gestionar nuestros propios sentimientos para poder ayudar a los demás. Tenemos que aprender a gestionar nuestras respuestas empáticas para después ofrecer nosotros respuestas solidarias aun cuando no podamos encontrar las palabras de forma inmediata.

Einfühlung

La palabra *empatía* no surgió hasta principios del siglo XX. Deriva del vocablo alemán *einfühlung*, que significa 'penetrar en algo a través del sentimiento', y fue introducido por esteticistas alemanes a mediados y finales del siglo XIX para describir la experiencia emocional que provoca observar una obra de arte y sentir que entras en esa experiencia emocional a través del sentimiento. Su origen se halla en el vocablo griego *empatheia* (de *em*, 'en', y *pathos*, 'sentimiento'), de principios del siglo XX. Este fenómeno, que un artista a quien el espectador quizás nunca conozca pueda proyectar emociones que inspiren el cuadro (o la música, o la obra de teatro), fue el primer intento de describir cómo podemos «entrar en las emociones de los demás a través de nuestro sentimiento». El significado original describía una conexión cinestésica con una pintura o una escultura. También incluía la sensación de emocionarse con el arte y conectar profundamente con él desde lo emocional.

La palabra *empatía* se confunde a menudo con otros términos similares. Podemos usar indistintamente las palabras *simpatía* y *empatía*,[2] pero los investigadores y los científicos consideran que no son lo mismo. *Simpatía* es una palabra más antigua: su raíz en griego clásico es

2. En el original, la autora emplea el término '*sympathy*', prácticamente equivalente a '*empathy*', aunque con ciertos matices de significado relativos a la intensidad y la hondura. Hemos optado por traducirlo por «simpatía» en el significado de 'inclinación afectiva' que le concede el DRAE. Esto da lugar, en texto original en lengua inglesa, a ciertos juegos de palabras que son difícilmente trasladables al español. *(N. del T.)*

sún, que significa 'juntos', mientras que *pathos* significa 'sufrimiento'. La palabra *simpatía* evolucionó a partir de la observación de que los humanos tienen sentimientos similares y de que podemos identificar los sentimientos de los demás porque en cierta medida los compartimos. En su uso actual, *simpatía* implica sentirse mal *por* los demás o apiadarse de ellos, pero no el sentimiento totalmente compartido de sentir la desgracia personalmente *con* alguien.

Podemos, por ejemplo, entender el deseo de alguien de encontrar un nuevo trabajo cuando no está a gusto con el que tiene ahora, incluso si nosotros estamos contentos con el nuestro. Con la simpatía, existe consenso al considerar que la infelicidad o el sufrimiento de una persona son inmerecidos. La simpatía puede describirse como el sentimiento que tenemos cuando miramos por la ventana y vemos a alguien temblando por el frío y la lluvia. Nos sentimos mal por esa persona. La empatía sería como si saliéramos y nos pusiéramos junto a esa persona en medio de la lluvia, a través de nuestra imaginación, y experimentáramos su incomodidad y angustia *como si* fueran la nuestra propia, pero, tal como señaló el psicólogo Carl Rogers, sin perder el atributo «como si». Es una distinción importante porque nos permite sopesar cuál es la mejor forma de ayudar a esa persona sin centrarnos exclusivamente en nuestra incomodidad. La empatía es una capacidad dinámica que nos permite compartir experiencias con los demás, preocuparnos, adoptar su punto de vista y motivar una respuesta positiva. El círculo empático completo nos conduce a una respuesta empática. Volvemos a salir bajo la lluvia y le ofrecemos al pobre infeliz que se está congelando un cálido impermeable y un paraguas.

A principios del siglo XX, los psicólogos empezaron a considerar la empatía como una forma de entender los componentes básicos de las relaciones interpersonales. Rosalind Cartwright, desde su puesto en la Universidad de Cornell a mediados del siglo XIX, llevó a cabo algunos de los primeros test que estudiaban la empatía interpersonal. Pero lo hizo pasando por alto el significado primero de empatía con énfasis en la «proyección de los sentimientos del perceptor» y lo redefinió como «sentir los sentimientos». Durante el proceso, Cartwright rechazó de forma deliberada el significado primero de empatía como proyección imaginativa y puso énfasis en la conexión interpersonal como núcleo del concepto. Es fácil remitirse a la diferencia que separa la «empatía proyectiva» de la preocupación empática real. En la empatía proyectiva, la gente parte de aquello que hemos compartido y superpone su experiencia a la nuestra. Quien proyecta, en lugar de crear una experiencia de conexión, normalmente eclipsa nuestra angustia con su propia historia sin ofrecer comprensión ni confort, y a menudo situándonos en la posición de ser nosotros quienes le reconfortamos.

En la posterior oleada de estudios experimentales que se llevaron a cabo sobre la empatía, los psicólogos empezaron a diferenciar la empatía «real», definida como la apreciación exacta de los pensamientos o sentimientos de los demás, de lo que denominaron «proyección». Así, en 1955 *Reader's Digest* introdujo el término entre el gran público como «la capacidad de reconocer los sentimientos de los demás sin implicarnos emocionalmente hasta el punto de verse afectado nuestro criterio», una definición precursora de nuestra mayor comprensión actual de la empatía. Según dicha definición, la empatía tiene un reconocimiento cognitivo de los sentimientos ajenos, una conexión emocional y la capacidad de distinguir la experiencia del otro de la nuestra propia, lo cual nos permite percibir con exactitud y no correr el peligro de ser desbordados emocionalmente por sus sentimientos.

Para que se dé la capacidad empática es necesaria la compleja integración de muchas regiones del cerebro. El psicoanalista Heinz Kohut definió la empatía en 1959 como «introspección indirecta» e hizo hincapié en la capacidad de considerar los sentimientos de los demás como si fueran los nuestros propios, pero considerados objetivamente. En el ámbito de la psicoterapia, Kohut consideró que la empatía era «oxígeno psicológico» y un componente necesario de toda relación terapéutica.

La empatía, en el uso actual del término, va más allá de la simpatía, o el *sentirse mal* por quienes sienten malestar, y también implica comprender cómo se sienten realmente los demás desde el punto de vista emocional y observar el mundo desde su punto de vista. Por definición, la empatía no es indiferente ni abstracta: exige un profundo entendimiento de la vida interior de los demás, del contexto en el que viven y de las acciones que realizan como consecuencia de ello. Para experimentar empatía necesitamos canales perceptivos que absorban la experiencia de los demás (como investigadora lo denomino *ruta de entrada* o *aferente*) y canales responsivos (con señales, palabras o conductas no verbales del tipo expresión facial y lenguaje corporal que son «eferentes» o de salida).

Este nuevo significado ha sido validado por los neurocientíficos en las últimas décadas. A través de numerosos estudios por neuroimagen han descubierto que compartimos circuitos neuronales con los demás y, simultáneamente, comprendemos la situación por la que atraviesan dichas personas desde un punto de vista intelectual. Así pues, la empatía tiene componentes de signo tanto emocional como cognitivo –o mental–. Por lo tanto, resulta fácil y natural empatizar con alguien que es como nosotros, que ha vivido una experiencia similar o que comparte un objetivo común. Por ejemplo, seguramente empatizaremos mucho más con una persona que tiene un hijo con trastornos de aprendizaje o con un pariente de edad avanzada y achaques si tenemos familiares con problemas parecidos.

Hoy en día consideramos la simpatía como un fenómeno emocionalmente menos intenso comparado con la empatía. Nos sentimos mal por alguien que siente malestar, pero no de modo tan intenso que nos afecte emocionalmente. Cuando nos llega la noticia del traspaso del profesor favorito de un conocido, le mandamos una tarjeta para mostrarle nuestras condolencias como gesto de cortesía, pero no necesariamente porque sintamos el mismo dolor que esa persona. Si un amigo cercano pierde a un ser querido de cuyo profundo apego hemos sido testigos, es más probable que nuestros sentimientos –y acciones– pasen a ser de empatía. Cuanto más experimentamos en la vida y nos damos cuenta de que todos los seres humanos comparten emociones similares, mayor es nuestra capacidad empática para con la humanidad, y no sólo para aquellas personas más cercanas a nosotros.

La artista Patricia Simon es un buen ejemplo de la diferencia que hay entre simpatía y empatía. En 2010 estuvo de vacaciones con su familia en un lugar a todas luces hoy impensable: Siria.

«Nos enamoramos de la belleza del país y de su rica cultura, y sobre todo de su gente», relataba. Pero al año de su regreso a casa, la situación política empezó a deteriorarse. Pronto las pantallas de su televisión y su ordenador se llenaron de imágenes de ciudades históricas y pueblos bombardeados y abandonados. Eran los lugares que acababa de visitar, y fue tal su grado de preocupación por el pueblo sirio que, junto con su marido Dick, se unió a una ONG llamada Fundación Karam, la cual envía a estadounidenses a enseñar a los hijos de los refugiados que hay en la frontera turco-siria.

Cuando le pregunté a Patricia, o Patty, tal como la llaman sus amigos, qué la motivaba a adentrarse en una zona de guerra peligrosa y arriesgar su vida por un lugar que no era el suyo y una gente a quien no conocía, sus respuestas fueron muy reveladoras en cuanto a los distintos tipos de empatía que experimentamos como seres humanos.

«Yo he crecido entre mudanza y mudanza cada pocos años», comentaba. «Siempre era la nueva, la forastera. Adquirí conciencia de lo que significa ser el marginado y el invisible. En Siria lo experimentaban a una escala mucho mayor, pero podía identificarme con ellos. También, había conocido a los sirios. Había estado allí, así que me sentía conectada a ellos».

La empatía conlleva más imaginación e identidad reconocible que la simpatía. Patty y su familia lo experimentaron del todo. Ella tuvo la experiencia personal de sentirse desplazada y fue lo que sintió con respecto a la situación del pueblo sirio, además de sentir que conocía a esa gente. Cuando empatizamos, podemos imaginarnos el sufrimiento de los demás gracias a que somos capaces de ver las cosas desde su punto de vista. También puede que seamos capaces de imaginarnos lo que piensan los demás, lo que les motiva y lo que desean. Una persona cualquiera podría compadecerse de la terrible situación por la que atraviesan los refugiados sirios, pero la empatía de la familia Simon, que ha presenciado en primera persona lo que ocurre en ese país devastado por la guerra, o de personas que hayan sobrevivido a otros genocidios, probablemente tendrá su origen en la propia experiencia de haber vivido una guerra y haber perdido a los seres queridos y un hogar. Y lo que resulta aún más asombroso es que Patty y sus amigos más cercanos han organizado grupos de mujeres que envían paquetes de ayuda y otro tipo de apoyo a los niños sirios a través de la Fundación Karam. La respuesta empática de una persona se ha ampliado a una comunidad que quizás nunca se habría visto motivada para actuar de no ser por la inspiración de Patty. Su percepción del sufrimiento de los demás, al procesarlo en parte a través de su propia experiencia, ha dado lugar a una reacción en cadena, una respuesta compasiva que es el resultado de la empatía emocional y cognitiva. Cuando somos testigos de un acto de compasión, sabemos que el círculo de la empatía se ha completado: desde la percepción del sufrimiento de otra persona hasta la motivación por aliviar el dolor ajeno mediante un acto de compasión, pasando por un sentimiento de preocupación empática.

2

Cómo funciona la empatía

En este capítulo analizaremos más detenidamente cómo funciona el cerebro para hacer posible la experiencia de la empatía.

Veamos un experimento real que se llevó a cabo. Imaginemos que estamos viendo cómo a alguien le pinchan el dedo con una aguja. Los científicos observaban primero los cerebros de los sujetos en un escáner cerebral mientras se pinchaba a estos sujetos en los dedos para determinar cuáles eran las neuronas que percibían el dolor. En el mismo experimento, otro grupo de sujetos eran analizados por escáner mientras visionaban un vídeo de los pinchazos.

Los investigadores descubrieron que el sistema nervioso de las personas que visionaban el vídeo reproducía en esencia la experiencia de los sujetos que sentían el dolor real y respondía como si ellos mismos sintieran el dolor. Curiosamente, tanto en el momento del dolor real que sentían los sujetos a los que se pinchaba como en el de la observación de los pinchazos en un vídeo, se iluminaban las mismas redes neuronales. Cuando una parte de nuestro cerebro llamada *córtex insular* se dispara, experimentamos dolor porque hay neuronas cuya tarea consiste en responder fisiológicamente al dolor. Resulta que un subconjunto de neuronas similar se disparará también cuando seamos meros testigos de una acción que produce dolor. El cerebro, simulando cómo se sentiría el pinchazo, activa las neuronas en las mismas áreas cerebrales que la persona que ha experimentado el dolor. Es como un reflejo del dolor, aunque en menor grado. Es algo extraordinario, y también útil: si llegáramos a experimentar en su totalidad el nivel de dolor de la víctima, difícilmente se dará la empatía, ya que entonces nos centraríamos en el dolor de una sola de las personas. ¿En cuál, dirías? ¡En el nuestro! Es una importante característica que nos permite experimentar indirectamente el dolor ajeno sin que nos desborde hasta el punto de vernos incapaces de ayudarles.

Hay dos motivos importantes por los que nuestro cerebro está preparado para experimentar el dolor de los demás: para enseñarnos qué debemos evitar y para motivarnos a ayudar a la persona herida, ya sea su dolor físico, psicológico, emocional o cualquiera de ellos en un nivel u otro. Una consecuencia de ayudar a los demás es que también los inspira a ayudar. Ayudar a los demás nos hace sentir bien. Se considera la base de la colaboración, la cooperación y la reciprocidad en las relaciones humanas. Sentir el dolor de los otros nos motiva a ayudarles, lo cual provoca una sensación agradable en los demás y garantiza que esa actitud de ayuda puede ser correspondida y, asimismo, la supervivencia de nuestra especie al completar el círculo de la empatía. Tenemos neuronas especializadas que nos ayudan a saber qué ocurre en los cerebros de los demás, qué conforma el sustrato de lo que denomino nuestra *inteligencia mental compartida*.

Las neuronas espejo son células cerebrales especializadas situadas en algunas áreas concretas del cerebro llamadas *córtex premotor* y conocidas como *área F5* y *córtex parietal*. Fueron descubiertas en la década de 1990 por investigadores italianos que experimentaban con primates. Estas células especializadas se activan cuando un primate lleva a cabo una acción y otro primate observa esa acción. De carácter único, fueron bautizadas como *neuronas espejo* porque básicamente reflejan y mapean en el cerebro de un observador lo que sucede en un cerebro. Aunque las neuronas espejo sólo han sido observadas en nuestros parientes primates, entre las especies no humanas, lo cierto es que su descubrimiento trajo consigo un auge de los estudios neurocientíficos, que posteriormente identificaron circuitos cerebrales compartidos en relación con el tacto, el dolor y emociones concretas como el disgusto, respectivamente, en las siguientes regiones cerebrales: córtex somatosensorial, lóbulo insular y circunvolución cingulada anterior.

Los investigadores estudiaron los córtex motores de unos macacos y sus conclusiones demostraron por vez primera que los cerebros de las personas que observan mapean las mismas acciones que ven en los demás. Antes de su descubrimiento, los científicos creían que nuestros cerebros utilizaban procesos de pensamiento lógico para interpretar y predecir las acciones de los demás. Ahora creemos que estos «espejos» y circuitos compartidos neurológicos nos brindan la capacidad no sólo de *entender* aquello que el otro está pensando sino también de *sentir* lo que está sintiendo.

¿Por qué desarrolló el cerebro esta increíble red en bucle? Si se lo preguntamos a varios científicos, unos dirán que por autoprotección del testigo que observa cómo alguien se hace daño: si vemos que a alguien le pinchan con un objeto punzante, tendremos más cuidado a la hora de manejar este tipo de objetos. Otros expertos afirman que se creó para motivarnos a ayudar a los demás y aportar un beneficio directo a toda la comunidad: la familia, la sociedad y la humanidad entera. Si nos remontamos a nuestros orígenes tribales, el hecho de ver a alguien comiendo con gesto de asco proyecta en el observador una sensación de repulsión y enseña a todo el grupo qué es lo que debe evitar. En mi opinión, las dos motivaciones son reales; tenemos que sobrevivir el tiempo suficiente como individuos aprendiendo a evitar el peligro, lo cual, a su vez, contribuye a garantizar la supervivencia de nuestra especie.

Cada vez hay más pruebas de que la empatía está parcialmente integrada en el cerebro y se desglosa en tres aspectos distintos: emocional (o empatía afectiva), cognitivo (o empatía mental) y motivación para una respuesta empática. Para algunas personas muy sensibles y con un alto grado de empatía, sentir empatía es un hecho natural y automático. Algunas personas tienen que rebajar su grado de empatía emocional para llevar a cabo su trabajo con la suficiente objetividad. Es el caso, por ejemplo, de los bomberos, o de los cirujanos que deben concentrarse en las tareas técnicas para que la operación salga bien y nada les distraiga hasta haberla terminado. Quienes no tienen una alta sensibilidad quizás deban perfeccionar sus capacidades empáticas. La mayoría de las personas tienen como mínimo una empatía natural, la cual ha desempeñado un importante papel en la historia de nuestra evolución y cuyo origen puede buscarse en las neuronas espejo de los cerebros de nuestros antepasados. Si queremos comprender bien cómo utilizar la empatía para mejorar nuestras relaciones y nuestras vidas, tenemos que profundizar en estos aspectos. La empatía no sólo nace de nuestro modo de percibir la información sino también de cómo la entendemos, cómo nos afecta y cómo la usamos para motivar nuestra conducta.

Algunos científicos han sugerido que la empatía es nuestro modo por defecto y que debemos dominarla para no estar continuamente pendientes de los sentimientos de los demás o bien no ser distraídos por esos mismos sentimientos. Hay personas situadas a ambos extremos del espectro, entre ellas quienes no han aprendido a dominar la empatía en absoluto y también quienes han convertido en un arte su capacidad para dominarla. La mayoría de las personas se encuentran entre uno y otro extremo.

La empatía emocional

De niña, Patty Simon, a quien habéis conocido en el capítulo anterior, se mudaba de casa continuamente debido al trabajo de su padre. Incluso de muy pequeña se acostumbró a sentirse ignorada y no bien recibida. Pero es la primera en reconocer que no tuvo una vida tan dura y que no ha sido refugiada de un país devastado por la guerra como Siria. Aun con todo, esas experiencias a una edad tan temprana le moldearon el cerebro emocional y la llevaron, después de ver en las noticias lo que estaba ocurriendo, a sentirse conectada con lo que los refugiados sirios debían de estar sintiendo. Y no es que pudiera traducir en palabras aquellos sentimientos en el momento de decidir que quería ayudar. Haciendo balance de ello hoy, Patty dice que se vio inundada por un sentimiento de empatía al ver los destellos de las bombas y los edificios derruidos en la pantalla de su televisor. En términos psicológicos, su respuesta fue lo que los investigadores denominamos *empatía afectiva*, que, dicho de un modo más sencillo, podemos denominar *empatía emocional*. Éste es el primer aspecto de la empatía que me gustaría explicaros.

El lado emocional de la empatía es familiar. Es aquella sensación de que podemos sentir lo que los demás sienten. Cuando vemos que a los demás les duele algo o lo están pasando mal, al momento nos imaginamos qué están experimentando por dentro, bien por nuestra propia familiaridad con el dolor, o bien por experiencias pasadas. Para Patty y Dick, ese momento fue ver cada noche en las noticias las expresiones de tristeza, miedo y soledad grabadas en los rostros de las madres sirias y sus hijos. Millones de personas ven en los medios estas mismas historias, pero por un motivo u otro lo que sienten muchas de ellas no llega al nivel de la empatía emocional.

Ahora bien, la mayoría de la gente tiene la capacidad de sentir empatía emocional. Por ejemplo, quien más quien menos ha visto a alguien hacerse un corte en la mano con un trozo de cristal, y recordaremos que, al ver algo así, nos quedamos con parte de aquella mala sensación, una conexión tanto emocional como física. Puede que nos estremezcamos al imaginarnos con todo detalle que el filo cortante del cristal nos provoca un corte en la piel. Es probable que simplemente con leer estas líneas nos venga a la mente una pequeña parte de esa sensación. Recordemos que hay otra realidad práctica para la respuesta empática emocional. Puede que nos estremezcamos al ver el dolor en alguien, pero no debemos olvidar que en ese momento no estamos pasando exactamente por la misma experiencia que esa persona. De ser así, nos centraríamos en nuestro propio dolor, y ello nos impediría ayudar a otra persona que se encontrara en apuros. Este complejo sistema neurológico nos permite observar el sufrimiento de los demás con apenas el dolor justo necesario para ofrecerles nuestra ayuda.

Del mismo modo, la empatía emocional nos indica lo que tenemos que evitar. Si no hubiera una representación interna del dolor basada en una observación externa, podríamos observar lo que sucede, pero sin aprender nada de ello. La única forma de entender que rasgarnos la piel con un trozo de cristal no es una buena idea sería experimentar en persona el consiguiente impacto. Seríamos una especie eternamente sorprendida por la aparición de cortes irregulares en las manos.

La empatía emocional también debe equilibrarse mediante la autorregulación para así ayudar a gestionar los niveles excesivos de activación emocional que pueden conllevar límites difusos y angustia personal. Si diariamente nos exponemos a un exceso de dolor y sufrimiento, como es el caso de la jornada laboral de un oncólogo, un trabajador social o un guardia de prisiones, la excesiva empatía emocional que se genera puede provocar depresión, ansiedad y desgaste. El filo de la empatía pronto acabaría haciéndose romo y empezaríamos a alejarnos de la experiencia humana. Es lo que en la profesión médica llamamos *fatiga por compasión*. La empatía emocional surge con mayor facilidad cuando la persona es muy parecida a nosotros, o cuando finalmente notamos que una similitud nos conecta a ella, como le sucede a Patty con los refugiados sirios. De forma instintiva estamos más predispuestos a acercarnos y ayudar a nuestros parientes o a nuestros vecinos, o a quienes oyen misa en el mismo templo que nosotros, o a aquellos niños que juegan en el mismo equipo de hockey sobre hielo. La empatía que practica la mayoría de las personas suele gozar de muy buena salud y ofrecer su mejor cara cuando le ocurre algo a alguien con quien tenemos mucho en común. Por el contrario, la empatía emocional puede ser débil o inexistente cuando la persona vive en otro barrio o es de otra etnia o raza. Entonces no somos como Patty y su marido y no tenemos un corazón afligido por un país y un pueblo que no son los nuestros. Y aquí es donde entra en juego otro tipo de empatía: la empatía cognitiva.

La empatía cognitiva

En un momento dado, la empatía emocional que sentían Patty y Dick dio un giro cognitivo y se pusieron manos a la obra, quedándose en Siria y haciendo de maestros para los niños que ya no tenían escuelas donde ir. Ellos no hablaban árabe y los niños no hablaban inglés. Sin embargo, Patty era artista y podía preparar clases y proyectos de arte que permitían a los niños aprender.

«El trauma que esos niños llevaban dentro quedaba muy oculto por su increíble resiliencia. Lo único que querían era ser niños, reír, dibujar, aprender, jugar con el balón», comenta. «Yo quería que todos supieran que venía de Estados Unidos y que allí nos preocupa su situación».

La empatía cognitiva o mental es una forma de gestionar toda la información perceptiva que llega a nuestros sentimientos conscientes.

Antes de poder experimentar la empatía cognitiva, necesitamos algunos componentes de nuestro desarrollo psicológico y de nuestras capacidades conductuales. El primer paso necesario para alcanzar la empatía cognitiva es ser capaz de reconocer, a un nivel básico, el hecho de que otra persona tenga pensamientos y sentimientos distintos de los nuestros.

Es lo que se denomina *teoría de la mente*, y está considerada un hito del desarrollo psicológico que se inicia en los niños a los cuatro o cinco años. Los niños en edad muy temprana no son capaces de distinguir que cada persona tiene un cerebro, una mente y pensamientos y sentimientos distintos. Una tarde, mi hija de tres años hablaba por teléfono con su abuela mientras se comía un trozo de pastel de manzana. En un momento dado le preguntó a su abuela si quería probarlo. Su abuela, que se encontraba en otra ciudad por entonces, no sabía lo que la pequeña estaba comiendo. Mi hija, que aún tenía que desarrollar la teoría de la mente, no tenía ni idea de que su abuela no compartía su experiencia y realidad inmediatas. Ya de adultos, la teoría de la mente es algo que fluye de manera natural, pero cuando sale a la luz puede verse en todo su potencial. Seguramente todos hemos presenciado esa escena en la que alguien corre para coger un autobús o un avión y acaba perdiéndolo cuando las puertas se cierran bruscamente. No nos hace falta saber datos ni nada sobre la persona que ha perdido el autobús para acceder inmediatamente a todo el abanico de sentimientos que experimenta. Del mismo modo, sólo tenemos que mirar una fotografía de un grupo de gente esperando a subirse a una tirolina para saber, por la expresión de sus caras, si se sienten excitados o aterrorizados.

La teoría de la mente no es lo mismo que la «lectura de la mente», si bien a un cierto nivel es la capacidad de comprender lo que sucede en el cerebro de otra persona en aquel mismo momento y, al mismo tiempo, comprender que sus decisiones, intenciones y creencias pueden diferir de las nuestras. De hecho, dependiendo de la persona, la situación y el estado de ánimo, puede que hasta sintamos empatía por aquella persona desconocida porque entendemos cómo se siente al perder el autobús o tener vértigo en una tirolina. La empatía no surge sin la base cognitiva de la teoría de la mente. Es algo que sabemos por las investigaciones llevadas a cabo en relación con el autismo, en el cual la neurocircuitería de las regiones cerebrales relacionadas con la empatía cognitiva no está bien desarrollada. También sabemos que la teoría de la mente puede ser interrumpida en casos de demencia u otros tipos de trauma cerebral.

Gracias a la teoría de la mente podemos inferir los pensamientos, las intenciones, las emociones y los deseos de otras personas, lo que nos lleva a la siguiente fase de la empatía cognitiva, conocida como *adopción de distintas perspectivas*. Se trata del componente activo de la empatía cognitiva por el que vemos el mundo a través de los ojos de otra persona. La adopción de distintas perspectivas exige centrar la atención, la imaginación y la curiosidad. En los estudios de neurociencia, cuando alguien adopta la perspectiva de otra persona, las áreas del cerebro que se activan en la primera persona también se activan en la que observa. Tenemos que comprender la situación desde la perspectiva física, psicológica, social y espiritual de la otra persona.

Tal como ocurre con otros aspectos de la capacidad empática, adoptar la perspectiva de alguien que es como nosotros o que forma parte de uno de nuestros grupos de pertenencia (gente con quien tenemos algo en común) es algo que surge de un modo natural. Resulta mucho más difícil adoptar la perspectiva de una persona que forma parte de un grupo de no pertenencia, como es el caso de alguien que pertenezca a otro grupo social; precisa de mucha mayor atención y memoria funcional. Exige un importante esfuerzo cognitivo. Ver el mundo a través de los ojos de otra persona muy distinta a nosotros nos exige un gran trabajo mental.

Cuando logramos abrirnos camino y entender el mundo desde un punto de vista externo, normalmente resulta más sencillo romper con estereotipos y ayuda a formarse un juicio más favorable sobre el individuo, pero también sobre la «tribu» de la que procede. La historia nos ofrece innumerables ejemplos icónicos de las consecuencias de preocuparse por alguien que ha despertado la compasión de un teórico enemigo suyo; entre otros, los abolicionistas que contribuyeron a liberar a los esclavos y las personas que salvaron a tantos y tantos judíos durante la Segunda Guerra Mundial.

La preocupación empática: Por qué la necesitamos para mostrar compasión

Después de la empatía cognitiva y la afectiva, la preocupación empática es el tercer aspecto de la empatía. Es la motivación interna que impulsa a la gente a responder y expresar la necesidad de preocuparse por el bienestar de otra persona. Eso es lo que en general piensa mucha gente cuando les viene a la mente la palabra *empatía.* Los beneficios más importantes que conllevan la empatía cognitiva y la empatía afectiva es su capacidad de desencadenar la preocupación empática, que a su vez puede motivar a la acción y la compasión. Cuando pensamiento y sentimiento se fusionan, se estimula el comportamiento empático. Primero sientes como los demás, después comprendes su dolor y finalmente te preocupas de verdad por ellos y ofreces una respuesta compasiva. La compasión es la expresión y evidencia externa de que la preocupación empática ha sido motivada; es la respuesta afectuosa al sufrimiento del otro. Puede que creamos que éste es el comportamiento normal, pero la compasión no siempre acaba como debería.

A veces he afirmado que la preocupación enfática conduce a la «empatía conductual» porque puede dar lugar a actos compasivos, pero también puede provocar angustia personal. Creo que todos hemos vivido la experiencia de ver que algo va mal y no tener ni la motivación, ni la energía ni la capacidad de reaccionar ante ello. Cada semana encontramos a gente sin hogar por la calle. Tal vez nos afecte, pero no siempre hacemos algo por ayudar. Otras veces puede que se accione un interruptor y nuestra preocupación empática dé lugar a un comportamiento compasivo: ofrecemos una respuesta proximal en forma de dinero, comida o mantas. Y puede surgir la preocupación empática como una forma de ayuda más distal: escribir al congresista que nos representa y preguntarle por qué no hay más casas de acogida, o donar a programas que proporcionen ayuda y servicios de salud mental a las personas sintecho. Mucha gente que conozco hace lo posible por superar la sensación de impotencia al ver cada día en la calle a gente sin hogar. Es importante confrontar el concepto de *empatía proximal* con el de *empatía distal* porque gente distinta se siente movida a actuar de formas distintas en momentos distintos. Un comportamiento compasivo puede ser algo tan insignificante como una mirada cariñosa. Incluso ese breve instante en el que como humano conectas con otro humano te permite salir de la masa anónima y adquirir estatus de individuo. No tiene por qué ser algo importante, pero cuando optamos por embarcarnos en cualquiera de estas acciones, lo más probable es que lo hagamos porque nuestra preocupación empática ha sido motivada por la percepción que tenemos de lo que ocurre a nuestro alrededor.

Para mí, uno de los fenómenos más desconcertantes de hoy en día es el grado de conocimiento que tenemos del dolor y el sufrimiento del mundo a través de las noticias y las alertas diarias, y todo lo que nos queda por mejorar la difícil situación de quienes lo pasan mal. Estamos programados para ayudar, pero quienes pueden hacerlo a gran escala suelen estar más pendientes del poder personal, de ayudar a los ricos y expandir sus ámbitos de influencia entre sus seguidores, que de organizar campañas para reducir el sufrimiento en el mundo. Por estudios científicos, sabemos que existe una relación inversa entre el poder y la empatía, una distancia que suele aislar a los ricos y poderosos del sufrimiento que padece la gente normal. Sin embargo, gracias a miles de iniciativas comunitarias, muchas personas necesitadas reciben ayuda; es aquel bucle de empatía integrada del que hablábamos anteriormente. Debemos estar atentos y reconocer cuándo nuestra percepción de la empatía no nos genera preocupación empática y respuestas compasivas. Tal y como veremos, la capacidad empática no es un estado estático. Fluctúa considerablemente y nuestra preocupación empática es un buen barómetro para saber cuándo nuestras capacidades empáticas se han debilitado.

3

El espectro de la empatía

«La más terrible pobreza es la soledad y el sentimiento de no ser amado».

Dediquemos un instante a asimilar en detalle esta cita de la Madre Teresa. ¿De qué modo os afecta al leerla? ¿Qué imagen os viene a la mente? ¿Veis un niño huérfano y desesperado inmerso en la pobreza? ¿O quizás una persona mayor que vive en la calle y mendiga en una esquina?

Dependiendo de nuestro contexto vital actual, e incluso nuestro estado de ánimo al conjurar esa imagen, puede que estemos experimentando cierta preocupación empática. Nos identificamos con la soledad, el hambre y el aislamiento incluso sin haberlos experimentado antes al mismo nivel que un huérfano o un sintecho. Sin embargo, algunos de nosotros apenas notaremos emoción alguna al leer las palabras de la Madre Teresa. ¿Quiere eso decir que no nos importan? Puede ser. O también puede ser que hayamos tenido un mal día y que ya no nos queda energía para dedicarla al infortunio de los demás.

Lo cierto es que hay momentos en los que nuestra capacidad empática está activada y otros, incluso en circunstancias similares, en los que está bloqueada. Accedemos a la preocupación empática por vías distintas. Algunos tenemos conatos de preocupación a menudo, mientras que otros somos huesos duros de roer en el plano emocional. Igual que ocurre con todas las demás capacidades emocionales y neurológicas de nuestra naturaleza humana, existe una escala de empatía; la mayoría de nosotros nos agrupamos en torno al centro. Cada día, y según un cúmulo de factores entre los que se encuentran el estado de ánimo, el apetito, el sueño y el grado de responsabilidades que sobrellevamos, subimos o bajamos uno o dos niveles en esa escala.

La representación de la individualidad

Cómo, por qué y cuándo sentimos empatía es algo particular de cada uno, si bien la activación neurobiológica funciona aproximadamente del mismo modo para todo el mundo, con una actividad específica y registrable en nuestro cerebro. Los científicos pueden ver cómo se despliegan los impulsos eléctricos en el cerebro a través de tecnologías de exploración cerebral como la resonancia magnética funcional (RMf). Cuantas más cosas descubrimos, más sabemos sobre la naturaleza fluida de la empatía y cómo, efectivamente, estamos programados –aunque prefiero la palabra «equipados»– para empatizar y conectar con los demás desde el primer instante de la vida. Sin embargo, no ha sido hasta hace relativamente poco que unos neurocientíficos italianos de la Universidad de Parma han hecho un descubrimiento innovador con el que se abría una nueva y excitante vía hacia el conocimiento de la verdadera naturaleza de lo que sucede en el cerebro cuando sentimos empatía.

En 1996, un equipo de investigadores italianos estaba estudiando el funcionamiento de la corteza motora de unos macacos en el momento en que estos animales cogían cacahuetes y se los llevaban a la boca. Los monos estaban conectados a unos ingeniosos escáneres por RMf que llevaban a modo de sombrero. Mientras comían, un área denominada *córtex premotor F5*, citada en el capítulo 2, se encendía cada vez que cogían un cacahuete. En un momento dado, uno de los investigadores cogió un puñado de cacahuetes y empezó a comérselos. El equipo investigador se dio cuenta de que, cuando los monos observaban al científico cogiendo cacahuetes, aquella misma área F5 volvía a encenderse. Interesante.

Posteriormente, el equipo investigador inmovilizó con delicadeza a dos de los macacos para mantenerlos calmados mientras observaban cómo sus amigos saboreaban unos plátanos. De nuevo, las neuronas premotoras de los monos se encendieron exactamente igual que si fueran ellos mismos los que disfrutaban de una pieza de fruta. En efecto, los cerebros de los monos que habían sido inmovilizados «reflejaban» la experiencia de los macacos que habían comido un plátano. Aunque el propósito de los científicos italianos no era descubrir esas neuronas «espejo», sí que pudieron documentar la activación del modo «mono de repetición» en una neurona concreta.

Desde entonces, centenares de estudios han corroborado esta original investigación, y ahora ya sabemos que los fenómenos espejo, o mecanismos de circuito neuronal compartido que no incluyen directamente neuronas espejo sino otros circuitos en humanos, se activan a partir de muchas otras cosas además de cacahuetes y plátanos. También son desencadenados por las expresiones faciales y posturales corporales de los demás –la base neuronal de la respuesta empática–. Gracias a una serie de neuronas especializadas, una cara sonriente nos hace sentir mejor, un rostro asustado provoca miedo y una expresión enojada nos pone en alerta.

En la última década, los investigadores han explorado el papel que desempeñan las «redes neuronales compartidas» en la respuesta empática. La neurocientífica y psicóloga Tania Singer, del Instituto Max Planck para las Ciencias Cognitivas Humanas y del Cerebro de Leipzig (Alemania), ha estudiado con gran atención el área de la empatía y nuestro conocimiento del procesamiento que de las emociones ajenas hace nuestro cerebro. En el año 2004, junto a otros colegas invitó a parejas casadas a participar en un estudio que tenía por objeto analizar la empatía. Singer colocó a las mujeres en escáneres por RMf, y después conectó unos electrodos a las manos tanto de las mujeres como de los hombres. Los electrodos provocaban descargas dolorosas en las manos de las mujeres. Tras recibir las descargas, cada una de las mujeres recibía una señal en el momento en que su pareja recibía descargas igual de dolorosas en las manos. Un escáner por RMf recogía toda la actividad cerebral de las mujeres que se producía cuando recibían las descargas y cuando sabían que su pareja había recibido una descarga similar.

Lo que observaron Singer y su equipo después de analizar los datos era que algunas áreas del cerebro implicadas en el procesamiento del dolor («matriz del dolor») se activaban en las mujeres tanto si ellas recibían la descarga como si sus parejas recibían descargas similares, sólo que si era la pareja quien las recibía, dichas áreas se activaban en menor grado. De ese modo quedaba demostrado que el cerebro humano posee circuitos neuronales compartidos con los cerebros de otras personas, lo cual nos sirve para identificarnos con los sentimientos ajenos de dolor o sufrimiento.

El hecho de que Singer descubriera que los humanos sienten el dolor que otras personas están experimentando pero en un grado menor tiene sentido por las siguientes razones: sentimos el dolor de otra persona pero no nos sentimos desbordados por ello; si sabemos lo que provoca el dolor en los demás aprendemos a evitar esas situaciones para protegernos en la medida que podemos; y también nos vemos motivados para ayudar a los demás, ya que la empatía nos permite sentir su dolor y experimentar la preocupación empática.

El de Singer fue el primer estudio neurocientífico que presentó las conclusiones de dos respuestas a la experiencia del dolor: por un lado, cuando experimentamos «dolor en primera persona», y, por otro, cuando observamos «el dolor en los demás». Su innovador hallazgo abrió el camino a una nueva línea de investigación sobre la reacción emocional de los demás en lugar de analizar exclusivamente las emociones de los participantes en el estudio.

También fue la primera investigación en neuroimaginería que demostró la importancia de la conexión cerebral para el comportamiento prosocial o de ayuda. En lugar de responder a un modelo del tipo «la supervivencia del más fuerte», nuestra experiencia personal del dolor ajeno nos motiva a adoptar comportamientos de cooperación y reciprocidad que son necesarios para la mejora y la supervivencia de nuestra especie.

«Antes de que pusiera en marcha el estudio, hubo gente que hasta predijo que descubriría un "cerebro vacío" –declaró Singer–. Creo que éste fue el inicio de un cambio más profundo en la conciencia general sobre la importancia de dejar atrás un egoísmo e individualismo exagerados y abrazar el altruismo y la noción de interdependencia». Esta interdependencia del cerebro es la base de lo que yo llamo *inteligencia mental compartida.*

Factores desencadenantes de la empatía

Lo que demuestra esta fascinante ciencia es que todos estamos conectados a un nivel neurobiológico de un modo más profundo de lo que pensábamos. De manera consciente o no, mantenemos una conexión constante y natural con los sentimientos de otros. Cuando existe conciencia mental compartida, las posibilidades de ayuda mutua y resolución conjunta de problemas son abundantes. Sin embargo, esta conexión puede verse potenciada o debilitada por muchos factores.

Pensemos por un momento en todas las cartas que recibimos en época navideña de entidades benéficas que solicitan donaciones para la labor que llevan a cabo. Todas son por una buena causa, para ayudar a personas y animales y para cuidar el medio ambiente. Pero enseguida sabemos cuáles de esas causas nos llevarán a coger el talonario de cheques, cuáles nos harán pensar «quizás otro día» y cuáles descartaremos. Algo de nuestra experiencia vital nos dice qué cosas nos llegan antes al corazón y merecen nuestra aportación económica. Probemos con un rápido ejercicio para demostrar a qué me refiero.

Fíjate en la siguiente lista de entidades. Imagínate que dispones de 1000 dólares para repartirlos entre ellas. ¿A cuáles de estas causas destinarás 100 dólares? ¿A cuáles 50 dólares? ¿Y cuáles de ellas no recibirán nada? ¿O darías todo el dinero a una sola entidad?

National Wildlife Foundation
Save the Children
Muscular Dystrophy Foundation
Habitat for Humanity
LDAMF
UNICEF
Susan G. Komen
Greenpeace
Smile Train
ASPCA
Doctors Without Borders
Make-a-Wish Foundation

Se trata de una tarea que puede resultar muy estimulante para algunas personas. Al fin y al cabo, ¿quién puede negarse a dar su apoyo a la gran labor que realizan todos estos grupos? Pero me apuesto algo a que hay una a la que no te has planteado contribuir. En el quinto lugar de la lista hay una entidad llamada LDAMF. El hecho de que LDAMF empezara como una organización local de mi comunidad hace que sea poco probable que la conocieras. Lo más seguro es que tu desconocimiento de su existencia y el hecho de que su nombre no revele nada de la labor que lleva a cabo no te motivaran a seleccionar esa opción.

Con este ejemplo quiero demostrarte que, cuanto más nos identificamos con una causa, más empatía sentimos y mayor probabilidad hay de que seamos solidarios. Tal vez conozcamos a alguien que ha sufrido cáncer de pecho, o puede que tengamos muchos animales de compañía. Serán éstas las entidades que atraerán nuestra atención y empatía. Si te dijera que la sigla LDAMF corresponde a la entidad Fundación Lauren Dunne Astley, que otorga becas para la enseñanza en materia de relaciones afectivas, quizás no te anime a contribuir económicamente a su labor. Pero si te dijera que Lauren Dunne Astley era la amiga de infancia de mi hija y que fue asesinada por su novio del instituto en un acto de violencia ocurrido tras poner fin a su relación sentimental con él, tal vez eso despierte tu interés. Esta pequeña fundación llamó la atención de la Casa del estado de Massachusetts, órgano legislativo del estado, que priorizó entonces la enseñanza en materia de relaciones afectivas. Después de constatar trágicamente, y demasiado tarde, que ni hombres ni mujeres deberían reunirse a solas con sus exparejas tras una ruptura, la familia Dunne Astley se comprometió a dar todo su apoyo a cualquier iniciativa cuyo objeto fuera educar a jóvenes de ambos sexos en la complejidad emocional de las relaciones de pareja y en la adopción de medidas necesarias para evitar las situaciones de violencia. Unas iniciativas educativas que abarcan a todas las razas, credos, religiones, edades y géneros y que incumben a todos los miembros de la sociedad.

A nivel de personas no cambia el modo en el que priorizamos la confianza, la empatía y los recursos. Cuanto más directa es la relación que tenemos con los demás y con su experiencia vital, mayor es nuestra empatía con ellos. Tal como hemos señalado en el primer capítulo, las personas con las que más relación guardamos son las que consideramos que conforman nuestro «grupo de pertenencia». Este grupo no nos resulta difícil de identificar: son las personas con las que normalmente compartimos etnia, religión, clase, nivel educativo y filiación política. Entre los grupos de pertenencia están los equipos deportivos y los que se identifican con un centro educativo, los vecinos de la calle, el club automovilístico o cualquier grupo con el que nos identifiquemos como miembros. ¿Se te ocurren cinco grupos a los que pertenezcas?

Nuestra preferencia por aquellas personas que nos son familiares es lo que los psicólogos denominan *sesgo endogrupal.* Durante miles de años, los humanos vivieron mayoritariamente en tribus y pequeñas comunidades. Nuestra supervivencia dependía de cómo nos adaptáramos a nuestros grupos de pertenencia –personas que se parecían a nosotros, que hablaban nuestro mismo idioma, que comían las mismas cosas o que adoraban al mismo dios, entre muchas otras cosas–. Incluso hoy en día, en un mundo digital y conectado, los humanos actuamos tribalmente: a veces de manera inconsciente, otras plenamente orgullosos. (Si eres aficionado a los deportes profesionales, sabrás perfectamente a qué me refiero).

El legado del grupo de pertenencia supone un problema cuando limita nuestra capacidad de experimentar empatía por aquellas personas que no se ajustan a ninguna de las características compartidas –los llamados *grupos de no pertenencia*–. Puede incluso que no nos hayamos dado cuenta de que hemos considerado grupos de no pertenencia a segmentos enteros de la sociedad, pero es algo que todos hacemos. Por ejemplo, para la mayoría de nosotros las personas sin hogar suelen pertenecer a la categoría de grupos de no pertenencia, hasta el punto de que hay quien ha dejado de considerarlos seres humanos. Hay personas que automáticamente, a cualquiera que tenga un color de piel distinto del suyo, lo asocian a un grupo de no pertenencia. Otras personas automáticamente hacen lo propio con gente de otras nacionalidades, filiación política, género, estilo de vida y religión. Y la lista no se acaba aquí.

El sesgo endogrupal está tan arraigado y tiene a menudo un carácter tan subliminal que la mayoría de nosotros nos esforzamos por ser objetivos. En un estudio reciente de la Universidad de Leigh (Pensilvania) se descubrió que, al enseñar imágenes de un rostro negro a individuos blancos, éstos experimentaban un breve retraso en sus cerebros debido a que procesaban *conscientemente* su reacción ante alguien con un color de piel distinto al suyo. Otros estudios muestran que los individuos blancos tardan más en identificar con precisión la expresión emocional en una cara negra, y que es fácil que confundan temor con ira. Cuando se indujo en los individuos el sentimiento de ansiedad y se les mostraron rostros de hombres negros, su percepción del tiempo se ralentizó aún más, y percibieron que se les mostraban las imágenes durante más tiempo del que realmente era. El descubrimiento de este lapso temporal con un sesgo racial tiene implicaciones muy importantes en la respuesta policial ante la expresión emocional de un rostro negro. Podría marcar la diferencia entre la vida y la muerte si se confunde un rostro asustado con una expresión furiosa o agresiva. Estas diferencias en la percepción del rostro pueden influir en situaciones que van desde el trato dispensado a un sospechoso por parte de las fuerzas del orden hasta el tiempo que los educadores pasan con los estudiantes o la reacción de los empresarios ante los candidatos a un puesto de trabajo. Nuestra sociedad no puede seguir cometiendo estos errores tan graves, y necesitamos urgentemente que se eduque en empatía para darle la vuelta a esta tendencia.

En mi propio trabajo he constatado de qué modo la formación en empatía puede ayudar a los médicos y otros trabajadores de la atención sanitaria a relacionarse entre ellos y a comunicarse con pacientes de comunidades menos conocidas. He visto con mis propios ojos que ponerse en la piel de gente diversa hace que estos pacientes no parezcan unos números u objetos y sí seres humanos. Además de mi labor investigadora, podemos observar el efecto positivo que ejerce la formación en empatía en programas como el de la Universidad Estatal de Missouri. Allí, los estudiantes que se forman como especialistas en orientación y movilidad deben aprender a recorrer las calles con una venda en los ojos para que puedan comprender mejor lo que experimenta una persona ciega en su vida diaria. En el curso, llamado «la clase de la venda», hay que pasar 160 horas con la venda puesta. Las nuevas tecnologías también están haciendo posible que las personas comprendan mejor las experiencias de los demás. Tras un accidente que estuvo a punto de costarle la vida y que la dejó con una lesión cerebral traumática que le provocaba convulsiones y desorientación ocasionales, la artista de teatro Jane Gauntlett desarrolló una simulación en realidad virtual de su experiencia en un proyecto llamado In My Shoes. Consiste en ponerse unas gafas que te permiten experimentar más de cerca lo que ocurre cuando alguien tiene convulsiones. Más adelante retomaremos esta cuestión. Aunque no haya ningún ejercicio ni simulación que pueda proporcionar la experiencia plena de estar incapacitado, sí que nos ayudan a entender las dificultades por las que atraviesan otras personas y cómo se sienten. La mayoría de nosotros no puede imaginarse lo que supone subir a un autobús en una silla de ruedas y lo angustioso que debe de ser escuchar los comentarios hostiles en voz baja de los otros pasajeros, enfadados por tener que esperar más de la cuenta. Sentirse una molestia para los demás es una carga tremenda que se añade a la propia discapacidad.

Impostores empáticos y analgésicos de la empatía

Para algunas personas, andar escasos de empatía puede llegar a convertirse en un riesgo laboral. Seguro que te suena: la fatiga por compasión. Hay quien puede crearse unas barreras autoprotectoras con las que diferenciar sus propios sentimientos de los sentimientos ajenos. Puede que a otras personas les resulte cada vez más molesto presenciar el dolor ajeno y deban aprender a autorregularse para no desdibujar las líneas que separan las necesidades de los demás de sus propias respuestas emocionales.

La capacidad empática del cerebro tiene una base genética y neurofisiológica. El programa de formación en empatía que elaboré incorpora la mejora en habilidades de percepción de las emociones ajenas y una serie de técnicas de autorregulación y autocontrol. Estas técnicas y estrategias ayudan a gestionar lo que se conoce como *contagio emocional*, la experiencia de captar la vivencia de alguien casi al instante, como si te estornudaran antes de que pudieras apartarte. Una de las formas de enseñar respuestas empáticas adecuadas es fortaleciendo los aspectos cognitivos de la empatía al tiempo que se ofrecen estrategias para gestionar y apaciguar respuestas emocionales excesivas. Entre las prácticas que enseñamos se encuentran la visualización, la respiración diafragmática y técnicas de meditación consciente.

Una de las prácticas más sencillas para poner en marcha la autorregulación de inmediato es respirar profundamente varias veces mientras te repites a ti mismo las siguientes palabras: al aspirar, «estoy aspirando a pleno pulmón», y al espirar, «estoy espirando a plena capacidad». Para muchos de los asistentes a mis clases, esta sencilla técnica resulta más útil que el tradicional consejo de contar hasta diez antes de hablar. Contar sin respirar profundamente no reduce la frecuencia cardíaca o la presión arterial del mismo modo que lo hace la respiración diafragmática plena. Cuando respiramos de modo profundo y pausado se activan unos sensores de la presión en las arterias carótidas del cuello llamados *barorreceptores*, los cuales hacen que disminuya la presión cardíaca. Ralentizar la respuesta física ayuda a evitar caer en la respuesta de lucha o huida, mientras que contando simplemente retrasamos una respuesta no regulada emocionalmente.

En algunas profesiones, como la de policía, médico, enfermero, trabajador social o maestro, se da el riesgo de caer en la fatiga por compasión. Estos profesionales suelen tener una mayor predisposición a la empatía, pero se sienten agobiados por los problemas y el sufrimiento del que son testigos cada día. Deben aprender a mantener en equilibrio un nivel saludable de empatía cognitiva (mental) y afectiva (emocional), y además llevar a cabo su trabajo.

Por ejemplo, los trabajadores sociales y otros trabajadores del ámbito de la salud mental, que se supone que deben ser afectuosos y empáticos, puede que caigan en el agotamiento emocional y el desgaste profesional si se centran demasiado en las experiencias negativas y los múltiples obstáculos a los que se enfrentan sus clientes. Centrándose en todo aquello que *pueden* controlar, como proporcionar a sus clientes los servicios y recursos que necesitan, y equilibrando la enorme exigencia emocional de sus trabajos con la práctica de una mayor atención a sí mismos (o atención personal), podrán gestionar mejor la sobrecarga emocional y evitar la depresión y el desgaste. De modo similar, los profesionales de la enfermería a los que les importa su labor pueden ganar en eficacia si se concentran en aquello que pueden controlar, aprenden a solicitar ayuda de sus compañeros y de sus equipos médicos, y se dedican tiempo a ellos mismos. Son mucho más eficaces si hacen todo eso que si intentan gestionarlo todo ellos mismos. El apoyo institucional es esencial para favorecer unas condiciones laborales que estimulen la colaboración y reduzcan las cargas de trabajo excesivas y las responsabilidades que compiten entre sí. En un estudio llevado a cabo en Minnesota se demostró que el desgaste profesional era menor cuando se eximía a los profesionales médicos de tareas de atención al paciente que se ampliaban al hecho de tener que abandonar el trabajo para recoger a sus hijos en la guardería. En cualquier profesión o situación, equilibrar la empatía con el deber es fundamental para transmitir humanismo y compasión al tiempo que se mantienen aquellas actividades profesionales que resultan útiles, esperanzadoras y significativas.

Aquellos que se muestran complacientes con los demás también se arriesgan a experimentar fatiga por compasión. Tal vez creamos que intentar hacer felices a los demás surge de la empatía, pero no siempre es así; suele estar motivado más por una necesidad de aceptación. Si sientes rencor o ira porque piensas que das mucho a los demás sin recibir a cambio todo lo que debieras, puede que tengas propensión a ello. En tal caso te recomendaría que no permitas que se aprovechen de ti o, lo que es peor, que no acabes siendo «codependiente» por anteponer generalmente las necesidades ajenas a las tuyas y creer que ayudar a los demás te hace crecer a ti. Éste es un hábito que puede erosionar la empatía hacia nosotros mismos y, muchas veces, provocar la ira y el resentimiento de los demás a largo plazo. En el capítulo 11 trataremos más este tema.

Diversas conductas facilitadoras de otro tipo entran también en la categoría de «empatía aparente», pero no pueden considerarse realmente empatía. El ejemplo clásico es cuando favorecemos conductas destructivas como la drogodependencia y la adicción al juego o no buscamos ayuda para las personas queridas que tienen problemas mentales.

Los facilitadores son los primeros que prestan dinero, dan comida, alojamiento y ropa, y excusan a las personas con problemas de drogas. Si bien una actitud así puede parecer empática, en realidad lo que hace es impedir que los seres queridos experimenten las consecuencias naturales de sus comportamientos, lo que contribuye a perpetuar el problema. Quienes hayan tenido trastornos por consumo de alcohol lo saben bien. Son los primeros que pueden empatizar con lo que pueda estar experimentando una persona adicta, pero normalmente son los últimos en convertirse en facilitadores, ya que su propia experiencia les dice que no servirá de nada.

Por último, me gustaría destacar otra clase de impostor empático: los llamados *padres helicóptero*. Seguro que has visto a alguno de esos padres que consienten en exceso, que son sobreprotectores y que están encima de sus hijos a cada momento. Continuamente salen al rescate de sus hijos en lugar de dejar que ellos mismos gestionen los altibajos de la vida. Suelen decir: «Tengo mucha empatía hacia mi hijo», pero es que eso tampoco es empatía. Esos padres, en la misma medida que sienten que están demostrando su amor, lo que hacen es impedir que sus hijos sean capaces de gestionar sus vidas y aprendan a asumir las consecuencias de sus acciones. Los niños que siguen este patrón de crecimiento normalmente esperan recibir el mismo trato protector en su trabajo. En una ocasión, a una de mis colegas le llamó el progenitor de alguien a quien había entrevistado hacía poco. Aquella persona le exigía explicaciones de por qué no le había dado el trabajo a su hijo, gritándole por no haber sabido reconocer que era «el más preparado».

Obstáculos a la empatía

Independientemente de lo profunda o bien desarrollada que sea nuestra capacidad para la empatía, no es posible sentir empatía por todo el mundo y durante todo el día. Pero es que tampoco debería ser así. Resulta interesante pensar en los mecanismos que nos llevan a entrar en acción cuando leemos una historia o a salir de la página con un clic cuando leemos otra. Tras la matanza de veintidós niños en la escuela de primaria Sandy Hook en el año 2012, la ciudad de Connecticut se vio tan sobrepasada por el volumen de ayuda recibida que tuvo que reunir más de ochocientos voluntarios sólo para organizar todos los artículos que llegaron fruto de la solidaridad. Muñecos de peluche, provisiones y millones de dólares llegaron a esa pequeña población, tranquila y acomodada, que en absoluto estaba necesitada de bienes materiales. Las provisiones llegaron incluso a pesar de que las autoridades pidieron a la población que destinara su caridad a otras causas. Al mismo tiempo que el tsunami de buena voluntad caía sobre Sandy Hook, casi veinte millones de niños estadounidenses se iban a dormir hambrientos.

Para muchas de las personas que contribuyeron a esa causa, esta forma proximal de empatía fue una reacción completamente visceral y primaria ante la sola idea de perder a sus propios hijos. Cualquier padre o madre podrá identificarse con una pesadilla tan terrible, más horripilante si cabe al pensar que alguien pudo disparar intencionadamente para matar a tantos niños inocentes. Se trata de un temor primario que guarda relación con nuestra empatía y amor innatos hacia nuestros hijos, y que tiene sus raíces en la biología evolutiva. Este impulso que nos lleva a proteger la propia prole es tan sólido e inherente a nuestra naturaleza porque ha sido necesario para la supervivencia de la especie a lo largo de la historia de la humanidad. Además, aunque muchas personas no sean conscientes de ello, nuestro cerebro se interesa por preservar nuestros genes para cada nueva generación. Preocuparnos excesivamente por proteger a nuestros hijos es una garantía de que nuestros genes avanzarán.

La caridad, la compasión y respuestas empáticas como la avalancha de generosidad hacia las víctimas de Sandy Hook y otras tragedias también responden a lo que los especialistas en ciencias sociales conocen como *efecto de la víctima identificable*. Cuanto más nos identificamos directamente con una víctima –ya sean alumnos de una escuela de primaria de Connecticut o corredores y público presentes en el atentado de la maratón de Boston–, más probabilidad hay de que todos abramos nuestros corazones y nuestras billeteras.

Así pues, ¿por qué no respondemos en otros casos cuando el sufrimiento es igual o quizás mayor?

Los estudios llevados a cabo por la Universidad de Oregón sobre la relativa inexistencia de un clamor público por los desastres humanos que tienen lugar en lugares tan lejanos como Darfur, Liberia o Ruanda demuestran que la indiferencia no se debe a una falta de empatía *per se*, sino más bien a la sensación de que cualquier esfuerzo que se haga no servirá de nada. Con unas estadísticas sobrecogedoras y millones de personas malnutridas, ¿qué puede lograr la respuesta empática de una persona?

Cada uno de nosotros, frente a las enormes necesidades de este mundo –y por muy empáticos que seamos–, no tiene la capacidad cerebral necesaria para procesar semejante nivel de sufrimiento. Generalmente, no. Sin embargo, expertos que colaboran con los responsables políticos están empezando a encontrar soluciones. Programas de microfinanciación de campesinos sin recursos en África que destinan 50 dólares por proyecto, la ampliación de programas gestionados por organismos no gubernamentales o los proyectos cooperativos de intercambio de tecnología a escala mundial son ejemplos de cómo adaptar la empatía sin dejar de lado la proximidad y la iniciativa a nivel personal.

Hay otros motivos que a veces nos hacen vacilar en lugar de correr cuando la empatía es requerida. Por ejemplo, hay varias características de la naturaleza humana que parecen estar asociadas normalmente al género, y que hacen que las mujeres se sitúen de manera innata en lo más alto de la escala empática. El grupo de Tania Singer ha investigado el papel que podría desempeñar el género en las respuestas empáticas neuronales. En uno de sus experimentos, el equipo investigador contrató a actores para que participaran en un juego en el que se repartía una suma de dinero compartida, junto a un grupo de participantes del estudio. Uno de los actores tenía que ser sistemáticamente generoso, mientras que el otro debía mostrarse sistemáticamente injusto a la hora de repartir. Al final del juego, los participantes expresaron en general sensaciones positivas hacia el actor generoso y sensaciones generalmente negativas y de desconfianza hacia el actor injusto.

Después, Singer repitió su experimento con las parejas que habían recibido descargas eléctricas, pero en esta ocasión, en lugar de asociar a cada miembro de la pareja con su ser querido, se les transmitió información sobre los dos actores/participantes. Los resultados fueron realmente sorprendentes. Las mujeres se comportaron empáticamente tanto si era el actor justo como el injusto el que recibía la sacudida de una dolorosa descarga, y la desconfianza o antipatía personal por la persona a quien aplicaban las descargas no tenía ningún efecto sobre la intensidad de su respuesta empática. Sin embargo, en el caso de los hombres la historia cambiaba. Exhibían empatía cuando era el actor generoso el que recibía la descarga, pero se mostraban inmisericordes con el actor que hacía de malo. De hecho, en los sujetos masculinos se activaban considerablemente los circuitos cerebrales de recompensa asociados al placer cuando sabían que era el turno del actor tramposo.

Los investigadores llegaron a la conclusión de que las reacciones empáticas de los hombres estaban determinadas por su modo de ver la conducta social de la gente. A diferencia de las mujeres, mostraban compasión hacia los participantes que eran de su agrado, pero sentían una inequívoca satisfacción cuando se castigaba a los que consideraban desagradables.

Pese al sesgo de género aparentemente inherente a la respuesta empática, hay otros estudios que respaldan la idea de que podemos modificar estas respuestas neurales automáticas. Tanto si hablamos de médicos que nunca han sido pacientes, personas sanas que nunca han imaginado cómo es la vida de un discapacitado o simplemente gente que necesita ampliar su red de empatía a otras personas ajenas a su círculo más inmediato, sabemos que las ideas pueden cambiar, y cambiar rápida y profundamente, con una adecuada preparación. Todo indica que experimentar de primera mano las dificultades por las que atraviesan los demás hace mejorar la empatía de modo significativo.

Uno de los hallazgos más apasionantes de mi investigación sobre la maleabilidad de la empatía en el cerebro fue el resultado de observar a facultativos de seis especialidades médicas y quirúrgicas distintas en una prueba aleatoria y controlada, que en la profesión médica constituye la norma de oro para probar la causalidad y calibrar el éxito de un procedimiento, intervención o medicación. «Aleatorio» significa que los sujetos son asignados a grupos mediante un ordenador y sin un orden concreto, mientras que «controlados» significa que tomamos todas las precauciones para separar los factores que puedan influir o influenciar en los resultados del experimento.

Los facultativos que participaron en nuestro estudio fueron evaluados por pacientes reales, antes y después de una intervención en el marco de la formación en empatía, tanto en lo que respecta a sus capacidades perceptivas como en relación con las respuestas empáticas a sus pacientes. Mediante el acrónimo E.M.P.A.T.H.Y.[3] y una serie de técni-

3. La marca E.M.P.A.T.H.Y.® es una marca registrada del Massachusetts General Hospital para Empathetics, Inc, y está bajo su licencia exclusiva.

cas que trataremos en el siguiente capítulo, mostramos a los facultativos cómo «leer» adecuadamente los estados emocionales de sus pacientes y entender su comunicación usando diversos métodos, entre ellos una muestra especialmente seleccionada de recursos para decodificar la expresión facial, diseñados por el psicólogo Paul Ekman, el principal experto en reconocimiento de la expresión facial. Los facultativos aprendieron a interpretar señales como el lenguaje corporal y la postura, y profundizaron en las técnicas de autorregulación y en la evaluación de las emociones ajenas. Con esta breve y precisa formación, los clínicos sintonizaron más con lo que tenían delante. El grupo que participó en la formación también recibió instrucciones sobre cómo gestionar interacciones complicadas; por ejemplo, cómo gestionar solicitudes de medicamentos con receta de carácter manipulador alejando de la conversación la idea de obtener dichos medicamentos e introduciendo la necesidad de iniciar un tratamiento por drogadicción. Aprendieron a cultivar la curiosidad a través de la escucha empática, sin juzgar a la persona. Asimismo, al dedicar más tiempo a profundizar en las relaciones y ampliar la atención formando un equipo, pudieron dar lugar a nuevos debates sobre el consumo de drogas y explorar soluciones inéditas y más saludables. Tras las breves intervenciones de mejora de la empatía, el nivel de satisfacción de los pacientes fue mucho mayor con el grupo participante que con los facultativos elegidos aleatoriamente para el grupo de control. Éste fue el primer estudio que demostró que la empatía puede enseñarse.

La buena noticia acerca de nuestra investigación es que demostró claramente que aún hay esperanza para cambiar la cultura de la medicina y, en realidad, esperanza para cualquier individuo u organización que priorice las relaciones. Ahora tenemos instrumentos basados en pruebas con los que poder lograrlo. Con una formación adecuada, que incluya habilidades en inteligencia emocional, regulación de las emociones, adopción de distintas perspectivas, distinción de uno mismo y de los demás y otras capacidades cerebrales susceptibles de cambiar, podemos trabajar por un futuro mejor en la atención sanitaria y en todos los ámbitos en los que se aprendan y practiquen los principios de la empatía. De eso mismo vamos a hablar en el capítulo 4.

4

Las siete claves de E.M.P.A.T.H.Y.®

En el colegio aprendemos a leer, escribir, calcular y a hacer muchas otras cosas importantes, pero son muchos los educadores que han debatido sobre la necesidad de enseñar las cuatro R: *reading* (lectura), *writing* (escritura), *rithmatic* (aritmética) y *relationships* (relaciones). La mayoría de nosotros no recibimos una verdadera educación en dos materias que considero sumamente importantes: la comunicación no verbal y la expresión de la empatía. Nos enseñan a hacer hincapié en el «qué decir» y, hasta cierto punto, en el «cómo decirlo», pero muy raramente nos educan sobre «cómo ser» y «cómo dejar que los demás sean». Quizás pienses que son materias de poco peso y que no tienen por qué enseñarse en el colegio, o que mucha gente posee una capacidad innata en esas cuestiones; sin embargo, yo diría que no suele ser el caso.

Cuando nos fijamos exclusivamente en la literalidad de las palabras que escuchamos y en nada más, estamos pasando por alto el papel fundamental de las señales no verbales. La información que recogemos más allá de la definición de las palabras es decisiva para la comunicación de las emociones y el significado auténtico. Una misma expresión adquiere connotaciones muy distintas según la forma en que se dice. Cuando alguien comenta «Bonita camisa», puede estar alabándote el gusto, insultándote o queriendo ligar contigo. Es una danza compleja entre lo verbal y lo no verbal que ha sido perfeccionada por la evolución, factores sociales y cada interacción única. Los investigadores descubrieron que más del 90 % de lo que comunicamos es no verbal y que sólo un 10 % de lo que la gente aprende se basa en las palabras que escucha.

En mi profesión he visto una necesidad urgente de enseñar los aspectos no verbales de la comunicación con el objetivo de favorecer una mejor comprensión entre facultativos y pacientes. En muchas ocasiones he sido testigo de casos en que ha fracasado la comunicación en estas relaciones. Los facultativos creen a veces que están diciendo una cosa y los pacientes están escuchando otra muy distinta. Los médicos escuchan lo que ellos creen que han dicho los pacientes. Éstos seguramente son selectivos y escuchan lo que quieren escuchar.

No es algo fruto de mi imaginación. Numerosos estudios avalan mi observación, entre ellos una fascinante encuesta realizada entre más de seiscientos individuos para determinar cómo los facultativos comunicaban a sus pacientes el riesgo de padecer cáncer. En la encuesta, llevada a cabo por Medscape, un sitio de noticias para médicos y profesionales de atención primaria, se preguntaba a los participantes si en algún momento habían hablado sobre los riesgos de padecer cáncer con sus pacientes. Más del 70 % dijeron que sí. Sin embargo, aproximadamente sólo un 30 % de pacientes recordaba que su médico había sacado a colación el tema con ellos. Esta desconexión puede traer consigo consecuencias reales. Alrededor de la mitad de los pacientes que respondieron la encuesta declararon que tenían indicios y síntomas de cáncer, y a más del 20 % de esos pacientes se les acabó diagnosticando cáncer.

Cuando los médicos y los pacientes se comunican debidamente, los síntomas se detectan con mucha mayor antelación. Y se pueden salvar vidas. Es evidente que eso no siempre es así. Entre médicos y pacientes suele haber barreras lingüísticas, grandes diferencias culturales que deciden el modo correcto de dar y recibir información, y matices sutiles, aunque importantes, en el significado de las señales no verbales. Es fácil no reparar en una ceja que se arquea, en unos brazos que están cruzados o en un tono de voz determinado. Existe la posibilidad real de no poder comunicarse cuando todo se deja en manos de las palabras.

En un análisis sistemático de expresiones culturales no verbales asociadas a la empatía, mi equipo de investigación identificó varias de estas expresiones de carácter universal, entre ellas posturas corporales abiertas, expresiones faciales afectuosas y un tono de voz relajante. Resultó interesante comprobar que, incluso cuando sonreían e intentaban ser agradables, no se consideraba que las personas mostraran empatía si tenían los brazos cruzados o adoptaban una postura dominante. A diferencia de la sonrisa, la posición de los brazos exige una atención consciente mucho mayor para garantizar que comunica una intención amistosa y no defensiva.

Yo sabía que tenía que haber una manera mejor de conseguir que los profesionales de la medicina hablen y escuchen a los pacientes, así que empecé a estudiar y experimentar con varios métodos. Finalmente surgió el acrónimo E.M.P.A.T.H.Y., que formaba parte de mi nuevo programa docente para la evaluación de la conducta no verbal. En este acrónimo se basaba el proyecto de enseñanza de la empatía que pusimos en marcha en nuestro ensayo aleatorio controlado de formación sobre empatía llevado a cabo en el Hospital General de Massachusetts (HGM), dirigido a facultativos en programas de residencia entre los años 2010 y 2012, aunque también se recurrió a él para formar a centenares de miembros del personal médico del HGM durante un proyecto de mejora de la calidad denominado «MD Communication». Usándolo como guía fácil de memorizar, pudimos demostrar que este acrónimo orienta a los profesionales médicos en aspectos relativos a la percepción y la respuesta en comunicaciones no verbales con los pacientes.

El método E.M.P.A.T.H.Y., y eso es algo que vi enseguida, no solamente puede ayudar a los médicos. Estos mismos conceptos pueden trasladarse a otras formas de relación y entorno. En las interacciones humanas, la empatía es una de las fuerzas más poderosas que tenemos para conectar con los demás y ayudarles. Y, como cualquier otra capacidad, puede ser moldeada, ajustada, mejorada y administrada. Yo la he probado y mejorado desde que empecé a utilizarla, y he constatado cómo puede ayudar a alguien a hacer grandes avances en su relación empática con el mundo. Hemos empleado el método E.M.P.A.T.H.Y. en otros sectores como el de la formación en la banca y los negocios, y a todos los niveles de atención en la salud física y mental. Quisiera ahora dedicar unas páginas a hablar de los principios que conforman este acrónimo y a explicar cuál es su papel en la consecución de una comunicación clara y empática.

La E *(eye contact)* indica contacto visual

En algunas tribus africanas, la palabra equivalente a «hola» es *sawubona*, que significa «te veo». En estas culturas se considera que mirar a alguien a los ojos es el mayor elogio que puedes hacerle a su condición de ser humano, ya que de ese modo puedes ver la luz que desprende su alma. Es una práctica con mucha más carga intencional que el mero «hola, ¿cómo estás?» con el que funcionamos en nuestro país. En la sociedad occidental decimos que «los ojos son el espejo del alma». Si estás con alguien y cierras los ojos por un momento, obtendrás un montón de información sobre lo que esa persona está pensando y sintiendo.

El contacto de los ojos es una de las primeras experiencias humanas. Cuando una madre y su recién nacido se miran, los cerebros de ambos liberan oxitocina, la hormona de la «vinculación». Sentimientos de amor, conexión y empatía fluyen en sus materias grises. Asimismo, los ojos de la madre sirven de espejo, y le muestran al recién nacido la confirmación de su existencia misma.

De hecho, los estudios confirman que la mirada materna es tan importante para el desarrollo del pequeño que la falta de contacto visual en su primera etapa vital puede tener en él consecuencias muy graves. En tales circunstancias, las áreas del cerebro que coordinan la comunicación social, la sintonía empática, la regulación de las emociones y la evaluación de estímulos suelen desarrollarse de modo incorrecto. Los niños a los que se priva de un contacto visual temprano con los padres tienen más probabilidades de desarrollar un «apego inseguro» seguido de una pérdida de autoestima, dificultades para confiar en los demás y problemas para regular las emociones.

Desde el primer instante, el contacto visual es una de las formas en que las regiones del cerebro social relacionadas con la empatía parecen estar activadas. Tal como demuestran algunos estudios de seguimiento ocular, cuando miramos la cara de alguien nos fijamos en los ojos, la boca o la nariz durante unas décimas de segundo, y de allí pasamos ya a otro punto. Mediante estas micropausas construimos una imagen mental a partir de la cual nos formamos una impresión de aquella persona, y de esa manera se nos revela un tesoro oculto de datos de naturaleza social y conductual. Investigaciones llevadas a cabo indican que aquellas personas que obtienen mayores puntuaciones en la capacidad empática emocional pasan más tiempo mirando a los ojos, incluso cuando la persona que observan está en un vídeo.

Cuando hablamos con alguien cara a cara y enviamos información sobre nosotros a través de los ojos de otra persona, tiene lugar un proceso similar al de las miradas maternales que hemos visto. Las investigaciones demuestran que es importante cómo usamos la mirada para conectar emocionalmente, y que el cerebro está sintonizado de un modo exquisito con las diferencias entre el contacto visual directo y el indirecto. En algunos estudios de escaneo cerebral llevados a cabo se demostró que la amígdala, considerada una de las principales áreas del cerebro para el procesamiento de las emociones, se activa de un modo distinto cuando nos encontramos con alguien miedoso o enfadado, dependiendo de si nos mira directamente o de si desvía su mirada.

Encontrarnos cara a cara con alguien nos ayuda a interiorizar información y a comprender qué relación guardamos con él o ella. Algunos científicos afirman que esta evaluación social nos estimula a actuar de forma más positiva y altruista.

Uno de los motivos por los que se priorizan las reuniones presenciales en los encuentros de negocios importantes y en las visitas médicas es que los participantes pueden acceder a información delicada y con matices que sólo puede ser apreciada en persona. Cada vez más estamos perdiendo la oportunidad de evaluar el estado emocional de alguien telegráficamente con un simple contacto visual, ya que hoy en día tendemos a interactuar mediante textos, correo electrónico y otras formas de comunicación digital. Cuando hay miles de millones de dólares en juego, la gente de negocios todavía coge un avión y viaja por todo el mundo para asistir a una reunión o firmar un documento. Quieren mirar a sus futuros socios a los ojos.

Cuando conocemos a alguien, podemos aumentar el tono empático del contacto visual intentando fijarnos en el color de sus ojos. Esos segundos de más que dedicamos a mirar a los ojos a aquella persona tienen mucha más importancia que un simple saludo, ya que transmiten la idea de que realmente la estás «viendo». Los estudiantes en prácticas que superviso constatan que fijarse en el color de los ojos determina por completo la sesión, ya que intensifica el propósito de su saludo al paciente –fomentar la confianza– y les ayuda a centrarse en la condición humana individual de éste.

Sin embargo, no recomiendo mirar durante demasiado tiempo en los ojos a alguien que acabemos de conocer. Un contacto visual excesivo puede incomodar a la otra persona. También es importante tener en cuenta las diferencias de tipo cultural e individual. Por ejemplo, en muchas culturas orientales la presencia de otra persona se reconoce de forma muy sutil, por lo que mirar directamente a esa persona durante demasiado tiempo se considera de mala educación. Además, algunas personas tienen problemas para recibir y procesar una mirada directa, como en el caso de algunos afectados por el trastorno del espectro autista cuyos cerebros tienen una capacidad limitada para procesar el contexto emocional asociado a la mirada.

La M *(muscles)* hace referencia a los músculos de la expresión facial

Nuestro cerebro está programado para imitar las expresiones faciales de los demás. En situaciones normales solemos devolverle la sonrisa a alguien que nos sonríe. Lo mismo ocurre si arrugamos los labios al disgustarnos, levantamos las cejas ante una sorpresa, fruncimos el ceño al frustrarnos o mostramos cualquier otra expresión facial que represente una emoción primaria. Esta imitación motriz automática suele provocar las mismas emociones a través de la memoria muscular que la propia emoción. Por ejemplo, fruncir el ceño trae consigo sentimientos de tristeza o irritación. Es un reflejo tan potente que hasta puede que nos sorprendamos a nosotros mismos reproduciendo las expresiones faciales que vemos en una fotografía o un vídeo. Es una respuesta tan inconsciente que quizá ni lleguemos a darnos cuenta de ella, pero se trata de uno de los principales componentes del procesamiento que conforman nuestra capacidad empática. Los estudios pioneros del psicólogo clínico Paul Ekman identificaron las expresiones faciales asociadas a las emociones básicas. En sus investigaciones actuales, Ekman y otros especialistas afirman que decodificar las expresiones faciales para detectar emociones tiene en parte una base biológica y, en menor grado, una base de condicionamiento social. Algunas emociones tienen interpretaciones de carácter universal, mientras que otras tienen distintas interpretaciones según el contexto cultural. Así, por ejemplo, los orientales y los occidentales tienden a fijarse en partes distintas de la cara durante el reconocimiento de la expresión facial, con lo que pueden extraer distintas conclusiones a partir de cada expresión facial. Los orientales suelen recibir una impresión más global de los rasgos faciales, mientras que los occidentales tienden a centrarse más en unos rasgos concretos.

El modo en el que el rostro humano transmite los pensamientos y las emociones de cada persona es tan particular como su huella dactilar. A la mayoría de nosotros se nos da muy bien leer los rostros de los demás para entender lo que están pensando y sintiendo, pero es más fácil acertar cuando conocemos bien a la persona o cuando ésta proviene de un entorno y cultura similares. Así pues, al generalizar el significado de una expresión facial concreta, podemos malinterpretarlo en aquellas personas que nos son desconocidas, sobre todo si son originarias de un país distinto al nuestro. Hay estudios que demuestran que los circuitos neuronales se activan de manera distinta según si nos hallamos ante un rostro familiar o uno desconocido.

Es cierto, también, que expresiones faciales similares no siempre significan lo mismo. Pequeños cambios en la forma de perfilar las cejas, de controlar el grupo muscular en torno a los ojos o de disponer los delicados músculos que controlan la boca son las sutiles diferencias que dan un profundo giro al significado de lo que comunica un rostro. Son muchos los factores que influyen en la interpretación del rostro. Según Ekman, prestamos más o menos atención a las expresiones faciales en función del estatus social y del equilibrio de poder que percibamos. Así, notamos cambios más sutiles en los músculos faciales de nuestro jefe o de un profesor que en los de cualquier otra persona.

Veamos un ejemplo: la sonrisa. Asociamos esta expresión facial a la felicidad, el júbilo y el placer, pero ¿siempre es así? En sus estudios, Ekman pudo distinguir entre la sonrisa de Duchenne, la genuina sonrisa de felicidad y otros tipos de sonrisas mediante la identificación de las microexpresiones formadas por la utilización sutil y subconsciente de los músculos faciales. La sonrisa de Duchenne fue bautizada así en honor del anatomista francés Guillaume Duchenne, que estudió la expresión emocional mediante el estímulo de diversos músculos faciales con corrientes eléctricas. De ese modo se contraían tanto el músculo cigomático mayor, que eleva las comisuras de los labios, y los músculos orbiculares de los párpados, que elevan las mejillas y forman patas de gallo en torno a los ojos. Con una sonrisa forzada carente de emoción el cigomático mayor sube los labios, pero los músculos orbiculares permanecen fijos. El propio Duchenne escribió que la inercia orbicular en la sonrisa «desenmascara a un falso amigo».

De hecho, la sonrisa puede servir para enmascarar otras emociones, como observé un día de primera mano cuando mi paciente «Susan» llegó con una enorme sonrisa en la cara: ¡finalmente había roto con su novio, una persona agresiva! Su sonrisa de felicidad parecía real a primera vista, pero sus ojos no iban a la par y, además, en medio de la frente tenía un músculo en forma de U invertida muy pronunciado. Todo ello llamó inmediatamente mi atención.

Esta U invertida y redondeada, que en algunas personas tiene más bien forma de columna recortada, dependiendo de las variantes normales del diminuto grupo de músculos corrugadores de la frente, la describió Charles Darwin en 1872 como «músculo de la pena», ya que se activaba de modo involuntario cuando alguien sentía verdadera tristeza. Cuesta fingir con él, porque solamente se mueve cuando alguien siente pena o angustia de verdad. Y allí estaba yo, ante la boca sonriente y respingona de Susan.

—Pareces muy disgustada –le dije.

Fue suficiente. Susan rompió a llorar y dijo:

—Es lo más difícil que he tenido que hacer en mi vida. Aunque estaba preparada para romper con John, voy a echar muy de menos a su familia. Cuando llegué a Estados Unidos, ellos eran todo lo que tenía...

Mientras sollozaba, no podía evitar pensar en las emociones que habrían quedado reprimidas en ella si me hubiera limitado a responder a su sonrisa.

Así pues, ¿qué relación guardan las expresiones faciales con la empatía? Un estudio danés demostró el vínculo de la empatía con la «reactividad facial» al mostrar a un grupo de voluntarios una serie de fotografías de caras enfadadas y felices. Mediante el análisis de las expresiones faciales con la técnica denominada *electromiografía facial*, los investigadores descubrieron que los sujetos cuyas respuestas al cuestionario mostraban un alto grado de empatía registraban mucha mayor actividad en sus cejas y ojos cuando tenían delante expresiones de enfado y una actividad mucho mayor en las mejillas al ponerles delante expresiones de felicidad. Por su parte, los voluntarios con menor puntuación en la escala de empatía no podían diferenciar en absoluto entre estímulos de enfado y de felicidad.

En comparación con el grupo que mostraba poca empatía, el otro grupo consideró también que los rostros enfadados expresaban mayor enfado y los rostros felices una mayor felicidad, lo cual parece indicar que las personas con una capacidad empática más pronunciada son más sensibles a las reacciones y a las expresiones faciales, y que dicha capacidad también les dota de un mayor sentido de la precisión empática.

No hace falta ser un experto para darse cuenta de las minúsculas microexpresiones descritas por Ekman y otros. Sólo hay que prestar atención. Si nos fijamos en el rostro de alguien, puede que veamos que, incluso sin acertar a saber por qué, tengamos la impresión fugaz de cómo se siente la otra persona por cómo nos sentimos nosotros mismos en su presencia. A veces, de forma involuntaria registramos estas microexpresiones captando la sensación sin ser incluso conscientes de que ha cambiado nuestro propio estado emocional. Lo veremos más a fondo cuando hable de la «Y» del acrónimo E.M.P.A.T.H.Y.

La P *(posture)* hace referencia a la postura

La postura de una persona dice mucho sobre el estado de sus emociones, independiente de la expresión facial. El propio Charles Darwin señaló que el propósito evolutivo de las emociones es predisponernos a responder de un modo concreto, y que las posturas están asociadas a estados emocionales y diseñadas para ayudarnos a identificar esos mismos estados. Unos hombros caídos pueden indicar desánimo o tristeza, incluso depresión; mientras que sentarse en posición erguida sugiere felicidad o seguridad. Los movimientos corporales y las posturas asociadas a estados emocionales pueden tener la misma importancia que las expresiones faciales para la comprensión de la neurobiología y el significado de la conducta emocional. Gran parte de las mismas áreas cerebrales relacionadas con la percepción de las expresiones faciales también se activan durante la percepción de la colocación corporal.

Probablemente hayas advertido que en los restaurantes más exclusivos, en las aerolíneas y en otras empresas del sector servicios, las personas que te atienden lo hacen siempre manteniendo el contacto visual con los ojos al mismo nivel que los tuyos. Los docentes que enseñan en preescolar interactúan del mismo modo y se agachan para mirar a los alumnos directamente a los ojos, con lo que transmiten respeto y escucha. En cambio, un alto ejecutivo que quiera mostrarse dominador puede quedarse de pie presidiendo la mesa mientras los demás se sientan. Según una línea de investigación, adoptar una postura de poder con las piernas separadas, la columna recta y los brazos en jarras inunda el cerebro de sustancias químicas asociadas al estatus y ayuda a proyectar un aire de confianza y mayor presencia física, si bien se trata de estudios que no han sido todavía repetidos.

Sólo cuando hablamos con otras personas tenemos una idea de la cantidad de lenguaje postural y corporal que revelamos. Imaginemos que estamos en una fiesta y que conversamos con alguien a quien acabamos de conocer. Si hemos hecho buenas migas, de forma subconsciente encajaremos las posturas corporales y empezaremos a reflejarnos en las señales no verbales del otro, como tocarnos el pelo o hacer gestos con las manos. Si no hay conexión, seguramente nos iremos separando poco a poco, nos pondremos rígidos y nos moveremos nerviosamente hasta que uno de los dos saldrá con la excusa de querer probar los montaditos del aperitivo para abandonar rápidamente la conversación. Fijaos en todos estos detalles la próxima vez que os presenten a alguien. Aprenderéis muchas cosas sobre la primera impresión que causáis y la que os causan a vosotros.

Como médica sé que las diferencias más sutiles en las posturas que adopto influyen enormemente en la percepción de mí que tienen los pacientes y en el nivel de empatía que proyecto. Siempre intento expresar respeto y transparencia a través del lenguaje corporal. Cuando estoy con mis pacientes, vuelvo mi cuerpo hacia ellos, me inclino hacia adelante y los miro situando los ojos al mismo nivel que los suyos. Utilizo la técnica del reflejo empático (*mirroring*) y las señales no verbales; de ese modo le estoy diciendo a la otra persona que estoy atenta e interesada en lo que dice. Si me doy cuenta de que estoy cruzando los brazos, intento averiguar la razón: ¿es porque hace demasiado frío en la sala o porque inconscientemente he mandado una señal de no receptividad? Hace más de una década que enseño estas mismas técnicas a profesionales de la salud de todo el mundo y es realmente asombroso ver que meses después del curso todavía me llegan comentarios suyos. Una facultativa me reveló que se sentía más conectada con sus pacientes y que disfrutaba de su interacción con ellos mucho más que antes. Este cambio tan sencillo generó otra forma de relacionarse con sus pacientes que éstos apreciaron claramente. Algo especialmente significativo, ya que estaba planteándose dejar la profesión a causa del agotamiento emocional y la sensación de falta de sentido en su trabajo. Mirar pantallas de ordenador le había acabado dejando la sensación de ser más una oficinista que una médica, y este sencillo ajuste le ayudó a volver a ver a sus pacientes como personas.

La A *(affect)* hace referencia al afecto

El rostro humano es un guía esencial para conocer las emociones que está experimentando otra persona. Cada rostro humano cuenta una historia de emociones, y, a medida que vamos envejeciendo, algunas de esas emociones quedan marcadas en la cara con líneas que ya no desaparecen. *Afecto* es el término científico que define la emoción. Durante mi formación como psiquiatra nos enseñaron a detectar y poner nombre siempre a las emociones de un paciente y a tenerlo en cuenta en el análisis de su estado mental, algo fundamental en cualquier evaluación psiquiátrica. Hacerlo me ayuda a orientarme entre los principales sentimientos que expresa la persona, y me garantiza que sabré captar la tristeza, irritación, confusión o euforia que se están expresando. Es un ejercicio crucial para conectar emocionalmente con mis pacientes, y de hecho con todos mis seres queridos. No basta con advertir la expresión facial de una persona: también hay que interpretar lo que vemos, que –y así lo indican los estudios realizados– viaja a través del córtex prefrontal y se adentra en los centros emocionales del sistema límbico del primate, en el mesencéfalo.

Cuando hablo con grupos de colegas médicos que no ejercen en el campo de la psiquiatría, constato que el hecho de poner nombre a las emociones es algo en lo que la mayoría de ellos no han sido formados. ¿Pero quién lo ha sido, en realidad? Muchas personas afirman que tienden a «saltarse» esa parte, como si no fuera importante. Me atrevo a decir que si los médicos, docentes, empleados de atención al cliente y otros profesionales que trabajan en el ámbito de la ayuda no saben sintonizar con las emociones de los demás, quizás les pasará por alto que la persona no escucha nada de lo que dicen porque no han conectado a un nivel humano.

Las emociones ocupan un lugar central en todas las conversaciones difíciles. Sin «poner nombre al afecto» (la emoción) no podemos ser plenamente conscientes de por qué una conversación difícil es algo tan complejo. ¿Es porque la persona se siente amenazada, desconfiada, inútil, enojada, disgustada, avergonzada o culpable? ¿Y qué emociones provocan estos sentimientos en nosotros? Aunque intentemos ignorar o reprimir nuestras emociones ante los demás, lo cierto es que son pistas esenciales para comprender lo que sucede en la mente y el corazón de la otra persona.

Seguramente todos entenderemos muy bien la frustración que supone llamar a un teléfono de atención al cliente con un problema muy acuciante y de graves consecuencias y que nos respondan con un cortante «manténgase a la espera». En ese momento, las emociones pueden controlarse con un «entiendo lo frustrante que puede resultarle, y siento mucho que tenga este problema, pero manténgase a la espera y le atenderé lo antes posible». Pero cuando la respuesta es insensible y no viene acompañada de un reconocimiento de nuestra emoción, nos ponemos furiosos y, a veces, vertemos toda esa furia en la persona que hay al otro lado de la línea, con lo cual hacemos aún más difícil que muestre disposición a ayudarnos. Así es como las respuestas de los demás nos afectan tanto fisiológica como emocionalmente.

Más adelante comentaré este concepto, cuando lleguemos a la última letra del acrónimo, la Y de «tu respuesta» (*your response*). Por el momento, lo importante es reconocer que etiquetar una emoción del mejor modo posible es el primer paso en el intento de orientarnos por aquellos datos personales imprescindibles sin los cuales es imposible estar plenamente presentes o sintonizados con la persona con la que estamos conversando. Si queremos animar, inspirar, tranquilizar o responsabilizar a alguien de sus actos, primero tendremos que intentar comprender desde qué plataforma emocional partimos; de lo contrario, hay pocas posibilidades de lograr una comunicación eficaz.

La T *(tone of voice)* hace referencia al tono de voz

El tono de voz supone más del 38 % del contenido emocional no verbal que comunica una persona, por lo que resulta fundamental para la empatía. Los lingüistas denominan *prosodia* a esta cadencia, ritmo y tono del lenguaje hablado. La prosodia imprime una capa de emoción al discurso hablado que va más allá del significado concreto de cada palabra y secuencia de palabras.

Los humanos somos muy sensibles a las variaciones del tono de voz y su prosodia. Cuando decimos sobre alguien: «Eso se le da muy bien», según cómo lo digamos transmitimos un significado u otro: admiración, sarcasmo, desprecio, sorpresa, temor o disgusto. Si lo hacemos con una entonación concreta y una cierta exclamación al final, probablemente estaremos mostrando admiración; si el tono es bajo y masticamos las palabras, lo más seguro es que hablemos con desprecio, o quizás disgustados.

El tono de voz suele ser más importante que las palabras que decimos y puede determinar que haya empatía o no en la comunicación. En un excelente y revelador estudio llevado a cabo por la malograda Nalini Ambady, el nivel de tono empático empleado por un médico tenía enormes consecuencias en el paciente. Así, en una serie de cintas de audio en las que algunos cirujanos se comunicaban con pacientes se hizo un filtrado que sólo permitía oír el volumen, la cadencia y el ritmo de las conversaciones. Los investigadores pusieron estas grabaciones manipuladas a un grupo de voluntarios, y constataron que éstos, con sólo escuchar el tono de voz, podían determinar qué cirujanos habían sido demandados por negligencia médica y cuáles no. Las voces salpicadas de actitud dominante y con una menor expresión de interés hacían prever una historia de demandas por negligencia profesional, lo cual indica que un estilo comunicativo sensible al estado emocional de la persona, así como un estilo que fomente los vínculos emocionales con quien escucha, mejora la interacción entre dos personas.

Tengo la impresión de que los estudios empíricos realizados en el ámbito de la medicina arrojan resultados con grandes enseñanzas para todos nosotros. A mi parecer, ayudan a casar el volumen con la cadencia de nuestra voz cuando hablamos con un amigo o colega que está pasando por un mal momento. Un tono tranquilizador puede ayudar mucho a que la otra persona se sienta escuchada. Por el contrario, si alguien nos está contando algo terrible que le lleva a subir el tono de voz, seguramente lo mejor es suavizar el tono de nuestra respuesta reflexiva. Así, aunque pueda parecer que indignándonos como él estamos compartiendo su sentimiento de injusticia, lo cierto es que no sirve de nada aumentar su agitación elevando el volumen de nuestra respuesta.

La H *(hearing the whole person)* significa escuchar a la persona en su integridad

Lo que muchos denominan *escucha activa* o *reflexiva*, yo lo llamo *escucha empática*. La escucha empática supone prestar atención a otra persona, identificar sus emociones y responder con compasión y sin juicio alguno. El principio básico de la escucha empática es intentar primero comprender el punto de vista del otro y, después, intentar que el otro comprenda el nuestro. Suena fácil, pero es muy difícil de conseguir. Implica dejar a un lado nuestras emociones y escuchar con una actitud receptiva. Desde una perspectiva neurológica, significa frenar los sensores de amenaza que activa nuestra amígdala mientras escuchamos a la otra persona. Nada constructivo puede salir de una conversación entre dos personas que se hallen en la «zona de peligro», un espacio de amenazas y temores mutuos en el que se adopta una actitud defensiva y nadie escucha a nadie. Lo más práctico es que ambas personas se pongan de acuerdo en hablar por turnos y después se escuchen la una a la otra; de ese modo, cada una sabe que podrá ser escuchada sin interrupción. Los psicólogos clínicos lo denominan *ejercicio de habla-escucha*, y es especialmente útil para aquellas parejas que se sienten incomprendidas por el otro. Cada miembro de la pareja habla durante un tiempo máximo de diez minutos sin ser interrumpido por el otro, que se limita a escuchar. Después cambian y el otro miembro habla como si estuviera hablando primero. Sin interrupciones, la intensidad de las emociones más fuertes tiende a reducirse, y escuchar íntegramente el punto de vista del otro suele ser enriquecedor. La escucha empática hace posible conectar con alguien a nivel tanto emocional como cognitivo.

Para muchas personas, la escucha empática resulta difícil: oyen la queja, pero no la preocupación que subyace a ella. Por ejemplo, un abogado puede atender las quejas de su cliente, a quien el juzgado supuestamente no trata como es debido, pero quizás no tenga en cuenta la preocupación que ese cliente no expresa: qué le dirá a su jefe si va a perder otras dos semanas de trabajo y se arriesga a que le despidan. Interesándose por lo que le preocupa, el abogado puede establecer una relación con su cliente en la que pesen mucho más la confianza y el afecto, algo que puede hacer menos estresantes las visitas al juzgado para el cliente. Del mismo modo, si un profesor oye a un estudiante quejarse de la nota, tal vez no sepa ver que la preocupación del estudiante es mucho mayor en realidad: que la nota condicione la obtención de una beca para entrar en la universidad. Si primero prestamos atención y después mostramos curiosidad por saber el motivo que ha hecho enfadar tanto a la persona, quizás percibamos no sólo lo que está diciendo esa persona sino también lo que no ha dicho y que requeriría un análisis más profundo. De ese modo hay más posibilidades de encontrar soluciones con las que aliviar los temores de la persona.

Cuando escuchamos con una actitud empática, estamos recurriendo a muchas otras claves propias de la empatía. Con los oídos, además de las palabras, captamos la prosodia y el tono. Con los ojos vemos el rostro y el lenguaje corporal de la persona. Echamos mano de nuestros instintos y nuestro «corazón» para desvelar la intención emocional que subyace en las palabras. Al mismo tiempo, con nuestro lenguaje corporal transmitimos a la otra persona confianza, respeto y una sensación de receptividad. En dos estudios en los que se utilizó mi herramienta E.M.P.A.T.H.Y., nuestro equipo de investigación demostró que en aquellos casos en los que los médicos priorizaban «escuchar a la persona en toda su plenitud» (preocupación) y no se quedaban únicamente en la queja, los pacientes puntuaban mucho mejor su actuación en las escalas de empatía. Nuestra investigación demuestra que, si sólo prestamos atención al problema, nos quedamos a medias; sin embargo, cuando tenemos en cuenta todos los temas subyacentes que de verdad preocupan a la persona, completamos la experiencia máxima de la empatía y la comprensión mutuas.

La Y *(your response)* de «tu respuesta»

Cuando hago presentaciones sobre la empatía en la esfera pública y hablo de la Y (de *your response*, 'tu respuesta'), mucha gente piensa que estoy hablando de formular una respuesta verbal, pero no me refiero a lo que *vamos a contestar*. Con la escucha empática profunda viene acompañada de la respuesta empática, que empieza a un nivel fisiológico a causa de los circuitos cerebrales compartidos. ¿Cómo nos sentimos cuando estamos en presencia de la otra persona o equipo? Es importante poner atención en ello porque, seamos conscientes o no, nos identificamos con los sentimientos de los demás. Numerosos estudios confirman la idea de que la empatía tiene un sustrato fisiológico que genera una experiencia interna compartida por distintas personas.

La mayoría de nosotros reaccionamos ante las emociones intensas de los demás. De hecho, podemos sentirlas físicamente, un fenómeno que los psiquiatras denominan *identificación proyectiva* y que tiene lugar cuando los pacientes proyectan sentimientos de desmentida sobre sus médicos, informándoles así de lo que están sintiendo, pero no expresando verbalmente. A la mayoría de nosotros no nos han enseñado a poner atención en nuestras respuestas, que pueden ser importantes indicadores de lo que otros están sintiendo. A través de redes neuronales compartidas, nuestros sentimientos hacia los demás pueden transmitir información fundamental sobre cómo ellos experimentan lo que decimos y hacemos. Pensemos en la última vez que escuchamos a una persona hablando con gran agitación y vehemencia en una reunión del colegio, en una comisión de colegas de profesión o en el club excursionista de la localidad. Esa persona estaba despertando miedos ante posibles riesgos que podían correr el colegio, la comunidad o el medio ambiente. Intentemos ahora conectar con lo que nos hizo sentir aquella situación. Lo más probable es que esa persona, en mayor o menor grado, contagiara su ansiedad a todos los asistentes. Si en aquel momento nosotros pensamos que estaba exagerando esos posibles riesgos, seguramente nos inquietamos y molestamos; si, por el contrario, nos pareció bien su actitud, puede que tuviéramos más ganas y motivación para tomar cartas en el asunto. En cualquiera de los dos casos, nuestra respuesta interna refleja la alarma desregulada de aquella persona que se halla en estado de agitación. Las emociones intensas suelen encontrar refugio en quienes las escuchan.

En un brillante estudio llevado a cabo en el Hospital General de Massachusetts, un investigador llamado Carl Marci se propuso determinar si había concordancia fisiológica entre médicos y pacientes durante las visitas clínicas, y si dicha concordancia fisiológica guardaba relación con la puntuación que habían otorgado los pacientes a la empatía del médico. La concordancia fisiológica quiere decir que los marcadores de la fisiología de los pacientes y los médicos, como el ritmo cardíaco y la conductancia de la piel (también llamada *respuesta galvánica de la piel* o GSR, por con su sigla en inglés), variarían en cuanto a sincronía, mientras que la discordancia fisiológica indicaría que no existe relación entre sus parámetros fisiológicos individuales. Marci grabó la interacción entre veinte médicos y sus pacientes (con el consentimiento de unos y otros). Antes de la visita, a cada pareja paciente-médico se le monitorizaba la conductancia de la piel para ver cuál era su respuesta fisiológica. Al final de la visita, los pacientes rellenaban un cuestionario y puntuaban la empatía de su médico. Marci observó que, en una escala estandarizada de empatía válida y fiable, las puntuaciones más altas se correspondían con el nivel más alto de concordancia fisiológica entre médicos y pacientes. Quedaba así demostrado, con gran elegancia, que los registros del ritmo cardíaco y la conductancia de la piel se alinean como en un espejo cuando alguien se siente comprendido por otra persona. Asimismo, en dicho estudio se descubrió que lo contrario también se daba: una baja concordancia fisiológica se correspondía con puntuaciones más bajas de la empatía del médico. Cuando no se da una respuesta empática a las emociones, la fisiología entre dos personas tampoco encuentra sintonía.

Todos hemos visto ejemplos de ello en el trabajo. Imaginemos que se asigna a una persona incompetente la formación de un equipo joven. La nueva responsable no tiene muy claro su papel y quizás se siente algo insegura y paranoica por si los demás descubren que no tiene la habilidad emocional necesaria para gestionar su equipo. Recurre así al temor y la intimidación para ejercer su autoridad, y cuando le llegan rumores de que el equipo no considera que esté haciendo bien su trabajo, los reúne para sermonearles. «Estáis en boca de todos –les dice–. ¡Se comenta que sois el peor equipo que ha pasado por este programa en muchos años! Os aconsejo que tengáis cuidado con lo que hacéis y decís...».

¿Y cuál es la reacción del equipo? Empiezan a sentir el mismo miedo y la misma paranoia que su jefa. La «tu respuesta» («Y») experimentada por el equipo refleja el estado emocional de la jefa, algo que puede envenenar el espíritu del equipo y tener consecuencias nefastas en lo que respecta al compromiso y la productividad.

Este tipo de liderazgo fallido está cada vez más presente en las empresas y organizaciones, como si de una plaga se tratara. Al final siempre hay algo que cae. Gente que se va del equipo o que abandona la empresa definitivamente. O bien la «jefa» acaba dimitiendo o es despedida. Lamentablemente, cuando los empleados dependen de sus puestos de trabajo es más que probable que soporten esta situación durante mucho tiempo y que ello, de forma innecesaria, les desestabilice emocionalmente, les socave la moral y los lleve al agotamiento –motivos, todos ellos, por los que la gente deja su trabajo–. No se puede subestimar el desgaste emocional de un jefe carente de empatía, algo que los resultados fisiológicos confirman. (Profundizaremos en ello en el capítulo 10).

Todos hemos pasado por ello, lo cual ayuda a entender por qué de repente nos sentimos tan inestables. «Tu respuesta», en este caso, no tiene nada que ver con lo que verbalizas; lo que estás haciendo es prestar atención al estado de tus sentimientos. Lo que puede ser un indicador de cómo se sienten quienes te rodean. Además, es algo que deberías tener en cuenta a la hora de plantearte si estás en el lugar adecuado. Entender eso puede ayudarte a decidir si alzas la voz o te vas.

Por qué E.M.P.A.T.H.Y. es importante

Tanto nos fascinaba a mi equipo de investigación y a mí el papel de la comunicación empática y los factores relacionales en la atención sanitaria que nos propusimos buscar respuesta a una pregunta que solían hacernos: «¿Mejorar la experiencia del paciente con una atención empática conlleva también una mejora de la salud?». Intuíamos que la respuesta era afirmativa, pero decidimos centrar nuestra investigación en una revisión y un metaanálisis sistemáticos de la literatura médica con el fin de analizar las pruebas. Examinamos todos los ensayos aleatorios controlados que desde el año 1990 han investigado sobre el vínculo entre factores asociados a las relaciones y la mejora en los resultados médicos. Y sí, constatamos que unos factores relacionales más asentados en la atención sanitaria traían consigo mejoras significativas en muchas afecciones comunes, algunas de ellas se encuentran entre los principales problemas de salud actuales, como son la obesidad, la artritis, el asma, las infecciones pulmonares y el resfriado común, además de mejoras significativas en los problemas de salud más acuciantes y generalizados, como la diabetes y la hipertensión. Tras analizar todos estos factores asociados a las relaciones, podemos concluir con total seguridad que tan importante es la manera de tratar los facultativos a sus pacientes como el objeto de dicho tratamiento.

Si bien mi labor investigadora se centra en la atención sanitaria, he aprendido algunas lecciones que pueden aplicarse a casi todas las profesiones, relaciones personales e interacciones humanas. Cuando dejamos de tener en cuenta lo que caracteriza a un gran profesor, dirigente empresarial, abogado, tutor, mentor o *coach*, lo primero que suele venirnos a la cabeza es el intelecto. Todas esas grandes personas que hemos conocido en nuestra vida también destacan en lo interpersonal. Una profesora puede ser experta en su campo, pero cuando demuestra comprensión por la situación de un estudiante, e incluso llega a conmoverse con ella, nace un vínculo de confianza, respeto y actitud receptiva. En el capítulo sobre educación veremos que la preocupación y comprensión empática es un ingrediente esencial para el buen desempeño del estudiante.

Cada persona viva que ha aportado algún significado a nuestra vida o le ha dado un cariz positivo, de algún modo ha transmitido o recibido las siete claves de la empatía en sus interacciones con nosotros. Como también hemos sentido el vacío de su ausencia en aquellas mismas ocasiones. Si seguimos este hilo de empatía original, quizás nos sorprendamos al saber que tuvo su influencia en nuestra elección del trabajo que hacemos y las aficiones con las que disfrutamos, pero también de las personas a las que elegimos querer. Todas las partes se enriquecen por igual cuando percibimos y respondemos con empatía y compasión. Al fin y al cabo, es el vínculo humano que le pone música a las palabras en la vida.

5

Quién está dentro y quién fuera

El 5 de abril de 1968, al día siguiente del asesinato en Memphis de Martin Luther King, una joven profesora de tercer curso de primaria en Riceville (Iowa), de nombre Jane Elliott, preguntó a sus alumnos si querían sentir lo que era el racismo. A todos les pareció bien la idea, así que ella puso en marcha un experimento, hoy famoso, y dividió a los alumnos por el color de los ojos: azul y marrón. El primer día, los niños de ojos azules disfrutaron de un trato preferencial que les permitía, entre otras ventajas, poder repetir en las comidas o tener un recreo más largo. Mientras que ellos se sentaban en las primeras filas, los de ojos marrones lo hacían en las de atrás.

Para identificar más fácilmente los grupos, a los de ojos marrones se les puso un brazalete de cartulina. No podían beber de la misma fuente y no se les permitía jugar con los niños de ojos azules. Se les repetía que los niños de ojos azules eran superiores y los de ojos marrones, inferiores. Al principio, todos los niños mostraron cierta resistencia, pero la maestra les convenció poco a poco de que los de ojos azules eran superiores.

«Las personas de ojos azules son las mejores de esta clase –dijo la maestra–. Son más limpias y más inteligentes».

Los niños de ojos azules se adaptaron rápidamente a su estatus «superior» e hicieron todo lo posible por exhibir este descubrimiento mediante un comportamiento autoritario y cruel hacia sus compañeros de ojos más oscuros. El grupo de niños de ojos marrones respondió a este trato replegándose: aislándose a la hora del patio o sacando peores notas en materias que antes del experimento llevaban bien.

A la semana siguiente se le dio la vuelta al experimento y los niños de ojos marrones les pusieron los brazaletes a los niños de ojos azules. Sin embargo, la maestra notó en esta ocasión que los niños ahora «inferiores» eran tratados con menor dureza por el nuevo grupo «superior».

El ejercicio demostró a los niños qué se siente a un nivel emocional profundo cuando te separan por un rasgo físico innato que tú no puedes controlar y te dicen que ese mismo rasgo te hace superior o inferior. Al representar las emociones tanto positivas como negativas asociadas al racismo, los niños experimentaron en primera persona qué se siente al formar parte del grupo de pertenencia y favorito y del grupo de no pertenencia y no favorito. Una poderosa lección para aquellos pequeños residentes de un pueblo de Iowa.

Al tiempo que enseñaba a los niños qué se siente cuando te discriminan, Jane Elliott les ayudaba a conocer la empatía. Ahora ya sabían lo que significaba estar en un grupo de no pertenencia en el que ciertos rasgos te convertían en alguien inferior. Y no se sentían bien.

El experimento de Jane Elliott situó a esta maestra en primer plano de la actualidad del país, con un documental de la ABC, *Eye of the Storm*, en el que repetía el experimento y una aparición en el programa *The Tonight Show Starring Johnny Carson*. Posteriormente, Elliott lideraría la nueva disciplina de la formación en la diversidad, y desde entonces se ha dedicado a divulgar y enseñar el ejercicio original por todo el mundo, con un gran éxito. Hoy en día sigue con su encomiable labor, ayudando a que todos entendamos intrínsecamente la importancia de la experiencia de la discriminación.

Dentro y fuera

Aunque la mayoría de nosotros no hemos tenido la oportunidad de participar en este ejercicio, seguro que alguno ha experimentado directamente lo que se siente al ser discriminado de forma activa por el mero hecho de pertenecer –o haber sido asignados– a un grupo. Y aunque a todos nos gusta pensar que sabemos lo que se siente cuando eres el no favorito del grupo de no pertenencia, seguro que no es así para la mayoría de nosotros al compararnos con alguien que pertenece a una minoría realmente oprimida o a un segmento denigrado de la sociedad. Vivimos nuestras vidas desde dentro, y observamos nuestro mundo principalmente desde la perspectiva de los diversos clanes a los que pertenecemos. Tal como ya hemos planteado, es menos probable que sintamos empatía por aquellas personas que no encajan en los grupos de pertenencia que hemos elegido de forma natural. Cuando compartimos el color de piel, la cultura, la nacionalidad, la religión, la escuela, el equipo o cualquier colectivo con el que nos identifiquemos, sentimos un vínculo familiar. Buscamos ese tipo de relaciones garantizadas porque la evolución de nuestra especie ha programado el cerebro para que sea eso lo que considera seguro y cómodo.

Cuando se pidió a un grupo de personas que valoraran lo que pasaba por la mente de alguien que contaba cómo le había ido una cita, por ejemplo, tendían a ser más precisos cuando esa persona era de la misma etnia. Los chinoamericanos mostraron un vínculo psicológico más cercano a otros chinoamericanos, de igual modo que los afroamericanos y los americanos de origen mexicano y europeo. En el estudio se demuestra que tanto la empatía emocional como la cognitiva fluyen de manera más natural en alguien que ha tenido similares experiencias, enseñanzas y valores, porque resulta más fácil «leer sus mentes» y, después, identificarse con lo que están pensando y sintiendo. Las percepciones y preferencias de base tribal no atribuyen automáticamente odio a aquellos que no encajan en nuestros círculos o clanes, sean reales o percibidos, pero sí que suelen hacer que empaticemos menos con el sufrimiento de aquellos con quienes no nos identificamos mucho; tampoco solemos sentir empatía cuando no se han dado experiencias personales con aquel grupo o persona.

La ausencia de vínculos y experiencias con aquellas personas que no son como nosotros también explica en parte por qué probablemente apenas sentimos ninguna emoción al observar escenas bélicas y disturbios en países remotos. Si nos conectamos a un boletín de noticias de Internet para ver escenas como ésas en el Próximo Oriente y nunca hemos conocido a nadie de aquella región, es probable que no nos sintamos aludidos. Ahora bien, si resulta que entre nuestros allegados hay alguien originario de Siria, Palestina o Israel, es mucho más probable que esas imágenes nos toquen la fibra sensible.

El final de estas divisiones no parece cercano. Algo tan básico como el tipo de coche que conducimos puede llevar a una separación percibida entre diversas personas. Los estudios llevados a cabo nos dicen que los conductores de coches caros suelen bloquear más a menudo a otros conductores en los cruces de lo que lo hacen los conductores de coches más baratos. Asimismo, los conductores de vehículos de gama alta suelen pararse mucho menos en los pasos de cebra que los de coches más económicos. ¿Por qué los ricos son más imprudentes en la carretera? En la respuesta podemos especular con que todo se reduce a riqueza y poder, y que en su fuero interno piensan que ellos se merecen más el espacio que ocupan en la carretera. También, las personas de más dinero y estatus no se sienten tan vulnerables como aquellas que no tienen tantos recursos, y todo apunta a que no perciben tanto el riesgo a la hora de cometer infracciones de tráfico, incluso si las atrapan. De algún modo, esas personas sienten que tienen derecho a poner en peligro la vida de los demás porque pertenecen al grupo formado por los conductores de coches caros.

La indiferencia empática hacia un grupo de no pertenencia, llevada a su conclusión máxima, puede tener implicaciones de vida o muerte. Quizás no nos hayamos planteado nunca hasta qué punto el origen étnico o racial de una persona puede influir en sus probabilidades de recibir una donación de órganos; y es una influencia de consecuencias dramáticas. Nuestro equipo de investigación analizó la comunicación empática que se daba durante la conversación asociada a la donación de órganos, y observó que los afroamericanos, pese a tener una incidencia mucho mayor de enfermedades renales en estado terminal en comparación con otros grupos, tenían muchas menos probabilidades de recibir un órgano. Algo que, en parte, es debido al hecho de que pocos afroamericanos son conscientes de la necesidad de donar sus órganos y de la importancia que tiene encontrar órganos compatibles. Por otro lado, las investigaciones demuestran que hay menos posibilidades de que las solicitudes de órganos sean autorizadas si el coordinador de trasplantes no tiene el mismo origen étnico o racial, lo que vuelve a poner de manifiesto la importancia que tienen las semejanzas a la hora de conectar con extraños o confiar en ellos.

En el lado opuesto, cuando sentimos una conexión con otra persona podemos llegar a protagonizar actos extraordinarios, heroicos. A mi amiga Vicky Shen, una serie de acontecimientos y una inesperada asociación con alguien a quien ya conocía le inspiraron a llevar a cabo actos de empatía de una gran magnanimidad. Cuando Vicky tuvo que abandonar el maratón de Boston de 2013 al poco de comenzar por las barreras de la policía, sabía que algo muy grave había ocurrido, pero desconocía su magnitud. Posteriormente, cuando veía en su cocina las noticias que explicaban que los terroristas habían colocado dos bombas cerca de la línea de meta, con 3 personas muertas y 269 heridas, reconoció a una de las víctimas.

«Vi en la foto al pequeño de ocho años y grité: "¡Pero si es Martin!" –recuerda Vicky–. Saqué mi teléfono, ya que soy entrenadora voluntaria en un equipo infantil de cross, y busqué una fotografía del otoño de 2012. Y allí estaba».

La conexión personal de Vicky con el pequeño Martin Richard, la víctima de menor edad del atentado del maratón de Boston, la llevó a una travesía personal que puede enseñarnos mucho sobre el poder de la empatía para hacer el bien en el mundo. Aunque no lo conocía estrechamente, Vicky no dejaba de pensar en su conexión con Martin y en lo que podía hacer para subsanar los daños derivados del horrible atentado con bombas que mató e hirió a tantas personas –incluida la hermana de Martin, que perdió una pierna–. El mes de enero, los padres de Martin constituyeron la Fundación Martin Richard, y Vicky decidió que les ayudaría a recaudar fondos para su propósito con el lema «No más personas heridas. Paz», inspirado en una foto de Martin en la que el pequeño sostenía un cartel hecho por él para un trabajo escolar. El cartel representaba el carácter dulce y amable del niño, con unas palabras dramáticamente premonitorias que reflejaban el último deseo de una vida tan joven.

Vicky era una corredora nata de maratones y vio que tenía que ponerse en marcha y hacer algo para ayudar. Corrió en el maratón de Boston de 2014 en nombre de la fundación y desde entonces ha seguido participando en maratones. De ese modo ha conseguido recaudar más de 68 000 dólares para que la fundación los destine a financiar programas deportivos para niños y niñas con alguna discapacidad física o mental. Además, en un gesto que ella ha descrito como uno de los mayores elogios en su vida, los padres de Martin le ofrecieron entrar en la junta de la fundación, y ya han logrado reunir más de 7 millones de dólares para promover la integración, entre otras cosas mediante programas deportivos abiertos a niños y niñas de cualquier tipo y condición.

Esta historia demuestra el poder de la empatía cuando un acontecimiento trágico se convierte en algo personal y nos llega a lo más hondo del corazón. Para Vicky, el pequeño Martin, su familia y su causa benéfica acabarían siendo un grupo de pertenencia muy querido por ella. Hay quienes piensan que la empatía personal nos hace perder la perspectiva global, pero el ejemplo de Vicky demuestra todo lo contrario. Su conexión personal le llevó a apostar por una causa que le había llegado al corazón y, en consecuencia, a invertir en la Fundación Martin Richard. Su afición a los maratones ha adquirido un significado y propósito nuevos que la han aupado a figura inspiradora de miles de personas que se han sentido inútiles ante actos violentos de naturaleza similar. La Fundación Martin Richard ha recaudado fondos para construir, junto al Museo Infantil de Boston, el único patio de juegos plenamente inclusivo en el que los niños y las niñas pueden jugar sin importar cuáles sean sus habilidades.

El efecto de las ondas expansivas

Si tiramos una piedra a un estanque veremos que las ondas que se forman se multiplican hacia fuera, como anillos que se van alejando del centro. No es más que una analogía para mostrar cómo los límites de la empatía se expanden desde el núcleo de nuestros grupos de pertenencia. Cuanto más alejada del grupo está, menor empatía suele mostrar una persona normal por aquel grupo y los miembros que pertenecen a él. Ello explica por qué sentimos menos empatía directa por una tribu afectada por la sequía en cualquier rincón del mundo que por un conciudadano nuestro a quien se le ha secado el pozo. La distancia y la división no tienen por qué leerse en clave geográfica. Las ondas que se propagan hasta formar los anillos externos pueden tener mucho que ver con nuestra visión del mundo y con nuestra idea de cómo deberían vivir los demás.

Según sean las circunstancias, nuestro nivel de empatía puede cambiar en relación con la misma persona o grupo. Es algo que pasa sobre todo cuando basamos nuestras decisiones en una moral aparente. Por ejemplo, si tenemos dos vecinos que resulta que se parecen a nosotros y que viven una vida similar a la nuestra, puede que los consideremos parte de nuestro grupo de pertenencia. Ahora bien, si sabemos que al vecino X lo han detenido y tiene antecedentes policiales, es probable que lo «echemos enseguida del grupo» por falta de confianza en él. En un universo alternativo en que nosotros mismos tengamos antecedentes policiales, seguramente empatizaremos antes con aquel vecino porque comprenderemos lo difícil que es rehacer la vida tras haber estado en prisión. Hasta puede que ello nos acerque más a ese vecino. En próximos capítulos hablaremos más en profundidad de la empatía moral, que ayuda a arrojar luz en el contexto de los grupos de pertenencia y no pertenencia para explicar los límites de la empatía. Al distanciarnos moralmente de los demás en el seno de nuestros propios grupos de pertenencia, lo que hacemos es perpetuar una ausencia de respeto y aceptación; el juicio moral erosiona la empatía. En un mundo ideal, las ondas de la empatía provenientes de una organización se solaparán con otras y formarán una red de conexión empática y de respeto que constituirá un gran desafío para aquellas redes destructivas tejidas por organizaciones que perpetúan el odio, la discriminación y el prejuicio.

La empatía hacia los demás también puede estar influida por nuestro propio estado emocional. Es lo que en ocasiones denominamos *empatía proyectiva*: proyectamos nuestros sentimientos en los demás a partir de cómo nos sentimos o de cómo su historia nos despierta asociaciones de carácter egocéntrico. En un reciente estudio de autoría suiza y austríaca, los investigadores analizaron regiones del cerebro que se activaban cuando se exponía a los participantes a estímulos visuales y táctiles concretos. A uno de los grupos se le enseñaron imágenes repugnantes de gusanos mientras manipulaban una sustancia viscosa, mientras que al otro grupo se le mostraron imágenes positivas mientras acariciaban una sábana de vellón suave. Los investigadores observaron que las personas que habían visionado imágenes negativas proyectaban sus propias emociones negativas en los demás y creían que el grupo de estímulos positivos era menos feliz de lo que realmente era. Por su parte, las personas expuestas a imágenes positivas pensaban que el otro grupo era mucho más feliz de lo que en realidad era. Mediante escáneres por RMf, los investigadores pudieron detectar la alteración neuronal de ciertas regiones cerebrales (en el córtex prefrontal) que normalmente corrigen lo que denominan *sesgo egocéntrico*. Ya fueran positivos o negativos los estímulos que las afectaban, aquellas áreas estaban alteradas.

Lo cierto es que incluso para aquellos que tienen suficiente materia gris en estas áreas que comentamos, la capacidad empática es maleable y aumenta o disminuye con el estado de ánimo. Constantemente se nos brinda la oportunidad de ser menos o más empáticos, y nuestra neuroanatomía está configurada para tomar decisiones empáticas. Saberlo nos ayuda a poder compensar esas alteraciones.

Fuera del grupo

El experimento de Elliott basado en el color de los ojos demostraba muy claramente lo fácil que puede ser, desde la irreflexión y la arbitrariedad, ubicar a las personas en grupos de no pertenencia y asignarles atributos negativos, sobre todo cuando se hace desde una posición de autoridad. Al preguntarle cómo se le había ocurrido el ejercicio, Elliott respondió: «Bueno, no fui yo quien lo ideó. Lo aprendí de Adolf Hitler. Escogí una característica física sobre la cual las personas no tuviéramos ningún control y asigné rasgos negativos a partir de esa misma característica».

Sabemos cómo funciona esta tendencia a clasificar en grupos de no pertenencia. Aunque lo mejor de nosotros siempre intenta aprender de la historia, como humanos estamos programados para crear permanentemente grupos de no pertenencia, a veces incluso desde nuestros grupos de pertenencia más íntimos. Al proceder así lo que hacemos es, en lugar de crear empatía, destruirla. Sólo si consideramos que todos los seres humanos son dignos de respeto y empatía, y superamos nuestra inclinación natural a ubicar a los demás en grupos de no pertenencia, lograremos hacer realidad una coexistencia pacífica entre todas las civilizaciones. Y veo indicios esperanzadores de ello que abarcan todos los ámbitos en épocas de crisis y desastres naturales.

Cuando los estadounidenses vieron en sus pantallas la devastación que había causado el tsunami en Japón, encontraron el modo de empatizar con el sufrimiento generalizado de los habitantes de aquel país. Esa misma actitud empática pudo verse tras el terremoto que sacudió Haití, cuando nuestras pantallas se inundaron de imágenes de heridos, muerte y destrucción. Las estrellas del pop hicieron conciertos para recaudar fondos; gobiernos y ciudadanos donaron millones de dólares. Y la misma avalancha de ayuda llegó a las costas estadounidenses con la devastación provocada por los huracanes Katrina y Harvey.

Las pantallas, Internet y las redes sociales suelen actuar como separadores que eliminan de nuestras interacciones las claves empáticas. Por ejemplo, en el caso del pequeño arrastrado por las fauces de un aligátor en la playa de un complejo de Disney. Así, todo tipo de juicios morales se vertieron contra los padres en Twitter, Facebook y Snapchat, donde los usuarios recurrieron a hechos selectivos para declarar a los padres no aptos. En lugar de imaginarse lo que debe de sentir alguien que pierde a un hijo de una forma tan horrible, enseguida tildaron de irresponsables a los padres aun habiéndose confirmado que el padre estaba sentado junto al niño y estuvo luchando desesperadamente por arrancarlo de los colmillos del animal. Pero resultaba tan fácil adoptar el papel de juez y parte en una página de comentarios sin ver las consecuencias que unas palabras crueles y unas conclusiones infundadas podían tener.

Pese a todo, albergo la esperanza de que esas mismas pantallas de televisores, móviles y tabletas que a menudo nos aíslan de los demás puedan también llegar a inducir cambios. Cuando ponemos el telediario y, sentados en el salón, vemos el sufrimiento y el dolor que hay en los suburbios de nuestras propias ciudades o en sitios tan alejados como Siria, Somalia o Ruanda, es probable que todo ese sufrimiento se haga más real y al menos algunos notemos la atracción de la conexión humana. Aquí las claves de la empatía ya están prácticamente en funcionamiento. Tal vez el hecho de contemplar la tragedia de cerca y a un nivel mucho más personal evoque algún tipo de sentimiento profundo y podamos poner nombres y caras a esas personas. (En el capítulo 8 hablaré detenidamente de las oportunidades y limitaciones que, en relación con la empatía, ofrece el mundo digital).

Uno de los motivos por los que resulta tan importante entrar en contacto con nuestra capacidad empática es porque nos ayuda a reconocer nuestra humanidad compartida y a no dejarnos atrapar en nuestros subgrupos, etnia, raza o clase social. Cuando nos constituimos en subgrupos, perdemos de vista el hecho de que todos los seres humanos importan y de que todos nosotros estamos conectados. A la larga, la moralidad universal que prioriza la atención a los demás debe transcender aquellos viejos mecanismos cerebrales propios de la evolución que nos motivan a privilegiar unas tribus o grupos de pertenencia concretos. Ello explica por qué la empatía no es una vía directa hacia la moralidad y puede a veces generar actos de naturaleza inmoral.

Hoy en día no vivimos en pequeñas tribus separadas por kilómetros y kilómetros de selva, desierto o mar, como ocurría con nuestros antepasados, sino que vivimos en un mundo globalizado e hiperconectado. El progreso moral puede ayudarnos a ampliar la nómina de aquellos a quienes consideramos miembros «de nuestra tribu». Y es justo esta ampliación por la que la tribu pasa de familia a grupo, de grupo a comunidades nacionales e internacionales, y de aquí a humanidad, la que conforma el desafío global al que debemos hacer frente en la actualidad. Aunque hoy en día podemos interactuar fácilmente con personas de todo el planeta, lo cierto es que cada vez más lo hacemos de un modo que no nos permite acceder a las herramientas E.M.P.A.T.H.Y.

Algunos autores han dedicado libros enteros a las trampas de la empatía humana y han atacado este rasgo humano haciendo énfasis en la tendencia de la gente a priorizar, con sus más profundas preocupaciones empáticas, los grupos de pertenencia y excluir el sufrimiento generalizado en el mundo. Considero que es una postura muy corta de miras. La genética y la epigenética tardan mucho tiempo en provocar cambios en el cerebro humano. La interrelación de distintos factores cognitivos y emocionales nos ha llevado a ser cada vez más conscientes de que las soluciones de tipo tribal no funcionan en un mundo interdependiente como el actual. Cambiar el cerebro lleva tiempo, y dado que las soluciones de carácter tribal sólo conducen a más guerras, devastación y destrucción, los dirigentes mundiales deberían plantearse que no es una opción viable priorizar unilateralmente los intereses nacionales sin tener en cuenta sus consecuencias en el mundo. Así, en lugar de considerar la empatía como una capacidad humana equivocada, ganaríamos más si profundizáramos en la cuestión de quién pertenece a la tribu humana. ¿A quién le corresponde decidir quién entra dentro y quién se queda fuera?

La indignación moral provocada por decisiones de la Administración Trump como prohibir a los musulmanes entrar en Estados Unidos, retirarse de los acuerdos sobre el clima alcanzados en París o considerar «asesinos y violadores» a los habitantes de nuestro país vecino, es la respuesta de aquellos estadounidenses que sienten empatía por los grupos de no pertenencia. Aunque la Administración actual sigue atribuyendo la indignación moral de los votantes liberales al hecho de ser «mal perdedores» por no haber ganado su candidato las elecciones, esta explicación simplista obvia que la indignación se basa en el reconocimiento de una gravísima desconsideración hacia el ser humano y la peligrosa visión de un futuro en bancarrota moral. Esa actitud de clasificación en grupos de no pertenencia consentida por la Casa Blanca está llamada a revertir muchos años de avances en la expansión de la empatía con el fin de alcanzar toda la tribu humana del planeta.

Necesitamos dirigentes que entiendan que todos estamos conectados. Si los estados no encuentran la manera de cooperar como una sola tribu, nuestra civilización adoptará cada vez más tintes de barbarie. Resulta paradójico e inquietante que la campaña de Trump movilizara a personas olvidadas y marginadas que sistemáticamente habían perdido sus empleos por la llegada de las nuevas tecnologías y, además de los empleos, su fe en el sueño americano. Este importante segmento de la sociedad necesitaba un reconocimiento y la comprensión profunda de un bagaje y unos oficios que habían definido su estilo de vida durante generaciones, así como una ayuda para poder satisfacer sus necesidades en un mundo en constante transformación como el nuestro. Sin embargo, en lugar de concienciar sobre la necesidad de estos trabajadores y ciudadanos de recursos y medios con los que formarse para nuevos tipos de trabajo en el futuro, lo que se hizo es enfrentarlos a otros grupos marginados, a quienes se culpó de la difícil situación de los primeros. Así pues, lo que podría haber sido un llamamiento radical a romper barreras y hacer posible el sueño americano para muchos, ha derivado en un trágico choque entre mentalidad de grupos de pertenencia y grupos de no pertenencia, que sólo ha servido para frustrar las esperanzas y los sueños de tantas personas llegadas a Estados Unidos a la búsqueda de nuevas esperanzas y posibilidades, como ya habían hecho antes todos los antepasados de los estadounidenses no nativos.

A menudo se considera la empatía como un importante rasgo interpersonal y diádico. Si una cosa ha quedado suficientemente clara es que la empatía conforma una perspectiva intergeneracional, interracial e internacional que debe valorarse, mejorarse y cultivarse a gran escala. Si no expandimos la empatía más allá de nuestros límites y grupos de pertenencia, la civilización no sobrevivirá. La formación en empatía es la pedagogía clave de la transformación.

Parte II

6

Crecer con empatía

La primera experiencia con la empatía para un recién nacido suele ser cuando lo ponen en brazos de su cuidador. En el momento en que se miran con todo el amor del mundo, un torrente de oxitocina, la hormona «de los mimos», inunda los cerebros del bebé y el cuidador y pone en marcha la respuesta neuroendocrina del vínculo padre-hijo, sembrando las primeras semillas de la conexión empática. Para el bebé, la mirada centrada en él es la confirmación de que existe y de que hay alguien más.

Se ha demostrado que, cuando la figura materna o paterna mece al bebé, la distancia entre sus ojos es de unos doce centímetros. ¿No es asombroso que éste sea precisamente el punto focal más nítido de un recién nacido?

En el fondo, ser padre o madre no es más que un gran ejercicio de empatía. Cuando todo está bien, la actividad biológica, hormonal y neurotransmisora del cerebro y el cuerpo crea fuertes vínculos entre el padre y el niño que hacen posible la empatía. Éste es el motivo que explica el aumento del nivel de oxitocina cuando nace un niño, no sólo en la madre sino también en el padre.

La empatía lleva a ambos progenitores a mantener una excelente conexión con su hijo, producida mediante circuitos neuronales compartidos que transmiten sentimientos y emociones, así como perspectivas comunes.

El crecimiento de la empatía

Así pues, desde nuestro primer soplo de vida ya conocemos la empatía. Los bebés parecen entenderlo. Los estudios demuestran que los recién nacidos, cuando oyen el llanto de otros bebés, suelen ponerse a llorar también. Por supuesto, no podemos preguntarles por qué lloran; quizás lo hacen simplemente porque están molestos con todo el ruido. Y no creemos que los bebés posean teoría de la mente –la capacidad de reconocer que los demás tienen sus propios pensamientos, creencias, intenciones y deseos– hasta, como mínimo, su segundo aniversario. Sin embargo, sí sospechamos que al menos parte del motivo por el que los bebés recogen el llanto de otros pequeños es que sus centros de dolor se activan con el llanto de los demás en la sala de recién nacidos mediante circuitos neuronales compartidos en la red cerebral del dolor. Esta superposición del yo y el otro es la sustancia de la empatía.

La empatía madura en paralelo al cerebro. Jean Piaget, un influyente experto suizo en desarrollo infantil de mediados y finales del siglo XX, pensaba que los niños no desarrollaban la capacidad de adoptar distintas perspectivas y, en consecuencia, no podían expresar auténtica empatía hasta los ocho o nueve años, aproximadamente. Estudios más recientes afirman que la empatía brota en los niños mucho antes. Actualmente la idea es que, al cumplir su primer año de vida, el bebé es consciente de que otros experimentan sentimientos como los suyos, aunque no suele tener la madurez necesaria para responder de forma adecuada. Puede que un niño de esta edad vea cómo alguien se hace daño y quede afectado por ello, pero no necesariamente sepa cómo ayudar. En simulaciones llevadas a cabo por investigadores, el niño pequeño se acaricia la mano al ponerle delante la foto de una madre con una falsa herida en la mano. Todo apunta a que los niños de esta edad identifican correctamente las claves empáticas del lenguaje corporal, la emoción y el tono de voz, y que pueden distinguir su significado, pero no necesariamente mostrar una actitud compasiva o de ayuda.

A los dos años o dos años y medio, los pequeños empiezan a reconocer en el dolor de los demás algo del suyo, si bien lo diferencian. Los patrones empáticos empiezan a surgir alrededor de los dos años, punto en el que se atisba hacia dónde se decanta el niño en la escala de la empatía. Veremos entonces conductas que van desde el nivel máximo de empatía hasta el extremo más agresivo del espectro, en niños que todavía no han desarrollado la capacidad de desenmarañar todos sus sentimientos. Algunos, si bien no todos, son capaces de escuchar y ofrecer una respuesta reconfortante. Tras operarme del pie, mi hija de dos años, que me había visto con el pie descansando sobre una silla de madera sin cojín durante semanas, vino hacia mí con un cojín en las manos. Incluso a esta edad tan temprana, la pequeña entendió que algo no andaba bien e intentó ayudar.

Una pequeña alumna de preescolar puede reconfortar a una compañera de clase con un juguete porque sabe que así la anima cuando se siente mal. Se imagina que de ese modo hará posible que su amiga triste se sienta mejor. Existe una franja de edad para la capacidad empática, pero no podemos esperar que todos los niños en esa franja demuestren tal capacidad. Tal vez los niños que aún están ordenando sus emociones se sientan frustrados o incluso tengan una reacción violenta y no de ayuda como respuesta a la tensión de los demás.

Seguramente es normal que a esa edad un niño no se muestre empático en todo momento. Algunos niños reaccionarán también llorando ante un compañero disgustado, probablemente porque experimentan idénticos sentimientos de separación (o los habrán experimentado con anterioridad) y podrán identificarse con él, pero no serán capaces de responder a la situación. Otros niños quizás no reaccionen en absoluto, no porque les falte empatía sino porque todavía no han desarrollado los recursos necesarios para expresar cómo se sienten. Igual que cuando se aprende a caminar y hablar, cada niño desarrolla la empatía a su propio ritmo.

Hacia la edad de ocho años parece darse una importante fase de desarrollo cognitivo en relación con la empatía. Es entonces cuando se desarrollan capacidades cognitivas como la adopción de distintas perspectivas y los niños empiezan a comprender las circunstancias vitales de los demás en mayor profundidad. Por ejemplo, si la madre de una compañera de clase tiene cáncer, el niño puede ser capaz de entender las circunstancias desde la perspectiva de su amiga. Aunque el niño vea a su amiga reír y pasárselo bien en una fiesta, seguramente pensará que en general la vida es triste y desgraciada para su amiga porque tiene a su madre enferma.

En los años de la preadolescencia y la adolescencia, los patrones empáticos están más consolidados y puede verse ya la persona compasiva en que se convertirá el niño. Padres y cuidadores, los referentes iniciales, han puesto los cimientos de la empatía, pero en su camino hacia la edad adulta, los preadolescentes reciben la influencia de los amigos, los profesores, los libros, la televisión, Internet y otros referentes que les determinarán cómo, por qué y cuándo sentir y expresar empatía.

En cada etapa del desarrollo, los progenitores moldean la capacidad del niño para dar y recibir empatía. Y ello, de nuevo, trae a colación el concepto de empatía proximal frente a empatía distal, muy importante en la paternidad desde el principio. La empatía proximal es una reacción inmediata, mientras que la empatía distal es una respuesta diferida. A veces se requiere empatía proximal, como cuando el niño se cae y se hace daño. Otras veces es una de aquellas ocasiones en las que los padres muestran a sus hijos una empatía equivocada porque interfiere en aquello que a la larga será más conveniente para el niño.

Y os mostraré un ejemplo de ello. Pongamos que vuestro hijo no ha acabado los deberes y os pide que hagáis una nota para poder quedarse en casa y acabar sus tareas. La empatía proximal que sentís es la angustia compartida por el hecho de que vuestro hijo no ha finalizado sus deberes y tendrá que asumir las consecuencias, lo cual os tentaría a decir: «De acuerdo. Ahora llamo para decir que estás enfermo». La empatía distal te permite alejarte por un momento y preguntarte qué le conviene más al niño a largo plazo: ¿qué es mejor, sacarle las castañas del fuego o dejarle que experimente las consecuencias de su inacción? Si hacemos uso de la empatía distal en el momento adecuado, podremos transformar el malestar puntual de nuestros hijos en grandes lecciones de vida.

Para algunos padres, se trata de un reto enorme. Sin embargo, a veces tenemos que dirigir nuestra mirada hacia el futuro. Cuando le decimos que no a ese hijo de trece años que nos suplica poder ir a una fiesta donde seguro que habrá alcohol, puede que estemos salvando a ese futuro joven de veintiún años de acabar en un estado que le lleve a tomar decisiones peligrosas. Lo importante aquí es ver que, como buenos padres, resulta fácil dejarnos llevar por el estrés inmediato y olvidarnos de por qué un «no» a tiempo es una decisión mucho más saludable.

Estas lecciones de empatía que enseñamos a nuestros hijos son ondulaciones que se expanden por sus vidas llevando consigo implicaciones. Por suerte, los contratiempos que hayan tenido por el camino no tienen por qué determinar su destino. Según estudios recientes, entre un 10 y un 35 % de cómo percibimos y expresamos la empatía en las escalas cognitiva y afectiva hay que buscarlo en los genes. Además, nuestra forma de recibir las lecciones empáticas depende de la edad, el género y una combinación de factores y experiencias medioambientales. Los valores empáticos –la importancia que para nosotros tiene la empatía– pueden variar. Tener hijos supone a menudo un punto de inflexión en cuanto a nuestra visión de la empatía, ya que nuestro deseo es servir de ejemplo.

Dicho esto, los primeros hijos son los que mejor aprenden a dar y recibir empatía. Pero eso no quiere decir que no podamos hacer algo al respecto. Nunca es tarde para enseñar a un niño a valorar mejor los sentimientos de los demás. Un niño que tenga tendencia a la empatía y que sepa adoptar distintas perspectivas en cada momento, muy probablemente se relacionará mejor con sus compañeros, disfrutará más jugando en grupo, tendrá menos problemas de conducta y le irá mejor en el futuro gracias a unas habilidades interpersonales más desarrolladas. Todo ello lo predispone a unas relaciones satisfactorias a lo largo de la vida.

Los niños menos empáticos tienden más a actuar con agresividad, a expresar emociones negativas como la ira y la depresión más a menudo y, en general, a tener que esforzarse por llevarse bien con los demás. Un niño tendrá muchas más posibilidades de ser una persona empática si experimenta la empatía con frecuencia y desde el primer momento. No obstante, hay niños que experimentan los sentimientos de los demás de un modo tan intenso y exquisito que no necesitan que les enseñen empatía. A aquellos niños a los que les abruma el sufrimiento de los demás puede irles bien aprender a autorregularse y practicar una menor exposición. El exceso de empatía existe.

El reflejo del niño

Una de las vías que utilizan los padres para enseñar empatía a sus hijos es el reflejo parental y automático de las expresiones faciales, los patrones de habla y la actitud del niño. Cuando nuestros hijos son pequeños, de forma espontánea y alegre respondemos a esas sonrisas y risitas desdentadas sonriendo y riendo como ellos. La mayoría de los padres disfrutan con los primeros intentos de sus hijos de interactuar libremente con el mundo, por eso seguramente les imitan mediante el contacto visual, el lenguaje corporal y el tono de voz. No se trata sólo de si el niño sonríe o no, sino también de sus descubrimientos, de sus esfuerzos por dibujar, por construir, por aprender cosas nuevas; al reflejar nuestro aprecio y contento le damos a entender que es alguien especial para nosotros.

El psicoanalista austroamericano Heinz Kohut fue el primero en reconocer la importancia del reflejo parental en el crecimiento de un niño sano. Como fundador de una rama de la teoría psicológica llamada *psicología del self*, Kohut comprendió que los niños tienen una conciencia de sí mismos más sólida cuando se ven reflejados en los ojos de sus padres, algo que ya comienza en el momento del parto y sigue durante toda su vida. Resulta interesante y premonitorio que Kohut lo denominara «transferencia del reflejo», mucho antes de que los neurocientíficos descubrieran los mecanismos reflejo unas décadas después. En resumen, significa que los niños ven sus puntos fuertes, su carácter único y sus peculiaridades reflejados en los ojos de sus cuidadores. A lo largo de mi práctica profesional he sido a menudo testigo de las terribles consecuencias de no mostrar el reflejo parental, algo que puede provocar lagunas en la conciencia que el niño tiene de sí mismo y en su autoconfianza. Aquellos niños que casi nunca ven reflejado su éxito en los ojos del padre o la madre suelen crecer inseguros y avergonzados de su capacidad de acción. Cuando experimentan una sensación de orgullo que choca con la indiferencia y el desinterés de los demás, es fácil que duden de sus sentimientos y acaben por no encontrar nada que les incentive o estimule a probar cosas nuevas.

Para comprender la fuerza del reflejo, podemos examinar lo que ocurre cuando no se da ese reflejo. Imaginemos la experiencia emocional de una niña de primer curso de primaria que irrumpe en la casa gritando: «¡Papá, mira lo que he dibujado hoy!». El padre, absorto en el teléfono móvil o el ordenador, apenas se gira. Echa una mirada fugaz al papel de su hija o comenta: «¡Oh, qué bien has dibujado a nuestro perrito!», o alguna otra cosa que dé a entender a la niña lo orgulloso que está de lo que ha hecho, sin contacto visual, con un tono de voz neutro y sin apenas prestar atención a la emoción de la niña. Cuando el entusiasmo y el esfuerzo de un niño no tiene su reflejo correspondiente, el pequeño puede llegar a desmoralizarse, e incluso avergonzarse; sí que pensará que ha hecho un buen trabajo, pero también que su padre no parece considerar que merezca una reacción por su parte.

Los niños que a los que constantemente se les niega este reflejo afectivo desde el primer momento es probable que intenten por todos los medios crear relaciones de apego seguras. El contacto visual, como ya sabemos, es una de las siete claves que permiten vivir una vida conectada con los demás, y su influencia en la empatía comienza en el mismo momento en que venimos a este mundo. El reflejo parental es algo más que el contacto visual. Los niños anhelan ver reflejadas sus expresiones faciales, posturas, afecto y tono de voz en sus padres. Necesitan ser escuchados y que se les dé una respuesta adecuada. Cuando esa respuesta cálida y confortadora en forma de reflejo no existe, es probable que el niño crezca lleno de inseguridades y considerándose no merecedor de nada, y que por tanto tenga problemas para establecer relaciones estrechas y de confianza. Ese «destello en la mirada paterna» no sólo es uno de los indicios más importantes de la demostración del amor paterno, sino también algo fundamental para sembrar las semillas de la empatía en el niño. Kohut describía ese destello como «oxígeno psicológico». Los niños buscan en ese reflejo la confirmación de que son valorados. Si no les llega esa afirmación con la suficiente regularidad, pueden llegar a crecer sintiéndose casi como un peluche sin su relleno. El hecho de que no hayan interiorizado todavía esa validación les lleva a buscar continuamente la afirmación de que el mundo exterior los aprueba y acepta. Si un niño no se ve reflejado en sus progenitores, probablemente dejará de intentar lograr sus objetivos; y si se trata de un niño que logra sus objetivos con facilidad, lo más probable es que ello no le reporte ningún placer.

Afortunadamente, la mayoría de los padres no necesitan plantearse si tienen que reflejar o no las acciones de sus hijos. Del mismo modo que respirar nos sale sin pensar, el reflejo parental surge normalmente de forma natural. Los padres que están en sintonía con sus hijos reaccionarán seguramente con alegría y orgullo ante la presencia y las etapas de desarrollo de los pequeños. Sin embargo, es cierto que algunos elementos de presión externos –el estrés laboral o los problemas económicos– que impiden a los padres atender a sus hijos como es debido pueden impedirles también ver a cada niño como una persona individual a la que hay que tener en cuenta, escuchar y reafirmar. Las familias que tienen un niño enfermo o discapacitado corren el riesgo de desatender el reflejo parental de los hermanos sanos, que corren un mayor riesgo de desarrollar una baja confianza en sí mismos y la incapacidad de tranquilizarse por sí mismos si durante su infancia no se han puesto los cimientos de la empatía y la afirmación. No debemos descuidar el apoyo adicional a los niños sanos. Que no parezcan angustiados ahora no quiere decir que no puedan estarlo en un futuro cercano.

Ahora bien, un exceso de reflejo parental puede llevar también a un mal comportamiento y una falta de empatía. Cuando a un niño se le llena de elogios por lograr cosas totalmente cotidianas que deberían ser lo normal –por ejemplo, «¡Buen estornudo!» (sí, yo he escuchado a algún padre decírselo al niño...)–, al final esperará que se le reconozca literalmente cada logro sin importar lo insignificante que éste sea. Y es que no deberíamos estar entregando premios a la participación por éxitos de lo más prosaico. Ni tampoco queremos que nuestros hijos luchen como gladiadores por su reconocimiento. Debería existir un punto intermedio.

También hay que adaptar el reflejo parental a la edad. Cuando crecen, los niños siguen necesitando reconocimiento y atención, pero cómo y en qué cantidad es algo que evoluciona con la edad. Si de niños reciben suficiente aprobación, interiorizarán un sentimiento de confianza. Kohut lo llamó *interiorización transmutadora*. Con el paso de los años se apoyarán en la confianza en sí mismos y comprenderán que el mundo no va a responder con un halago incondicional a cada uno de sus logros. La búsqueda constante de alabanzas con las que celebrar el más pequeño de sus logros es un rasgo agotador difícil de gestionar para un adulto, que en último término acaba sintiéndose un inepto porque nunca lo alaban lo suficiente.

Cada vez me preocupa más constatar que el reflejo parental ha perdido relevancia en la era digital. El destello en la mirada está siendo desplazado por el destello de las pantallas. Padres e hijos pasan demasiado tiempo mirando el teléfono móvil, la tableta o la televisión en lugar de mirarse unos a otros, por lo que el contacto visual y la vinculación entre ellos disminuyen. Al haber menos ocasiones de experimentar la liberación de oxitocina que se da cuando padres e hijos cruzan sus miradas y experimentan un amor y aprecio mutuo, la necesidad de reconocimiento externo se hace aún mayor.

La reducción del tiempo que pasamos con los demás empieza a extenderse también al círculo de amistades, y vemos las consecuencias de ello en el aumento de casos de acoso escolar, acoso cibernético y troleo en Internet (*véase* el capítulo 8). Las pantallas pueden suponer una barrera a la empatía, ya que quitan oportunidades de observar cómo responden y sienten otras personas. Para empatizar, lo primero es tener contacto visual y advertir algunas claves de la empatía como la postura, las expresiones faciales y el tono de voz. Sin este input inicial resulta mucho más difícil después escuchar y responder de forma adecuada.

Modelos para la empatía

Los niños también aprenden –o no– la empatía a través de sus modelos. Los niños siempre quieren idealizar a alguien. Al principio suele ser a papá y mamá. Si tus hijos te han idealizado como un padre responsable, afectuoso y siempre presente, es muy probable que a lo largo de su vida busquen amigos y parejas con las mismas cualidades y que les traten con el mismo respeto. Asimismo, ellos transmitirán estos mismos comportamientos a los demás.

Los modelos son muy importantes para el desarrollo infantil en todas sus etapas, ya que el niño busca continuamente patrones normativos en su vida. Si en casa la norma es prestarle atención y estar atentos a sus sentimientos, la firmeza de esta comunicación empática se convertirá en norma para el niño. Las claves empáticas de escucha y respuesta se afianzan, y el niño aprende que lo que hace y dice tiene un valor. Cuando no se da esto, el niño duda de su valor y se generan en él sentimientos de inseguridad.

Además, de forma natural los niños quieren ver a sus padres como algo positivo, incluso cuando éstos no les tratan bien. ¿Por qué? Porque los niños saben que son pequeños e impotentes. No olvidemos lo intimidante que puede ser caminar por el mundo si mides poco más de medio metro y tu única perspectiva es un bosque de piernas. Los niños tienen una necesidad intrínseca de establecer vínculos con sus padres y una inclinación natural a mostrarles afecto, porque ello les hace sentirse seguros y protegidos. Así que, para bien o para mal, los niños emulan a sus padres desde muy temprana edad.

Los padres no suelen ser el único modelo para sus hijos. También pueden admirar a su profesora o a su canguro, a una tía o un tío, a un primo mayor, a un astronauta, una veterinaria, un artista o un chef de cocina. Conozco a un niño llamado Hudson que vive frente a un parque de bomberos.

Cuando tenía cinco años, Hudson veneraba a los bomberos que trabajaban allí, hasta tal punto que suplicaba poder visitarlos cada día. Sus padres accedieron encantados, y aquellos objetos de admiración del pequeño tuvieron la amabilidad de dejarle sentarse en sus camiones y ponerse sus cascos. Mientras tanto, David, un amigo de Hudson enamorado de la policía, llevaba su uniforme de la poli a todos lados, y Vanessa, también amiga suya y obsesionada con los médicos, iba al colegio con su estetoscopio de plástico. Resulta maravilloso que estos niños tengan esos modelos positivos. Tener un héroe o alguien a quien admirar hace que un niño se sienta especial y le estimula a luchar por aquello que considera importante. Asimismo, le ayuda a fortalecer su voluntad de esforzarse en positivo y su autoestima.

Tener algunos modelos negativos también es importante, ya que enseñan al niño aquello que no debe hacer. Se da por sentado que el niño ya tiene una cierta experiencia con los modelos positivos, por lo que ya puede distinguir claramente entre lo bueno y lo malo. Por supuesto, si los aspectos negativos prevalecen sobre los positivos, hay un problema. Los niños que siempre están con personas que no los tratan respetuosamente o que no los toman en serio pueden llegar a crecer con la idea de que sus pensamientos y sus sentimientos no valen demasiado.

También existe el peligro de que los niños interioricen los hábitos empáticos negativos de los adultos. Conozco el caso de un profesor de historia de secundaria que amedrentaba a sus alumnos con una cantidad excesiva de deberes y exámenes sorpresa, por lo que éstos decidieron reposar sus cabezas en el pupitre como acto de protesta. El profesor les amenazó con rebajarles un punto la nota cada vez que llamara a un alumno por su nombre y éste no respondiera, empezando por el alumno que él sabía que más importancia daba a las notas. Por un lado, algunos de los niños entendían que el trato de ese profesor hacia ellos era injusto y equivocado. Sin embargo, otros seguramente aprendieron que ignorar las claves empáticas a favor de la intimidación, la maldad y la manipulación es una forma aceptable de conducta y una vía para conseguir lo que se quiere.

En último término, los niños suelen interiorizar las cualidades positivas de los padres y otros modelos que han aprendido subconscientemente a idealizar. Adoptan aquello con lo que se sienten cómodos y les resulta más familiar. Por eso es tan crucial ser un modelo de conducta empática. A través de este proceso de idealización, el niño aprende a formarse su «yo ideal», de manera que muy probablemente esa idea suya del yo no se alterará tanto cuando, a medida que crezca, se le revelen las flaquezas y errores de sus progenitores. Predicar con el ejemplo, cumplir las promesas y tratar a un niño de forma honesta y empática permite reafirmar las tipologías de persona que el niño acepta en su vida. Ahora bien, cuando un niño ve en un adulto de confianza un comportamiento desagradable o desconsiderado, para él puede resultar excesivo aceptar el hecho de que alguien con tanto poder sobre él sea una mala persona. Como mecanismo psicológico de defensa, el niño puede convencerse de que hay otras personas que merecen ese trato desagradable y desconsiderado, y empezar a copiar el mismo tipo de conducta. En psicología, esta defensa se conoce como *identificación con el agresor*. En uno u otro caso, nosotros somos quienes elegimos qué papel adoptamos en la configuración de la persona que nuestro hijo acabará siendo.

Duplicar la experiencia

Otro proceso fundamental para el desarrollo de la empatía en los niños es el que encierra el concepto de *gemelidad* (en inglés, *twinship*). A medida que crecen, las relaciones de los niños fuera de casa son cada vez más relevantes. Empiezan a disfrutar de la compañía de los demás antes incluso de aprender a jugar de forma colaborativa y cooperativa, lo cual refuerza su conciencia de sí mismos y les hacen sentirse parte de algo.

La necesidad de gemelidad es universal. Los niños pueden sentirse atraídos hacia algunos de sus iguales por mil motivos. En ocasiones el vínculo es obvio, como cuando ambos disfrutan con *La guerra de las galaxias*, los caballos, los libros o los Lego. Estas afinidades tempranas ayudan al niño a expandir horizontes fuera de la presencia paterna, y le ayudan a sentirse como uno más y a sentir que su experiencia vital tiene un sentido. En su «gemelo», el niño encuentra a alguien que entiende su punto de vista y «lo pilla». Seguramente dejarán atrás algunas de sus primeras relaciones y buscarán otras con las que compartir valores y experiencias. Así, la pequeña amiga con quien fue a clase de baile cuando tenían cinco años quizás se distancie al interesarse él por el fútbol y ella se apasione por el teatro. Pero el deseo de experimentar desde su gemelidad siempre estará ahí. La gemelidad crea empatía porque ayuda al niño a ver que existe alguien como él, y que sus experiencias pueden ser entendidas y compartidas. Esa barrera que supone la vergüenza para un niño queda reducida a un nivel en el que la honestidad y la vulnerabilidad entre él y su «gemelo» son posibles. Es una experiencia muy profunda porque activa los circuitos neurales compartidos en ambos cerebros para crear una sensación de seguridad y pertenencia. Cuando el cerebro esquematiza una cantidad suficiente de esas similitudes, el niño se siente más cómodo mostrando sus vulnerabilidades. Empezar a exponerse sin reservas a una edad temprana permite forjar lazos de confianza muy poderosos que pueden influir en las relaciones de por vida.

Adaptarse y hacer amigos puede resultar agotador para algunos niños. A nadie le gusta ser un marginado. Todos los niños quieren ser seleccionados para el equipo o encontrar un grupo social donde encajar. Esa necesidad de experimentar con su gemelidad continúa en la adolescencia y la edad adulta. Con los años, los niños preferirán pasar el tiempo con otros niños con los que tienen cosas en común, y son estas habilidades, talentos y pasiones compartidas lo que refuerzan sus intereses e individualidad. Esto, a su vez, crea un entorno en el que pueden desarrollarse y que deriva en una mayor capacidad empática. Éste es el motivo por el que los niños que hacen deporte suelen sentirse más cercanos a sus compañeros de equipo y los que se apasionan por el teatro frecuentan más a aquellos amigos que tienen que ver con ese ámbito artístico.

Pero la gemelidad puede torcerse si, en lugar de brindar los salvavidas emocionales de la aceptación y la comprensión, ofrece soluciones defensivas y de distracción. Así, en lugar de ofrecer apoyo mutuo y alguien que le entienda y pueda aliviarlo cuando esté emocionalmente afectado, el «gemelo» puede hacerlo caer en conductas enajenadoras como el consumo de drogas y alcohol. O, también, si un «gemelo» puede que intente rellenar el vacío con conductas antisociales, en un intento de encubrir la soledad, el aislamiento y la sensación de ser un marginado. Tan importante es exponer a los niños a oportunidades de gemelidad positivas como lo es exponerlos a modelos positivos.

Si tienes hijos pequeños, no dejes de lado la noción de gemelidad durante la adolescencia. Las personas con las que elijan vincularse e identificarse tus hijos pueden influir enormemente en el desarrollo de sus vidas.

Los problemas aparecen cuando los niños no eligen compañeros resilientes y, en lugar de ello, escogen a iguales que les alientan a ocultar sus sentimientos con las drogas y el alcohol, a buscar la excitación sexual mirando pornografía en lugar de cuidar las relaciones y a asumir unos riesgos que pueden dañarles o incluso causarles la muerte.

La bifurcación de la empatía

Prácticamente todos los padres tienen una empatía nata por sus hijos, impulsada por la oxitocina. Sin embargo, para los padres es un reto enseñar la verdadera empatía en aquellos momentos de tensión en que su deseo de hacer felices a sus hijos desde el punto de vista emocional contrasta con la tarea real de practicar y enseñar empatía por sus beneficios psicológicos a más largo plazo. Sin duda, un equilibrio delicado.

El apoyo que se da al niño debe cambiar de forma natural con el tiempo. En los primeros días de vida, sus necesidades físicas y emocionales tienden a converger. El bebé llora y papá o mamá le alimentan y le cambian los pañales. Si está cansado y se queja, uno de los progenitores lo mecerá hasta que se duerma. Tradicionalmente, en las primeras semanas de vida los padres asumen la mayoría de las responsabilidades del cuidado de los niños. De hecho, los estudios realizados demuestran que el apoyo de una figura parental a lo largo de la infancia es un predictor perfecto de la capacidad del niño para la empatía y la adopción de perspectivas diversas.

Algo que tiene sentido. Un padre comprensivo está en sintonía con las necesidades de su bebé. Tiene en cuenta el punto de vista de éste al intentar averiguar por qué llora, y pone remedio a la situación. Padres y madres nos dirán que suelen diferenciar unos llantos de otros: hambre, cambio de pañal, demanda de atención...

Estoy segura de que casi todos los padres han leído artículos y libros sobre el tiempo que hay que dejar llorar al niño en la cuna antes de ir a consolarlo. El sonido del niño que llora penetra en tu conciencia como ninguna sirena de alarma lo ha hecho antes. Cada fibra de nuestro ser reacciona. Sin embargo, aquellos padres que nunca moderan la hipervigilancia de su recién nacido y siguen pendientes de todas sus necesidades, deseos y exigencias a cada instante, le están haciendo un flaco favor. Una atención excesiva al niño en crecimiento puede tener un impacto negativo permanente en su seguridad y capacidad empática, casi equiparable al hecho de no prestarle atención.

Aquellos niños a los que se deja llorar un poco antes de satisfacer inmediatamente sus necesidades desarrollan una capacidad de autoconsolación mediante un proceso denominado *frustración óptima*. Los padres que están demasiado pendientes de sus hijos se arriesgan a que éstos crezcan sin mucha empatía, ya que les privan de la experiencia de la espera, que les sirve para ganar confianza. Dejándole que espere un poco –no demasiado– antes de atender sus problemas, el niño aprende a confiar en que pronto su cuidador estará con él. Los padres pueden llegar a verse sobrepasados por los gritos y lágrimas de sus hijos hasta el punto de perder toda capacidad de adoptar una decisión racional. Simplemente no es posible responder de inmediato a cada llanto del niño;

si no, nunca podríamos ducharnos, ir al baño o atender a otro niño cuyas necesidades sean igualmente urgentes. Los bebés pueden esperarse unos minutos a que les atiendan sin correr ningún peligro.

Pienso que la incapacidad de enseñar frustración óptima a un niño es una conducta empática errónea. Refleja la intolerancia del padre a un simple momento de infelicidad en la vida de su hijo. La preocupación empática es necesaria cuando nuestra hija se hace un rasguño en la rodilla o se pelea con una amiga y nosotros estamos allí para aliviarle el dolor. Éste es el tipo de situaciones para las que han sido creados nuestros mecanismos de empatía parental. Ahora bien, si a esa hija le coge una rabieta monumental porque has comprado las toallitas de papel del color equivocado y tu única reacción es disculparte, ten por seguro que la empatía parental habrá fracasado. Una madre con quien trabajé llegó al punto de pegar las patatas fritas que se rompían en la bolsa porque su hija se ponía de los nervios si sus patatas estaban rotas. Así que, si pegáis las patatas fritas o cualquier snack que salga roto de la bolsa para apaciguar la ira de vuestra hija, os aseguro que lo que le estáis enseñando dista mucho de ser un sentimiento de empatía positivo. Se trata de una empatía pura, emocional, sin su parte cognitiva y racional, y transmite el mensaje de que la niña no tiene por qué aguantar ni una sola decepción en su vida.

Si no sabemos ver como padres que acceder siempre a los deseos de nuestros hijos no es bueno para ellos, entonces caeremos en una práctica errónea de la empatía. Nuestro objetivo no es crear un torrente interminable de felicidad para ellos, sino enseñarles a disfrutar los buenos momentos y a enfrentarse a los retos de la vida. Igual que hay quien ve el matrimonio como una «larga cita» en la que todo son rosas y romanticismo, hay padres que piensan que su deber es asegurarse de que sus hijos están continuamente entretenidos. Pero hay muchas cosas en la vida que no son placenteras y que enseñarían a un niño lo que es la determinación, la perseverancia y la resiliencia.

Muchos padres no entienden que la frustración óptima ayuda al niño a ganar en resiliencia y confianza. Les enseña a tener en cuenta una idea: «aunque no consiga hoy o ahora lo que quiero, con confianza, perseverancia o esfuerzo acabaré lográndolo». Cuando un bebé aprende eso, cada vez más se dormirá solo y no se irritará por tener el pañal mojado durante unos minutos. Después, de niño, no montará un número en medio del supermercado cuando le digáis que no a un juguete. Y de adulto ya sabrá que tendrá que dedicar tiempo y esfuerzo a lograr ese ascenso tan importante.

A veces trabajo con parejas que no pueden tolerar el descontento de sus hijos. Éste es un aspecto de la empatía que exige de los padres la capacidad de autorregularse. Uno de los escollos de la empatía es compartir con los hijos esos circuitos neurales tan potentes que nos llevan a caer en la angustia emocional cada vez que ellos tienen una decepción. Cuando el llanto del niño nos desesperada emocionalmente hasta el punto de anular nuestro córtex prefrontal –donde se halla la razón– y respondemos a ello de un modo meramente reactivo desde el punto de vista emocional, debemos tomar distancia y reconsiderar la situación.

Parte de lo que espero que aprendan los padres de este capítulo es que, al satisfacer cada uno de esos caprichos que su lado más sabio les dice que no son correctos, tienen la opción de pulsar el botón de «pausa» y preguntarse a las necesidades de quién están respondiendo: ¿se trata de lo que es mejor para el niño, o de poner fin a un desacuerdo sobre lo que quiere el niño? Por su propio bien y el del niño, deberían encontrar el modo de aprender a tolerar la insatisfacción del pequeño. Si queremos un niño que sea empático, tenemos que dejar de practicar la empatía errónea. Empecemos desde muy temprano a enseñarle cómo dormirse solo y a confiar en que estaremos con él cuando realmente nos necesite. Y lo mismo vale para la alimentación. Conozco a padres (seguro que tú también) que preparan una comida distinta para cada niño de la familia. ¿Qué aprenden entonces los niños si se les da la comida que piden y no se les orienta sobre la importancia de una dieta más equilibrada? ¿Y qué decir del inconveniente que supone tener que preparar una comida distinta para cada miembro de la familia? Seguro que al final acabará tomando forma algún tipo de resentimiento en el progenitor a quien le toque hacer de cocinero. Todo ello puede manifestarse en algún momento posterior de la vida del niño, como cuando, ya como joven adulto, se siente frustrado, infeliz e inseguro porque el resto del mundo no corre a satisfacer cada uno de sus deseos.

Por supuesto que no es esto a lo que aspiramos, pero sí es a lo que puede llevarnos la empatía errónea.

Jane, la dueña de una pequeña empresa a quien conozco, me contó una historia sobre un joven empleado suyo llamado David. Por lo visto, David pensaba que estaba preparado para asumir mayores responsabilidades y tal vez un ascenso. En lugar de hablar con ella directamente, le dijo a su padre que la llamara. Jane recuerda la esperpéntica conversación que mantuvo con su padre, a quien no conocía de nada y que vivía a cientos de kilómetros, en la que éste le explicaba cuán capacitado estaba su hijo de veintiséis años para hacerse cargo de funciones más importantes. Y todo ello mientras ese chico tan capacitado estaba tranquilamente sentado en su mesa al otro extremo del pasillo.

Éste es un ejemplo extremo del típico padre que no ha dejado atrás su pasado de gestor. También es un ejemplo de la peor versión de la empatía errónea. Una relación así incapacitará al hijo, hasta el punto de no dejarle funcionar como adulto. Seguramente el padre de David le enseñó de pequeño que todo iría como él quisiera y que, si no, papá le recompensaría para que así fuera. ¿Dónde está la frustración óptima? ¿Dónde encontramos la idea del esfuerzo, de la dependencia de sí mismo y de tener la satisfacción de labrarse su propio camino en el mundo? Que un padre se inmiscuya entre su hijo y la jefa de éste para pedir un ascenso para su hijo no es el funcionamiento habitual de este mundo.

He visto a muchos padres que quieren conservar el poder y el control cuando sus hijos entran en la edad adulta. Son padres que sienten la necesidad de enfatizar que saben lo que conviene y no parecen capaces de aceptar que sus hijos se hagan adultos. Hay que estar al lado de los hijos, pero también permitirles que cometan sus propios errores sin agobiarlos. Si nuestra actitud es autocrática, como si siempre fuéramos expertos en todo y nuestros hijos nunca dejaran de ser niños, lo más probable es que nos perdamos la posibilidad de disfrutar de una relación verdaderamente gratificante con nuestros hijos cuando crezcan, además de que ellos quizás no lleguen a considerarse nunca unos adultos de provecho.

En algún momento los padres tienen que aprender a decir: «Yo ya te avisé. Ahora yo me voy a apartar y dejar que sea la vida quien te enseñe a partir de aquí». Cuanta más importancia demos a la práctica y la enseñanza de la empatía en la infancia y más les permitamos que se guíen por la frustración óptima a la hora de esperar una recompensa, con mayor seguridad se desenvolverán de adultos. Ya les hemos ayudado a ganar confianza en sí mismos y les hemos estimulado para que se arriesguen y aspiren a aquello que quieren conseguir. Si les hemos ayudado a crear un entorno desde el cual expandirse para alcanzar su yo ideal, es más probable que elijan seguir vinculados a nosotros a medida que ellos van creciendo y nosotros vamos envejeciendo. En la vejez, a veces las relaciones más significativas son las que existen con los hijos que hemos criado, los cuales asisten al ciclo completo de la vida y han podido afrontar, disfrutar y adaptarse a todo tipo de vicisitudes.

El polo opuesto al exceso de empatía es, evidentemente, el abandono. Su impacto en el rendimiento escolar es profundo: un estudio señala que los niños con síntomas de abandono se manejan peor en el colegio, sacan notas más bajas y registran más expulsiones, faltas disciplinarias y repeticiones de curso en relación con sus compañeros. Por otro lado, es curioso el hecho de que en ocasiones una situación de abandono moderado puede motivar al niño a alcanzar resultados espectaculares. Así, puede inducirles a captar la atención de su entorno haciendo cosas extraordinarias y acumulando éxitos uno tras otro. Sin embargo, y a pesar de sus logros, a menudo sienten un vacío por no saber entender quiénes son desde la empatía. Puede que consigan grandes cosas afuera, pero en su interior sufren porque nunca han tenido el reflejo o la reafirmación de sus cuidadores. Es muy habitual entre aquellos adultos que sufrieron abandono en su infancia desear fervientemente ser reforzados o que se les muestre empatía, un deseo que se hace evidente en sus relaciones personales, si bien pueden tener dificultades para mostrar su lado más vulnerable si su autoestima no tuvo el reflejo parental adecuado.

El abandono masivo y a gran escala es algo totalmente distinto. Los niños que viven en este tipo de hogares suelen encontrar muchas dificultades para llegar a verse a sí mismos como algo valioso. Cuando un niño crece entre padres narcisistas o abusadores, difícilmente buscará de adulto tener algo que ver con ese padre o madre. Es algo que suelo escuchar de hijos ya adultos en mi consulta: «No contaba nada para ellos, y ahora no quiero visitarlos». Muchos de estos adultos se sienten culpables por no querer pasar un tiempo con sus padres. Pero es posible romper el círculo: ofreciendo empatía, apoyo y comprensión a lo largo de la vida del niño, los padres casi se aseguran que éste quiera seguir vinculado a ellos durante toda su vida adulta.

Algunos padres creen que basta con ofrecer regalos, obsequios, unas vacaciones geniales u otras cosas materiales, pero nada de eso sustituye el ver a los niños como realmente son. Aceptar a nuestros hijos prepara el camino para una futura relación de adulto a adulto. Indefectiblemente, el hecho de empatizar con nuestros hijos deviene con el tiempo empatía mutua. La buena noticia es que, incluso en casos de abandono parental extremo, hay niños con suficiente capacidad de resiliencia como para encontrar modelos con los que llegar a convertirse en alguien eficaz. Aprenderán a emular y admirar a adultos que dan y reciben empatía. Éste es un aspecto de suma importancia, ya que explica por qué niños que no cuentan con el respaldo firme de su familia de origen acaban siendo líderes fuertes e íntegros, al haberles descubierto alguien en su momento todo su potencial.

Seguramente basta con ser lo bastante bueno

La paternidad no consiste únicamente en enseñar empatía, sino también en poner a prueba la nuestra. Si tenemos una hija que tensa los límites de nuestra empatía hasta el punto máximo posible, veremos más fácilmente que detrás de todos sus problemas lo único que hay es una personita que anhela ser querida y comprendida. La mejor forma de mostrar empatía es poner en marcha una de las claves menos utilizadas de la empatía: la escucha. Prestemos atención a nuestros hijos cuando hablan. Seguro que no estamos de acuerdo con todo lo que salga de su boca –tal vez cosas sin importancia, la mayoría de ellas–, pero dejémosles que se expresen por sí mismos. Si nos limitamos a escuchar sin hacer ningún comentario, tendremos una mejor perspectiva de su vida y fortaleceremos el diálogo sincero con ellos.

Cuando un niño atraviesa una etapa ingrata, combativa y hermética, los padres tienen ante sí una prueba de su capacidad empática, pero también un momento en el que el niño necesita más que nunca de su empatía. En la adolescencia, por ejemplo, los hijos suelen buscar una mayor independencia. Quizás recordemos la agitación que experimentamos nosotros mismos de adolescentes, resultado de un cóctel compuesto de hormonas explosivas, presión social y exigencias académicas. A esta edad los hijos pueden llegar a rechazar el reflejo parental, algo que lleva a muchos padres a dejar de lado ese reflejo. Un error.

Siempre podemos ofrecer a un niño, sea cual sea su edad, «el destello» de nuestros ojos en el momento adecuado. Es algo que los seres humanos necesitamos siempre. Cuando se desarrollan las habilidades del niño y éste gana en confianza y competencias, la atención, el estímulo y la emoción reflejada en los padres todavía son necesarios para él. Sin embargo, la empatía resulta más decisiva cuanto más se la pone a prueba.

Si nuestro hijo o hija se transforma en una criatura egocéntrica, malhumorada e irrespetuosa (al menos por momentos), no olvidemos que nos sigue necesitando. La agitación es enorme en aquellas familias en las que los padres no pueden reunir la compasión necesaria para tratar con un niño de carácter agriado y que empieza a tensar los límites –algo propio de cualquier edad, siempre dentro de lo razonable–. Ocurre sobre todo cuando los padres intentan mantenerse en su papel de gestores y no de consejeros. Los padres deben aparecer cuando los hijos adoptan conductas que suponen un gran riesgo o que son peligrosas, pero no deben opinar sobre cada cosa que el niño dice o hace, ni contradecirla. Si entendemos que la infancia, especialmente cuando el niño llega al umbral de la adolescencia, está llena de transiciones y de agitación emocional, lo mejor es estar siempre presentes y aconsejarle cuando más lo necesite.

La paternidad es una tarea ardua. Nadie lo ha hecho nunca a la perfección. Tampoco va a ser nuestro caso, pero no pasa nada. Sólo podemos intentar hacerlo lo mejor que sepamos. En lugar de buscar la perfección, quizás podamos acomodarnos al concepto de ser «lo bastante buenos» y hacer que las interacciones positivas estén por encima de las negativas.

La psicóloga Barbara Fredrickson ha llevado a cabo una esclarecedora labor de investigación con la que ha demostrado que una ratio de comentarios positivos-negativos de 3:1 es indicio de una relación sólida con un hijo, mientras que una ratio de 5:1 indica una relación excepcional. Si aspiramos a un estándar realista como es 3:1, seguramente nos veremos recompensados con una mayor paz durante los años turbulentos y una relación adulta más madura y afectuosa cuando nuestros hijos se hagan mayores. Si lo conseguimos, habremos criado a una persona con cuya compañía disfrutamos y que estará a nuestro lado para compartir el resto de las etapas de nuestra vida.

7

Los ABC de la empatía en la educación

La Lincoln High School de Walla Walla (Washington) era considerada el depósito de todos aquellos chavales problemáticos, violentos y repetidores del condado, el lugar donde tenían su última oportunidad para redimirse. Sin embargo, un solo curso académico le bastó al director Jim Sporleder para darle la vuelta a la situación de un modo espectacular.

Sporleder dio instrucciones al personal docente y administrativo del instituto para que limitaran los castigos en la medida de lo posible y trataran a los alumnos con amabilidad y comprensión. No se iban a dejar de supervisar ni los malos resultados ni el comportamiento inadecuado, sino que, en lugar de recurrir a la suspensión temporal o la detención como primera opción, los chavales iban a recibir ayuda. Si suspendían un examen, se saltaban una clase o se metían en problemas, se les «castigaba» con el aula de estudio, con orientación escolar y con servicios de asistencia.

Los resultados fueron increíbles. En el primer año, el número de expulsiones bajó en un 65 %, y el de amonestaciones por escrito se redujo casi a la mitad. La cifra de suspensiones temporales cayó en picado, hasta un 85 % aproximadamente. En el cuarto año no hubo un solo caso de expulsión temporal, y el número de expulsiones definitivas se redujo aún más. Asimismo, los resultados académicos y el porcentaje de graduaciones empezaron a mostrar una notable tendencia al alza.

Sporleder observó que muchos alumnos del centro no disfrutaban de un entorno familiar estable y acogedor. Más del 80 % de los chavales provenían de ambientes económicamente desfavorecidos, y más de una cuarta parte no tenían hogar. Muchos de ellos estaban expuestos cada día a situaciones de violencia, trastornos por consumo de drogas y un entorno social desestructurado. Tras analizar la situación, Sporleder constató que todo ese estrés crónico y tóxico pasaba factura a sus cerebros en desarrollo, sobre todo en aquellas áreas cerebrales responsables de las funciones ejecutivas como el razonamiento, la planificación y la priorización. Castigar el comportamiento indebido de los chicos sólo servía para empeorar las cosas, puesto que añadía más traumas a una situación personal cercana ya al límite.

La técnica del interrogatorio agresivo

El Lincoln High School, protagonista del documental *Paper Tigers*, es un buen ejemplo de cómo la presencia de la empatía en el ámbito de la educación y el aprendizaje puede marcar la diferencia. Por mucho que intentemos rellenar de hechos y cifras la mente de alguien, el conocimiento sólo echará raíces si usamos todo el espectro de la empatía. En el lado cognitivo, los docentes deben ser capaces de ponerse en el lugar de los alumnos y tener una aptitud para la teoría de la mente que les permita entender sus pensamientos e intenciones. En cuanto a la parte emocional, deben comprender a qué se enfrentan los alumnos cada día y cómo se sienten con respecto a lo que ocurre en sus vidas mucho antes de que atraviesen las puertas del instituto cada mañana. Si no mostramos una preocupación empática por los estudiantes, nos arriesgamos a convertirlo todo en una pérdida de tiempo, incluso para nosotros mismos.

Amigos míos del ámbito educativo me confirman que sigue siendo una práctica habitual entre los educadores poner en evidencia a los alumnos avergonzándolos ante sus compañeros por no saber las respuestas o no haber hecho los deberes. Se burlan de ellos en el aula, los señalan y los fusilan a preguntas a las que apenas tienen tiempo de responder. Es la técnica del interrogatorio agresivo, típica del ámbito educativo y que está relacionada con la humillación, la vergüenza y la ansiedad. Generalmente, los educadores que emplean estos métodos no son personas insensibles; seguramente están convencidos de que avergonzar al otro sirve para motivarlo más. Con todo respeto, yo no lo veo así, y me apoyo en los resultados de algunas investigaciones.

Una serie de estudios empíricos han demostrado que las emociones influyen en la capacidad de aprendizaje de la persona. A los estudiantes con un estado de ánimo positivo (satisfechos y relajados) les resulta más fácil tener una visión de conjunto y suelen obtener buenos resultados en tareas que exigen retención de memoria. Los que se muestran con una disposición de ánimo más compleja (ansiosos y estresados) suelen concentrarse más en los pequeños detalles y les cuesta encontrar otras formas de utilizar su conocimiento. En los estudios, los estados de ánimo positivos se asocian a una mayor capacidad de resolución de problemas y a un pensamiento creativo, mientras que los negativos parecen bloquear la mente y favorecer el pensamiento rígido. Seguramente, el alumno recordará durante mucho tiempo la humillación vivida ante sus compañeros por no saberse la lección, pero lo más probable es que olvide el resto de las cosas asociadas a aquella clase y no pueda trasladar ese conocimiento a nuevas situaciones al recordar la vergüenza pasada.

Creo que todos estaremos de acuerdo en que gritarle a alguien o expulsarlo de clase, aunque sea merecidamente, hará que se ponga de mal humor, algo que no pasará si se le trata bien. Y, lo que es peor, los recuerdos negativos parecen adherirse como el velcro al cerebro, de modo que una mala experiencia en el instituto será recordada y revivida una y otra vez durante mucho tiempo. Desde un punto de vista neurocientífico, tiene más sentido utilizar la corrección positiva. El trato respetuoso y el aliento continuo estimulan al cerebro para que produzca dopamina y otros neuroquímicos asociados a la felicidad y la satisfacción, con lo cual se potencia el aprendizaje óptimo.

Obviamente, la enseñanza no debe consistir sólo en premios y felicitaciones. Las medidas correctoras son necesarias en la educación, como lo son en la paternidad y en la sociedad en general. Sin embargo, aplicar políticas de tolerancia cero junto a otros métodos punitivos de carácter severo asfixian el entorno educativo e incorporan el cinismo al sistema. Puede que solucionen los problemas a corto plazo, pero a la larga hacen que el temor y el desprecio se adueñen de la relación entre alumnos y profesores. Si no les damos a los alumnos la oportunidad de poner en práctica un comportamiento constructivo, lo que estaremos haciendo es confirmarles la posibilidad de una conducta menos deseable. Según un estudio australiano, los alumnos que eran expulsados con frecuencia tenían cinco veces más probabilidades de involucrarse en actividades antisociales o delictivas.

Potenciar el cerebro social

Es evidente que la enseñanza empática sólo puede resultar efectiva si va más allá de la recompensa o el castigo como única respuesta. La adopción de distintas perspectivas –la capacidad de ver el mundo desde el punto de vista del alumno– es fundamental para el aprendizaje. Sabemos que el cerebro infantil no es una simple versión en miniatura del cerebro adulto. La materia gris adolescente continúa su desarrollo hasta alcanzar la plena madurez sobre los veinticinco años, según los estudios neurocientíficos más recientes. Ello significa que, durante los años de enseñanza obligatoria, el cerebro del niño está en un constante flujo, formándose, moldeándose y adaptándose a nuevos estímulos. Más que crecer de tamaño, lo que hace es potenciar la conectividad entre regiones que sirven de base para las capacidades de aprendizaje básicas de la persona. El cerebro se desarrolla más lentamente en aquellas regiones que rigen las emociones y funciones ejecutivas como el razonamiento, la toma de decisiones y el autocontrol.

Las áreas sociales y relacionales del cerebro están activas a cualquier edad, pero en los cerebros jóvenes y en desarrollo lo están aún más. Hacia la mitad de la escuela primaria, los compañeros son lo más importante, mientras que los adultos son vistos normalmente como seres aburridos que no saben nada. Los estudios demuestran que la mayoría de los niños, cuando están quietos, tienen el pensamiento puesto en las relaciones sociales. De forma natural, sus mentes están conectadas al drama de saber quién es amigo de quién, qué dice la gente de esto y aquello, cómo son percibidos por sus amigos y si son incluidos o excluidos por sus compañeros.

Esta etapa de desarrollo tan cargada de emociones está bien documentada y es ampliamente reconocida por los padres –y los investigadores y los docentes–. Por ejemplo, un equipo de la UCLA analizó un conjunto de estudios que comparaban técnicas de memorización con técnicas de aprendizaje socialmente motivado. En uno de los estudios se colocaba a los participantes en escáneres por RMf, se les mostraban cuatro o cinco párrafos que describían ideas para unos nuevos programas de televisión y se les pedía que presentaran a unos hipotéticos jefes un programa piloto basado en esas ideas. Al observar qué partes del cerebro se activaban antes y durante las presentaciones, los científicos pudieron identificar una gran actividad en una región neuronal ubicada en el centro social del cerebro que denominan *red de mentalización*.

La mentalización es sinónimo de teoría de la mente, o la capacidad e imaginar los pensamientos, los sentimientos, las intenciones y los deseos de los demás. Lo que realmente destaca de los resultados de aquel estudio es que la información en sí –la descripción del programa piloto– no era especialmente relevante para los participantes. Era sólo una información que se les proporcionaba. Sin embargo, tal como mostraban sus cerebros escaneados, los estudiantes procesaron las palabras en un área en la que podían recuperarlas de manera fácil y precisa, seguramente porque sabían que tendrían que explicarlas con claridad a otra persona. Se trata de las mismas regiones cerebrales identificadas con aptitudes empáticas cognitivas. En estudios en los que se pide a los sujetos que memoricen una serie de hechos para un test, los participantes almacenan la información en una región del cerebro totalmente distinta a la destinada a la memorización.

Aunque se sabe que la actividad social estimula los cerebros más jóvenes, lo cierto es que tradicionalmente el aprendizaje llevado a cabo en el aula ha priorizado una parte distinta del cerebro, en concreto el área que alberga la memorización. Yo lo considero una oportunidad perdida de presentar contenidos en un contexto relacional que permitiría a los estudiantes absorber información en unos cerebros empáticos ya preparados. Según el Centro Nacional de Estadística Educativa, a los dieciocho años el estudiante medio estadounidense habrá asistido a casi veinte mil horas de enseñanza en el aula, una cifra que en algunos países es aún mayor. Aunque educadores de todo el mundo han apostado claramente por que la enseñanza infantil se asiente sobre un aprendizaje nemotécnico y basado en hechos, las investigaciones demuestran que los niños retienen sólo una pequeña parte de lo que aprenden en clase. No hay duda de que necesitamos abrir nuevos caminos en la educación.

Existen algunos planteamientos educativos más inspirados que sacan partido al dominio de lo social en el cerebro. Uno de ellos es el denominado *aprendizaje basado en proyectos* (ABP). Empezó a cobrar importancia en la segunda mitad del siglo xx, si bien las ideas que lo sostienen, el «aprender haciendo», se remontan a Aristóteles y Sócrates. Sus impulsores fueron la educadora italiana Maria Montessori; Jean Piaget, el célebre psicólogo evolutivo; y John Dewey, la voz de la teoría educativa del siglo xx y (seguro que los más mayores lo recordarán) el inventor del sistema de clasificación decimal Dewey, que se utilizó para catalogar los fondos bibliográficos antes de la aparición de los ordenadores.

El ABP se basa en la idea de que las personas, sobre todo los niños, aprenden preguntando, reflexionando e interactuando con los demás. El punto clave del ABP es la noción de que podemos superar los inconvenientes del mundo real mediante ejercicios de resolución de problemas y proyectos en grupo. Los estudiantes aprenden mediante la colaboración, el cuestionamiento y la creación. Van más allá de la mera repetición, memorización y regurgitación de hechos, y desarrollan un pensamiento crítico y unas habilidades comunicativas que les ayudan a afrontar los retos permanentes de la escuela y el resto de los ámbitos. Los estudios demuestran que el ABP y otros métodos educativos similares favorecen la retención y mejoran las aptitudes para el aprendizaje. Al parecer, preparan mejor a los estudiantes para que éstos logren un aprendizaje más profundo, adquieran mayores habilidades de pensamiento y desarrollen capacidades intrapersonales e interpersonales. Y es que resulta imposible hablar de la práctica de las capacidades interpersonales sin reconocer el papel esencial que desempeñan la empatía y la inteligencia mental compartida en este tipo de aprendizaje.

Me alegra decir que en el ámbito de la enseñanza de adultos también existe un debate sobre el modelo de aprendizaje experiencial. Yo misma he tenido la suerte de asistir a cursos basados en la experiencia impartidos por Elizabeth Armstrong, directora del Instituto Macy de Harvard, entre ellos algunos sobre liderazgo en educación para facultativos y novedades médicas pioneras. Hace ya algunas décadas, el Dr. Daniel Torteson, influyente decano de la Facultad de Medicina de Harvard ya fallecido, contrató a Armstrong, experta en educación, para que renovara el plan de estudios del centro siguiendo las directrices del aprendizaje basado en casos. Su idea era que los métodos tradicionales de ingestión y repetición de hechos privaban a los estudiantes de las habilidades mentales necesarias para resolver los problemas reales de los pacientes. Su objetivo era cambiar los cimientos de la enseñanza médica con un aprendizaje basado en problemas y un planteamiento más autónomo, partiendo de la noción de que las habilidades asociadas al aprendizaje permanente eran básicas para la práctica de la medicina y de una asistencia de calidad. Este novedoso enfoque guio la acción de muchas otras instituciones médicas, y hoy perdura en la base de la enseñanza médica.

No hace mucho tuve ocasión de hablar con Elizabeth Armstrong, quien me participó su firme convencimiento de que el aprendizaje por memorización debería desaparecer, como los dinosaurios en su momento. «En este siglo creo que es más importante que la gente aprenda a investigar y no que se ampare en las clasificaciones y la memorización. Deben estar motivados para hacer preguntas y resolver problemas –afirma–. La memorización y regurgitación de enormes cantidades de información no siempre crea los estudiantes más brillantes y más conectados desde el punto de vista emocional. En el futuro, la práctica médica se apoyará mucho más en la inteligencia artificial y los macrodatos. Necesitamos que nuestros facultativos aprendan a procesar grandes cantidades de información».

En lugar de enseñarles toda una serie de protocolos y procedimientos como en la mayoría de las aulas, Armstrong anima a los estudiantes a centrarse en casos reales de pacientes, a trabajar en equipo y a ampliar continuamente sus conocimientos. Me encantaban los estudios de casos, ya que permitían a los estudiantes aplicar todo aquello que ya sabían a situaciones reales, y a hacerlo de formas que nunca antes me había planteado. Los estudiantes tenían que imaginarse al paciente como una persona íntegra y un ser humano real, con sus problemas sociales y emocionales, y no como un simple conjunto de células y enfermedades. Todo ello me permitió ver que, cuando los estudiantes consideran a un paciente como un ser humano igual a ellos, la empatía y la comprensión se expanden de modo natural.

E.M.P.A.T.H.Y. en el aula

Cuando no existe empatía en la enseñanza, normalmente se tiende a valorar en exclusiva el rendimiento y demás parámetros mesurables, sin tener en cuenta el porqué de los resultados que obtienen los docentes. Priorizar los resultados intelectuales sin reflexionar sobre los factores emocionales que influyen en el aprendizaje nos priva de poder estimular a los estudiantes o comprender por qué algunos de ellos se quedan rezagados.

Esto, en mi práctica habitual, es lo que diferenciamos entre «queja principal» y «preocupación principal». La primera puede adoptar la forma de un niño que saca malas notas, mientras que la segunda puede ser el motivo que lleva al niño a obtener esos malos resultados. En el contexto de las claves E.M.P.A.T.H.Y., esto sería lo que corresponde a la H: escuchar a la persona en su integridad. Quizás uno de los mejores ejemplos que conozco de entre quienes llevan a la práctica este concepto sea la Epiphany School, donde trabajan mi amiga Caroline Abernethy y su hija Frannie Abernethy Armstrong. La Epiphany School es un centro de enseñanza para niños y niñas de 10 a 13 años situado en un barrio humilde de las afueras de Boston. Fundado en 1997, tiene como objetivo garantizar a los niños y niñas social y económicamente desfavorecidos una vida plena y digna.

El centro entendió desde el principio que, si quería que sus alumnos aprendieran, tendrían que proporcionarles tres comidas al día. No parece la típica conclusión para un centro educativo donde los resultados académicos son importantes, pero cuando Caroline y Frannie visitaron a los niños en sus hogares, constataron que muchas familias no tenían recursos suficientes para adquirir alimentos, y mucho menos alimentos nutritivos y saludables. No hacía falta ningún estudio para saber que los alumnos con el estómago vacío estaban en clara desventaja. Actualmente, el centro abre muy temprano para ofrecer un desayuno saludable y, durante todo el día, se quedan a los pequeños de preescolar y los niños de primaria para servirles también comida y cena.

Desde un punto de vista estrictamente académico, este método centrado en el niño como un todo ha resultado ser un éxito. Los alumnos del Epiphany suelen empezar un curso por debajo de la media como mínimo, pero al llegar al último año están por lo general dos o tres cursos por encima de la media. Así, mientras que sólo un 8,3 % de los estudiantes pertenecientes al segmento económico más bajo obtienen algún título universitario en todo el país, más del 60 % de los alumnos del Epiphany son titulados universitarios. Aún más impresionante resulta el hecho de que los alumnos del Epiphany que obtienen algún título universitario vuelven al mundo de la enseñanza, con lo que la inversión del centro en educación ya empieza a dar sus frutos.

Frannie establece una conexión directa entre el hecho de alimentar a niños hambrientos, mostrar empatía y tener un centro educativo de excelencia. «Para nosotros, mostrar empatía no es decirle "No pasa nada" a un alumno que no ha hecho sus deberes –comenta–. Averiguamos *por qué* no ha hecho los deberes. Si no los ha hecho porque no había comida en casa y estaba hambriento, ahí es adonde queremos ir a parar –y eso sí es mostrar empatía por la educación de un niño».

Coincido con ella. Es precisamente por ese tipo de cosas por lo que en el ámbito de la enseñanza es tan importante «escuchar a la persona en su integridad» en lugar de tratar a cada alumno como un recipiente vacío que hay que rellenar con conocimientos. Las escuelas no enseñan matemáticas, inglés y ciencia; enseñan *niños*. El método de la Epiphany School tiene en cuenta el entorno familiar del niño para después facilitar una estructura que para la mayoría de nosotros es algo normal. Va más allá del mero hecho de darles un desayuno; aquel padre o cuidador que estimula al estudiante para que saque lo mejor de sí mismo es una ventaja de la que muchos niños no disponen. También, el centro saca horas del día para que los alumnos puedan hacer los deberes, porque entiende que muy probablemente en su casa nadie les proporcionará la estructura necesaria para ello.

Justo en la misma calle de Dorchester (Massachusetts) donde se halla la Epiphany School, la presencia de una nueva cadena de supermercados sin ánimo de lucro llamada Daily Table, que vende comida saludable a precios económicos, ofrece otro ejemplo de educación empática. Según su fundador, Doug Rauch, expresidente de la cadena Trader Joe's: «En la mayoría de las iniciativas que facilitan alimentos a las personas económicamente desfavorecidas falta un ingrediente, que es la ausencia de opciones dignas que hagan sentirse a la persona capaz de mantener a su propia familia, lo que incluye aprender a cocinar alimentos saludables».

La inseguridad alimentaria es un problema que afecta a uno de cada seis estadounidenses, entre ellos 17 millones de niños que no reciben una alimentación adecuada. Doug también supo ver los grandes beneficios que aporta una buena alimentación a la salud. Todo ello forma parte de un nuevo movimiento conocido como «medicina *upstream*», que busca prevenir la enfermedad en lugar de tratarla.

El equipo pedagógico de Doug impulsa hábitos alimenticios saludables que disminuyen la probabilidad de tener diabetes, obesidad, hipertensión y otros problemas de salud, los cuales afectan en mucha mayor medida a la población más pobre. Demuestran así que para ellos tan importante es *cómo* cocinan los alimentos sus clientes como los productos que compran en su tienda. Así lo reflejaba orgulloso uno de esos clientes: «¡Desde que compro aquí he perdido treinta y cinco kilos, y ya no tengo que tomar medicación para mi diabetes!».

Si todo esto lo llevamos directamente al aula, observamos que el resto de las claves E.M.P.A.T.H.Y. contribuyen a crear también un entorno de aprendizaje estimulante, si bien de un modo más sencillo. Un buen profesor utiliza las claves para hacer más emocionante e interesante todo lo que enseña.

Hasta el plan de estudios más progresista acabará siendo un fracaso si no tiene esas claves incorporadas. Un profesor carente de empatía es mucho más individualista, y pasa la mayor parte del tiempo repartiendo conocimiento. Por el contrario, un profesor con empatía transmite sus conocimientos a través de la lente del estudiante, prestando atención a su estado anímico y emocional.

Los mejores profesores, independientemente de lo que enseñen o a quien lo enseñen, establecen contacto visual con sus alumnos y son buenos observadores de sus expresiones faciales, postura y lenguaje corporal. Saben que un aula repleta de ceños fruncidos y ojos entrecerrados significa que los estudiantes probablemente no están entendiendo nada; y que, si éstos se dejan caer en las sillas con el rostro totalmente en blanco, el aburrimiento y la indiferencia habrán ganado la batalla.

Desde el punto de vista del estudiante, el típico profesor que suelta la perorata sin darle ninguna inflexión a su voz es lo más aburrido que pueda existir. Algunos estudios demuestran que los estudiantes deciden quién es buen profesor y quién no con sólo escuchar su tono de voz durante quince segundos.

Un profesor que tenga en cuenta a sus alumnos sabrá cómo dirigirse a ellos desde el punto de vista afectivo o cambiar el rumbo de la clase para hacerla más atractiva. Recuerdo un profesor que, sabiendo que a los niños no nos entusiasmaba especialmente la clase de mates, encontró el modo de hacerla más interesante a partir de ejemplos cotidianos como buscar la raíz cuadrada del número de flores que tenía un alumno en su jardín o utilizar nuestros nombres para rellenar el espacio de las variables. Después de tantos años, aún recuerdo cómo ajustar ecuaciones.

A cualquier profesor que le apasione su trabajo y valore que los estudiantes están ahí para aprender lo considero una expresión de la preocupación empática y un verdadero regalo para los alumnos. El compromiso total del profesor estimula el compromiso total del estudiante. Cuando imparto una clase o doy una charla, para mí es un reto personal lograr que los estudiantes se impliquen y participen. En los seminarios que llevo a cabo con un número más reducido de participantes intento fijarme en el color de los ojos de cada uno, y eso me permite mirarlos durante algo más de tiempo. Siempre que puedo me dirijo a cada uno por su nombre.

Continuamente escaneo la sala para valorar las expresiones faciales y el lenguaje corporal, y de ese modo asegurarme de que mantengo la atención de la clase. También destino una parte del tiempo al debate entre los participantes, así no oigo sólo mi voz. Para mí es muy importante poder escuchar a los demás, por eso ofrezco a los estudiantes la posibilidad de expresar sus opiniones y hacer preguntas.

El futuro de la educación

Al mismo tiempo que el valor de los métodos experienciales empieza a ser apreciado entre los educadores, lo cierto es que también existe un movimiento contrario en pro del aprendizaje digital. Algo que resulta irónico, ya que aparentemente los cursos en línea anulan las relaciones humanas y eliminan las claves empáticas entre estudiantes y profesores.

Empresas como Coursera, edX o Canvas Network facilitan cursos en línea masivos y abiertos (también llamados MOOC, por su sigla en inglés). Los MOOC empezaron a despegar con el recién iniciado siglo XXI, y actualmente más de 700 universidades de todo el mundo –entre ellas, instituciones de prestigio como Harvard, Oxford y Princeton– han lanzado ya cursos gratuitos o de bajo coste por Internet. Ya son más de 60 millones los estudiantes que han realizado un curso en línea; algunas clases han llegado a atraer a centenares y a miles de estudiantes.

Los cursos de libre acceso pueden democratizar el aprendizaje, ya que representan una oportunidad para millones de personas que de otro modo no tendrían la opción de aprender materias impartidas por algunos de los mejores profesores del mundo. A alguien con mucha motivación y un carácter autodidacta los cursos en línea pueden servirle para iniciar una nueva carrera profesional y dar un giro a su vida.

Pero aquí es donde radica el problema. La mayoría de los estudiantes normalmente no acaban los cursos que empiezan por Internet. Aunque millones de estudiantes se han inscrito a alguno de los cursos que ofrece Coursera, la compañía y sus socios académicos apenas han entregado 280 000 certificados de finalización. En general, la tasa de finalización de MOOC se sitúa en torno al 15 %. En el caso de Harvard X y MITx, esta tasa es de sólo un 5,5 %.

¿Cómo puede ser, si los expertos pronostican que el aprendizaje en línea pronto sustituirá al presencial?

Como era de esperar, los estudios llevados a cabo indican que la gente prefiere la formación presencial. Hay estudiantes que no son muy diestros en cuestiones informáticas y tienen problemas para seguir los cursos, o bien no saben cómo responder a los problemas técnicos que puedan surgir. A otros les cuesta gestionarse el tiempo o mantener su motivación. Pero hay una queja principal: que la gente echa en falta la interacción con el profesor. Consideran las clases presenciales una experiencia mucho más enriquecedora, ya que pueden preguntar o escuchar palabras de ánimo directamente del profesor o de sus compañeros. Si faltan las siete claves E.M.P.A.T.H.Y., esa experiencia parece limitarse a la observación de una pantalla de la que no puedes esperar respuesta.

Con todo, sí que confío en las posibilidades de los cursos MOOC, que en absoluto considero inferiores. En primer lugar, ofrecer una opción de aprendizaje autodirigido conlleva ciertas ventajas, ya que permite a los estudiantes dedicar todo el tiempo necesario al plan de estudios, sin tener que sentir vergüenza o incomodidad. En segundo lugar, creo que hay formas sencillas de incorporar algunos elementos personales en la enseñanza digital. Mi propia empresa, Empathetics, ofrece parte de la formación en línea. Y sí, ¡enseñamos empatía!

Con muy buen criterio, muchas compañías dedicadas a la enseñanza en línea han optado por analizar la situación y ver cómo pueden introducir un elemento humano en los cursos MOOC. Han ideado soluciones «mixtas» en las que combinan lo mejor del entorno digital y la interacción humana real. En Empathetics, los cursos en línea contienen abundante material videográfico, y también ofrecemos talleres presenciales a las comunidades de aprendizaje con la finalidad de profundizar en el material y adaptar el aprendizaje a grupos específicos. Algunas plataformas han añadido teleconferencias, videochats y foros de debate. A falta de acceso directo a los profesores, los estudiantes pueden hablar entre ellos en salas de debate virtuales.

Hace poco hablé con una mujer que había hecho un curso de escritura por Internet en el que el profesor había creado un grupo de debate y mantenido teleconferencias con los más de veinte mil alumnos matriculados. En una de las teleconferencias, el profesor escogió el trabajo de esta mujer para leerlo en voz alta y lo elogió por considerarlo uno de los mejores ejemplos de escritura que había visto en mucho tiempo. La estudiante se sintió orgullosa y valorada. Para ella este reconocimiento es un regalo especial, que le dio la confianza necesaria para iniciar lo que hoy en día es una prolífica carrera literaria. Por su parte, aunque sólo leyó uno de los trabajos, el profesor también tuvo en cuenta a los otros estudiantes: les demostró que realmente escuchaba y que para él eran algo más que una masa de estudiantes sin rostro ni nombre. Aunque no pueda probarlo, estoy segura de que reconociendo el trabajo de un solo estudiante el profesor motivó a más de uno a esforzarse por que su labor llegue a ser reconocida.

En los cursos que organizamos en Empathetics adoptamos un planteamiento similar, pero vamos aún más allá. Contamos con un equipo de expertos que se desplazan a otros hospitales y clínicas para «formar a los formadores», lo cual permite que los aspectos más relacionados con el *e-learning* de nuestros cursos puedan ser personalizados y adaptados a las necesidades de los participantes, ya sean éstos cirujanos, médicos generalistas, enfermeros de urgencias o personal de atención al público. Parte de nuestro material es universal y se ofrece en línea; otra parte sólo puede enseñarse en un entorno en el que profesores y estudiantes puedan mirarse a los ojos y conocerse desde las emociones. Este planteamiento mixto parece el ideal, y creo que es el más indicado para conseguir que el aprendizaje digital llegue finalmente a buen puerto.

Graduar a los niños en empatía: El ABC

Hasta aquí hemos estado hablando de la creación de un entorno de aprendizaje empático. Pero ¿podemos crear estudiantes empáticos?

Los estudiantes que son tratados con empatía tendrán una mayor tendencia a demostrar de forma natural empatía y compasión. Es mucho más probable que desarrollen un fuerte sentimiento de inteligencia social y emocional si quien les enseña posee también esas características. Si tenemos en cuenta que con cinco años los niños pasan en el colegio seis horas o más al día, sin duda su experiencia educativa tendrá una gran influencia en sus tendencias empáticas. La escuela ocupa un lugar paralelo al de los padres y los compañeros en la enseñanza de la empatía, tanto cognitiva como emocional. El ABC de la empatía que hemos visto en el capítulo 1 nos dice que los estudiantes deben aprender a *A)* reconocer sus propias emociones y las de los demás, *B)* respirar profundamente cuando se vean desbordados emocionalmente, y *C)* desarrollar la curiosidad cuando no entiendan las respuestas de la otra persona, para así ganar en comprensión y tener la oportunidad de superar las diferencias.

La mayoría de las personas que conozco y que están satisfechas con su trabajo tuvieron un profesor que despertó en ellos un potencial o les descubrió un talento especial para algo. Muchos de nosotros tuvimos profesores que nos ayudaron en el trayecto hacia aquello en lo que queríamos convertirnos. ¿Y tú? ¿Recuerdas algún profesor que mostrara empatía hacia ti? ¿Que se esforzara por conectar contigo? A esos profesores los recordamos porque se preocupaban por nosotros. Y se preocupaban no sólo por las notas que sacáramos en su asignatura: los mejores de todos ellos se preocupaban también por nuestra vida en general. Nos ayudaron a ver la perspectiva global de las cosas, a descubrir nuestro potencial y a ser conscientes de que teníamos un futuro por delante. Tómate ahora un momento para reflexionar sobre lo que estás haciendo en tu vida e intenta encontrar al profesor que seguramente te llevó a coger este camino o te ayudó a ver lo que estabas destinado a hacer en tu vida. Ése es el poder de la enseñanza empática: apenas existe nada que sea más importante para hacer que nuestras vidas tengan todo el sentido.

Me gusta especialmente el ejemplo que nos ofrece una clase de primaria en Denville (Nueva Jersey), donde los conceptos asociados a la empatía se enseñaban de manera muy explícita. El profesor mostraba a los alumnos un juego de simulación digital en el que se asignaba a cada jugador un personaje y una historia de fondo: podían ser un migrante que intentaba cruzar la frontera para entrar en Estados Unidos o bien un agente de la patrulla fronteriza que intentaba detener la migración ilegal. Los migrantes se aprovisionaban de suministros y planeaban su ruta a través de un peligroso desierto de Arizona, a menudo conducidos por guías furtivos que a veces les robaban o los abandonaban. Si alguien del grupo caía enfermo o estaba herido, tenían que tomar una decisión drástica: llevarlo con ellos o dejarlo atrás. Mientras tanto, los jugadores que hacían de agentes fronterizos iban siguiendo a los migrantes indocumentados, no sólo para evitar que cruzaran la frontera, sino también para facilitarles primeros auxilios e ir recogiendo los cadáveres.

En cuanto a los migrantes, esta simulación obligaba a los estudiantes a reflexionar sobre lo que supone formar parte de un grupo de no pertenencia tradicional desesperado por volver a empezar. Como en la vida real, los migrantes sólo estaban intentando sobrevivir y abrirse camino hacia una vida mejor. Por otro lado, los estudiantes entendieron también el punto de vista de la patrulla fronteriza, cuyo objetivo, además de proteger su país de la inmigración ilegal, era ofrecer ayuda y apoyo a las mismas personas a las que intentaban prohibir la entrada. Son temas que ponen a prueba la empatía y comprensión de muchos adultos.

Cuando se pide a los estudiantes que adopten ambos puntos de vista –compartir la mente del inmigrante que busca la oportunidad de una vida mejor y plantearse como agente fronterizo el dilema de permitir la entrada de más gente de la que puede ser atendida razonablemente–, surgen toda una serie de soluciones creativas a esta crisis. El peligro de pensar en clave de todo o nada es que puede llevarnos tanto a las soluciones más fáciles como a las más problemáticas. Este tipo de pensamiento carece de los matices, la sutileza y las soluciones graduales que permiten abordar las cuestiones humanísticas sin dejar de garantizar que los países no acaben desbordados. Hacer que los estudiantes tengan que lidiar con dilemas complejos de este tipo les da la oportunidad de integrar diversas perspectivas. Cuando crezcan, esperamos que recuerden estas lecciones a la hora de tomar decisiones justas e informadas. Plantar las semillas de la empatía durante la primera etapa escolar les ayuda a convertirse en adultos que entienden las emociones humanas, la equidad y la justicia.

También he visto la empatía incorporada a la enseñanza de los adultos. Mi amigo Aviad Haramati, «Adi» para los amigos, dirige el Centro de Innovación y Liderazgo en Educación (CENTILE) de la Facultad de Medicina de la Universidad de Georgetown, en el que se prepara a formadores de profesorado. Adi incorporó la fisiología de cuerpo y mente al plan de estudios de medicina, incluyendo recursos para el cuidado de uno mismo como la meditación consciente y el yoga –ideas muy progresistas en el ámbito de la formación médica–. Este programa es una gran oportunidad para enseñar a los estudiantes de medicina a conocer mejor sus emociones y reducir el sesgo en interpretaciones, percepciones y acciones, todo ello a través de ejercicios de reflexión y situaciones simuladas. Además de la preocupación por el bienestar de los alumnos, las emociones también pueden influir de manera significativa en el buen desempeño de los facultativos. CENTILE ha contribuido a aumentar el conocimiento de este programa en todo el mundo por medio de las diversas conferencias que ha organizado.

En los cursos del Instituto Macy de Harvard a los que asistí también surgieron comunidades de forma instantánea. Una de las genialidades de su directora, Elizabeth Armstrong, fue darse cuenta de que los educadores médicos necesitan sentir que pertenecen a algo. Tener un grupo de referencia permanente fomenta la colaboración y la innovación; y proporciona un sentimiento de apoyo y pertenencia, algo que, francamente, estaba muy ausente en las vidas cotidianas y trayectorias profesionales de los educadores a los que Armstrong enseñaba.

Hacer la vida mejor a los profesores lleva, a su vez, a hacer la vida mejor a los estudiantes de medicina y, en último término, a los pacientes a los que éstos atenderán. Armstrong explicaba que a los formadores había que enseñarles a enseñar y también a recibir la aseveración de los demás para sentirse satisfechos. En su opinión, la excelencia en la enseñanza tiene que ser reconocida con premios y muestras de gratitud, con el fin de inspirar y capacitar a los educadores médicos para que prioricen la enseñanza de excelencia como objetivo integral de sus profesiones.

Asimismo, existen formas más sutiles de integrar la empatía en un plan de estudios. Tal vez no recordemos todos los detalles de las historias que siempre nos han gustado, pero seguro que nos vienen a la mente los temas que trataban, por cómo los personajes y sus experiencias nos llegaron al corazón en aquel momento. Es el caso seguramente de los Sneetches del Dr. Seuss, que anhelaban tener estrellas en sus barrigas, cuando éramos pequeños; o quizás el dolor de Harry Potter por la pérdida de su familia, cuando teníamos diez u once años; o el infortunado amor de Romeo y Julieta cuando empezamos el instituto.

En muchas de esas historias no siempre conocemos la mente del personaje, cada pensamiento, cada momento, cada situación. Por eso recurrimos a nuestra imaginación para rellenar las lagunas y poder captar las intenciones y motivaciones de ese personaje. Cuando conectamos de verdad con un personaje, se crea una conciencia psicológica que subconscientemente trasladamos a nuestras vidas. Da un giro radical a nuestras expectativas y nos obliga a afrontar prejuicios y estereotipos, lo cual nos permite comprender mejor a los demás: es alguien que tal vez no piense como nosotros, pero cuyos pensamientos y sentimientos podemos entender. En nuestras propias vidas, cuando nos encontramos con una persona desconocida o complicada, quizás nos resulte más fácil relacionarnos con ella porque el personaje de la novela nos ha ayudado a poner en práctica las aptitudes de la empatía. En el capítulo 9 examinaremos los estudios que se han llevado a cabo sobre la cuestión y analizaremos la relación entre la empatía y las artes y la literatura, incluyendo las conclusiones de un excelente estudio sobre los géneros en literatura.

A lo largo de mi proyecto de mejora de la empatía en estudiantes de medicina, he podido escuchar comentarios del tipo «Esto ya tendrían que saberlo desde preescolar. ¿Por qué tenemos que enseñárselo ahora?». Mi respuesta es que muchos estudiantes no aprendieron empatía en preescolar. Pero la parte positiva es que el rumbo está empezando a cambiar.

Programas escolares como «Open Circle», en el que se enseña a los niños a expresar sus sentimientos y a escuchar los de los demás, se han implantado en muchas escuelas de primaria de Estados Unidos. En ellos se enseña a los pequeños que los sentimientos son importantes y que, al expresarlos y escucharlos, los sentimientos heridos se comprenden mejor y van mejorando paulatinamente. Una abuela cuya nieta participó en el programa «Open Circle», compartió conmigo lo siguiente: «Estaba fregando los platos en la cocina y oía a mi nieta de cinco años que hablaba. Me cogió la mano con suavidad y dijo: "Abuela, mi profesora dice que, cuando la gente habla, se supone que tiene que mirarse a los ojos, así... [me hizo bajar hasta situarme al nivel de sus ojos], y eso hace que podamos escucharnos mejor". Lo aprendió en "Open Circle"».

Me decía esta abuela que las conversaciones con su nieta han tomado un rumbo completamente distinto. Ahora se escuchan la una a la otra con los oídos, con los ojos y, también, con el corazón. Yo creo que nunca es demasiado tarde para aprender estas habilidades. Y me pregunto: ¿cómo sería nuestro mundo si todos aprendiéramos ya en la etapa preescolar a escuchar los sentimientos y responder a ellos?

Al parecer, también las oportunidades que tienen los niños en su primera etapa escolar de ayudar a los que lo necesitan mediante actividades voluntarias contribuyen a activar sus habilidades empáticas. Cradles to Crayons es una entidad benéfica que proporciona a niños sin hogar o en situación económica precaria, ropa y productos básicos para su crecimiento. Su fundadora, Lynn Margherio, compartió el siguiente ejemplo: «Un niño de diez años con trastorno del espectro autista se ofreció voluntario para ayudar a limpiar y clasificar el calzado. De camino a casa, este niño, que apenas se comunicaba verbalmente, le dijo a su madre: "Ha sido muy impactante". Su madre se quedó estupefacta: no sabía que el niño conociera la palabra *impactante*; pero era evidente que la conocía. Al llegar a casa, el niño se puso a buscar entre su calzado todo aquello que pudiera donar. En la pila que hizo había un par de Nikes completamente nuevas. Había suplicado por tenerlas, y cuando su madre le preguntó si estaba seguro de donarlas, él insistió en que le irían muy bien a uno de los niños. Cradles to Crayons asiste cada día a situaciones en las que los niños practican la empatía porque sus padres les dan la oportunidad de flexionar ese músculo empático».

8

Textos, pantallas y empatía digital

Hace unos años, el terrible acoso por Internet que sufrió Leslie Jones, la estrella del programa *Saturday Night Live*, se convirtió en un tema de alcance nacional. Las redes sociales de la cómica afroamericana se llenaron de comentarios racistas y misóginos poco después de que anunciara su participación como protagonista en un remake exclusivamente femenino de la película *Cazafantasmas*. Como culminación de este malicioso ataque, la página web de la actriz fue hackeada, filtraron en Internet su pasaporte y algunas fotos en las que aparecía desnuda y algunos hackers subieron una foto en la que Jones era comparada con un gorila.

Los autores del asedio, entre los que se hallaban el conocido trol ultraderechista Milo Yiannopoulos y su web Breitbart News, manifestaban en varios artículos que era la propia Jones quien lo pedía. Era una activa usuaria de las redes sociales y, como persona famosa que era, tendría que haber dado por sentado que podía ser blanco de los ataques. Y, también, que todo se enmarcaba en la libertad de expresión. La guerra de tuiteos se enconó durante días, hasta que Yiannopoulos y su ejército de reventadores digitales fueron expulsados de Twitter para siempre.

La empatía superficial

El troleo es uno de los ejemplos más descarnados de cómo nuestras pantallas digitales nos llevan a entrar en terreno resbaladizo y perder empatía. Sin embargo, los trols de Internet no son los únicos incapaces de ver a personas reales tras los alias y avatares que utilizan en las redes sociales. Algo como que la gente deje comentarios imprudentes, mezquinos o sarcásticos en Facebook suele ser «normal». En una cultura en la que se busca el éxito inmediato como la nuestra resulta muy fácil enviar una bomba sin considerar los efectos imprevistos de ello.

Frank Sesno, periodista ganador de un premio Emmy, lo describe así: «La comunicación digital, en especial las redes sociales, simplifica demasiado todo y lo anonimiza, acentuando los signos de exclamación en lugar de los interrogantes. Elimina toda complejidad, lo que la convierte en una plataforma perfecta para proferir insultos».

Sesno, expresentador de la CNN y actualmente director de la Escuela de Medios de Comunicación y Asuntos Públicos de la Universidad George Washington, señala que la canalización de buena parte de nuestras comunicaciones a través de las redes sociales ha provocado el efecto sorpresa de segregar a las personas en lugar de unirlas. A partir de novedades como los grupos de Facebook, las cadenas de texto y las listas de Twitter, resulta mucho más fácil crear una burbuja de comunicación y comunidades cerradas. «Por primera vez en la historia, cualquiera puede contactar con miles y miles de personas a la vez –afirma Sesno–. Acelera el discurso al mismo tiempo que lo pasa por un cedazo para filtrar todo aquello que no queremos oír».

A la ruptura de la comunicación empática hay que añadir unos hábitos de consumo de información distintos a los de antes, con preferencia por ráfagas de datos más cortas y frecuentes en lugar de absorber conocimiento en tramos más largos. Sabemos, por ejemplo, que los estudiantes universitarios leen menos hoy que en el pasado. La rápida inmersión en las plataformas, textos y comentarios de las redes sociales condiciona el cerebro humano y lo lleva a interacciones más cortas y rápidas. Recopilar información mediante consultas rápidas con el teclado hace que nuestra comprensión de las cosas sea más simplista y superficial que en el pasado. Asimismo, el ritmo acelerado al que intentamos procesar enormes volúmenes de material nos lleva a emitir juicios sin fundamento. Volviendo a las herramientas E.M.P.A.T.H.Y. que hemos visto en el capítulo 4 –el contacto visual, los músculos de las expresiones faciales, el lenguaje corporal, el tono de voz y el conocimiento de las emociones de los demás–, estas importantes señales desaparecen cuando conversamos a través de nuestros dispositivos. Sin esas claves empáticas que nos guíen, se nos priva de la oportunidad de poder procesar el contexto emocional de nuestras interacciones. Sin darnos cuenta, es probable que nos hayamos convertido en unos comunicadores menos empáticos. Si alguna vez has eliminado a alguien de tu lista de amigos en Facebook o te has desvanecido como un fantasma en una relación al no responder las continuas peticiones de comunicación de la otra persona, lo que has hecho es blindarte ante las reacciones emocionales de esa persona que se halla al otro lado.

Detengámonos un momento y pensemos por qué los grandes negocios se hacen siempre en persona y no por escrito o por email. En teoría, con un email bastaría para cerrar la transacción, pero, como he dicho antes en este libro, cuando están en juego millones o miles de millones de dólares los socios comerciales prefieren mirarse a los ojos para evaluar la honestidad, integridad y genuinidad del otro a través de las expresiones faciales, el tono de voz y el lenguaje corporal, antes de firmar sobre la línea de puntos. Las señales empáticas son fundamentales para comprender los deseos e intenciones de un socio comercial. Cada vez que alguien situado enfrente en la mesa de negociaciones aparta la mirada o cruza los brazos, nos está dejando pistas emocionales. Podría indicar que no está de acuerdo con algo, que se está reservando alguna información clave o que no está siendo del todo honesto con nosotros. Así pues, ¿cómo es que hay tanta gente a quien le gusta buscar pareja por escrito? ¿Acaso los asuntos del corazón son menos importantes que los económicos? Veo aquí una gran desconexión. He conocido a gente que busca pareja exclusivamente a través de mensajes escritos; y cuando los mensajes se acaban, saben que la relación ha llegado a su fin. Nos perdemos tanta información de las personas al reducir nuestras emociones e intenciones al tecleo de unas letras. Los medios digitales resultan mucho más ambiguos a la hora de entablar una conversación.

Todavía conservamos el afecto, pero no sabemos si la emoción que inferimos de un texto o un tweet es exacta. Sin ver la cara, escuchar el tono de voz u observar el cuerpo, estamos obligados a prestar más atención a detalles como un retraso en la respuesta. Por teléfono al menos tenemos señales verbales como pausas y silencios, que nos permiten seguir con la conversación y preguntar si hay algún problema. Pero si alguien no hace caso del texto que hemos escrito o no conseguimos suficientes *me gusta* en Facebook, vamos a sacar nuestras propias conclusiones. Resulta muy desconcertante no poder mirar tras la cortina para confirmar lo que piensa el otro. ¿Está ocupado? ¿Se le ha caído el teléfono en un charco? ¿Estará ofendido por el último mensaje que le escribí? ¿Volveré a tener noticias suyas algún día?

Todas estas dudas pueden estar dándonos vueltas en la cabeza porque alguien no ha contestado un mensaje o no ha escrito nada al instante, lo cual puede dejarnos una sensación de inseguridad. Al mismo tiempo, la persona que hay al otro lado puede que no tenga ni idea de que su retraso en la respuesta está causando tanta angustia emocional, ya que en paralelo existe la incapacidad de tener en cuenta lo que sentimos mientras esperamos una respuesta. No hay posibilidad de dar una respuesta empática porque a nadie le consta que haga falta. Todo ello puede provocar grandes dudas sobre las emociones de la otra persona y generar muchos problemas en las relaciones.

El flujo constante de amigos perfectamente vestidos y peinados que vemos en pistas de esquí, playas, fiestas y vacaciones por nuestras redes sociales también contribuye a aumentar nuestra inseguridad. Nos transmite la idea de que, para los demás, la vida es fácil y perfecta, y eso nos lleva a pensar que nuestra vida (real) es mediocre comparada con la suya. No hace mucho, una amiga me decía: «Todo el mundo parece subir las fotos de las vacaciones *que les gustaría tener* y no las del viaje de verdad, aquel en el que perdieron el avión, les llovió todo el tiempo y discutieron sin parar». Esta visión de la vida de los demás pasada por el filtro de Photoshop o Instagram puede dejarnos la sensación de que nuestra vida real no es la más idónea y que tenemos que aspirar a igualar toda esa perfección.

El cerebro cambiante

Las autopistas de la información están modificando nuestros cerebros y nuestro modo de relacionarnos con los demás. Con la velocidad vertiginosa a la que se desarrollan hoy las conversaciones, poco tiempo queda para reflexionar o considerar cómo nos llegan antes de lanzar una respuesta. Poco a poco, esta suerte de interacción superficial va desvirtuando nuestras capacidades empáticas. Y no me refiero a minimizar las numerosas ventajas que conlleva la tecnología, que me permite contactar con mis hijos a través de FaceTime cuando están por el mundo o programar citas en un instante. Pero estamos dedicando una cantidad de tiempo enorme a mirar pantallas. Según la Fundación de la Familia Kaiser, los niños y adolescentes de ocho a dieciocho años pasan una media de 11,5 horas al día utilizando tecnología. Los adultos estadounidenses dedican 5 horas diarias a usar dispositivos digitales y 4,5 horas a mirar la televisión. De promedio, el usuario mira su teléfono móvil una vez cada 6,5 minutos, es decir, más de 150 veces al día.

Al parecer, todo este tiempo que pasamos frente a las pantallas está alterando el funcionamiento de nuestro cerebro, empezando por los sistemas de recompensa cerebral. Los móviles y otros dispositivos digitales crean una adicción colectiva a la dopamina, la cual genera una sensación virtual de conexión social que impacta en el cerebro con cada mensaje y cada *me gusta*, *comentar* y *compartir* de las redes sociales. La avalancha de neuroquímicos nos vuelve ansiosos ante esas explosiones de atención y nos lleva a estar continuamente pendientes del móvil para experimentar la siguiente *visita* a nuestro perfil. Varios estudios han demostrado que el sonido de un mensaje entrante libera más dopamina que el mero hecho de leer su contenido. Dado que el cerebro humano se acostumbra cada vez más a ráfagas cortas y rápidas de información, se cree que la capacidad de atención estará cada vez más amenazada y será más reducida.

Cuando la vida se ve continuamente interrumpida por el sonido metálico de un mensaje entrante resulta imposible estar del todo presente con los demás. Las interacciones cara a cara empiezan a diluirse con la normalización de las conversaciones en pantalla. En una reciente encuesta publicada por la revista *Time* sobre los «nativos digitales» –las personas nacidas en la era de Internet–, el 54 % de los participantes estaban de acuerdo con la afirmación: «Prefiero escribirme con las personas que hablar con ellas», frente al 28 % de los encuestados nacidos antes de que Internet dominara el mundo. De hecho, la mera presencia física de un dispositivo digital crea problemas de comunicación. Psicólogos de la Universidad de Essex descubrieron que la presencia de un teléfono móvil sobre la mesa entre dos personas charlando era una importante fuente de distracción y perjudicaba el curso de la conversación.

Según algunos estudios, hay adolescentes y jóvenes de veinte años a los que ya les cuesta entender las emociones de los demás. Cuando se les muestran expresiones faciales, tienen problemas para identificar las distintas emociones representadas en ellas. Los jóvenes todavía están desarrollando la capacidad empática y la habilidad para comprender el punto de vista emocional de otra persona. El cerebro adolescente ya es por naturaleza poco dado a la empatía, puesto que son años en los que tendemos más al individualismo. Pasar tanto tiempo delante de una pantalla y muy poco ante rostros reales puede interferir en el desarrollo de habilidades empáticas básicas como mantener el contacto visual o detectar cambios sutiles de la expresión facial en el transcurso de una misma conversación –de confusión a ira, pasando por indignación.

Los «inmigrantes» digitales de mediana edad y de edad más avanzada tampoco son inmunes al descenso digital regulado de la empatía. Aunque puede aprenderse, la empatía también puede desaprenderse. Si cada día dedicamos un número de horas excesivo a la pantalla, podemos acabar insensibilizándonos a las señales no verbales de la empatía y generándonos a nosotros mismos déficits empáticos. Cuando nuestros cerebros se desprograman y se disocian de la experiencia humana, perdemos una parte de nuestra humanidad y ello socava la capacidad de crear una conexión real con las personas en nuestra vida. Cuando eso ocurre, todos salimos perdiendo.

Mirar una pantalla nos priva de informaciones como el contacto visual, la postura, el afecto, el tono de voz o la escucha reflexiva, y prácticamente cualquier otro componente de la comunicación no verbal de la ecuación, por lo que de ese modo perdemos todas las señales emocionales importantes. Sin ellas sólo nos quedan palabras en una pantalla y la imposibilidad de distinguir los matices emocionales. Es difícil escuchar empáticamente, y además no vemos la reacción de la persona con la que nos estamos comunicando. Ello genera una creciente sensación de desapego, insensibilización e indiferencia emocional que incrementa las posibilidades de que haya equívocos y surjan sentimientos de aislamiento, soledad e impotencia. No creo que sea casual el auge del movimiento de conciencia plena (*mindfulness*) en paralelo al ascenso de la comunicación electrónica. La conciencia plena, al menos en parte, parece ser una respuesta a la desregulación emocional que provoca el hecho de no experimentar la comprensión empática. Ir a clase de yoga, meditar o dar un paseo pueden servir para gestionar la ansiedad de las emociones confusas producidas por esa forma insípida de relacionarnos a través de dispositivos, cada vez más presente.

Se sabe que, para sentir empatía unas por otras, las personas no pueden estar en un estado continuo de angustia emocional. No pueden abrirse a lo que experimentan los demás cuando están dedicando todos sus esfuerzos a gestionar sus niveles de estrés y respuestas de lucha o huida, por lo que necesitan técnicas como la respiración diafragmática y la conciencia atenta para detectar cuándo experimentan una emoción, y ponerle un nombre, y decidir cómo reaccionar, en lugar de optar por respuestas impulsivas que después lamentarán.

¿Qué impulsa a los «trols de teclado» a actuar como lo hacen?

Incidentes mediáticos como el de Leslie Jones que hemos visto antes suelen ocupar los titulares de la prensa. Pero, como bien sabemos, cualquiera de nosotros es vulnerable al acoso en Internet. El ciberacoso ha alcanzado proporciones de epidemia. Casi la mitad de los usuarios de Internet declaran haber sido objeto de algún tipo de maltrato en línea, según un reciente estudio de Refinery29. Y si separamos a los usuarios de entre dieciocho y veintinueve años, esa cifra aumenta hasta casi el 70 %. Según Dosomething.org, casi el 43 % de los niños de menos de dieciocho años han sufrido algún caso de acoso por Internet, y uno de cada cuatro afirma haber experimentado más de un episodio.

Los acosadores, conocidos por su poca empatía, han existido desde siempre. Internet simplemente les permite escabullirse con facilidad y de forma anónima, y las redes sociales hacen posible que su falta de amabilidad sea utilizada como arma. Así, los «trols de teclado» pueden ametrallar Twitter, Facebook, Instagram, Snapchat, YouTube, reddit, Tumblr, Barstool y cualquier otra plataforma social con sus opiniones de mal gusto. Los difamadores (*haters*) despliegan su discurso en cualquier trozo de propiedad digital al que puedan acceder.

Se sabe que la mayoría de trols de Internet son hombres, y que muchos de ellos tienen menos de treinta años. Seguramente, muchos de esos jóvenes que practican el ciberacoso no han desarrollado plenamente la capacidad de entender las consecuencias de sus acciones. No es que justifique su comportamiento, pero la neurociencia ha confirmado que el cerebro no está plenamente desarrollado hasta los veinticinco años como mínimo, sobre todo en los hombres. Los adolescentes son también proclives a presionar a los compañeros y al contagio emocional en general. Suelen carecer de la complejidad mental necesaria para entender qué puede provocar su agresividad hacia los demás. Hay adolescentes a los que no se les pasaría por la cabeza infligir ese grado de crueldad a otra persona si no es con la aprobación e inspiración de un agresor por contagio emocional, lo cual les lleva también a unirse al grupo porque es lo normal. Por desgracia, estos rasgos pueden persistir mucho tiempo después de acabada la etapa adolescente.

Las entrevistas con trols de Internet resultan perturbadoras porque revelan que estos provocadores cibernéticos no suelen considerar a sus víctimas personas reales. Aunque pueden llegar a destrozar vidas con sus prácticas de acoso y, en casos extremos, provocar directamente el suicidio, eso no parece preocupar a estos acosadores; sus acciones les hacen sentirse fortalecidos en lugar de indefensos. Tienden a ser antisociales por naturaleza y la mayoría carecen de las habilidades sociales y emocionales propias del mundo real a la hora de resolver los conflictos interpersonales –en Internet o fuera de Internet–. En un estudio reciente, investigadores canadienses que cruzaron test de personalidad en línea con comportamientos trol descubrieron que estos últimos suelen alcanzar las máximas puntuaciones en relación con la *tétrada oscura*, término con el que se describe el solapamiento de cuatro rasgos de la personalidad: el narcisismo, la psicopatía, el sadismo y una característica engañosa y manipuladora conocida como *maquiavelismo*. Sin indicios sociales que procesar, un «trol de teclado» no puede ver esas miradas asustadas, esas lágrimas o esas posturas defensivas que podrían frenarle. Si la víctima consigue expresar el dolor y el sufrimiento que le causa el ataque, el trol sólo tiene que bloquear esa reacción. Cuanto más alejado se sienta de su víctima, más podrá deshumanizarla y más fácil le resultará justificar su acoso. Puede que hasta piense que el objeto de su ira no merece ninguna amabilidad ni respeto; y, en casos extremos, quizás se convenza a sí mismo de que maltratarla, o incluso destruirla, es lo correcto.

Como ya sabemos, las víctimas del ciberacoso suelen sentirse deprimidas, ansiosas y derrotadas como consecuencia de la experiencia abusiva que están viviendo. También los trols parecen pagar un precio desde el punto de vista psicológico. Si tomamos estos sentimientos como reflejo de lo que el ciberacosador siente en su interior, quizás podamos entrever a una persona que se siente impotente, ansiosa y deprimida, y que no conoce otra salida que provocar esos mismos sentimientos en los demás. En lugar de actuar como vía de escape de una frustración reprimida, lo cierto es que el troleo, aunque genera sentimientos de poder momentáneos, parece tener un efecto contraproducente y acaba derivando en un aumento de la depresión, la soledad y el aislamiento.

A menudo la vergüenza late en el corazón del ciberacosador. (Nos sentimos culpables al saber que hemos hecho algo malo, pero la vergüenza surge cuando sentimos que algo no anda bien en nosotros). La vergüenza es la emoción que nace del maltrato por parte de otras personas, en forma de negligencia, abandono, exposición continua al ridículo o abuso físico, emocional o sexual. La gente que vive al margen de la sociedad y cree que nunca va a encontrar su grupo de pertenencia es más propensa a sentir vergüenza y adoptar una conducta agresora. Para algunas de estas personas, su precaria condición de marginadas y su posible exclusión social son insostenibles desde el punto de vista emocional, por lo que acaban actuando como fantoches en Internet para mantenerse conectadas a algún supuesto grupo de pertenencia. No podemos obviar este dolor. Si no se controla, puede extenderse a otras personas y acarrear nefastas consecuencias.

Lindy West, famosa escritora y actriz cómica, abordó la cuestión de una forma valiente y poco común. Sin pretenderlo, dio la vuelta por completo a la desesperación y soledad propias de la psicología de un trol. West decidió escribir un artículo sobre el dolor que sintió tras un ataque especialmente funesto en Internet. En un extenso artículo publicado en la web de *The Guardian*, West describía el daño que le causaba el ciberacoso por parte de un trol, con comentarios despectivos sobre ella que incluían desde su estilo literario hasta su apariencia física.

Para su sorpresa, el trol le escribió una carta de disculpa en la que decía que no había reparado en la persona real a la que estaba atacando hasta que leyó el artículo.

Cuando finalmente hablaron por teléfono, él confesó que habían sido sus sentimientos de ineptitud y falta de autoestima los que le habían llevado a ser tan despiadado con ella. West llegó a sentir lástima por aquel hombre. Después se conocieron personalmente y se mostraron comprensivos con la condición humana del otro, más allá de sus avatares en Internet. «No tenía ninguna intención de perdonarle, pero lo hice», escribe ella.

Esta situación muestra un raro atisbo de empatía a ambos lados de la ecuación trol. Para el trol de Lindy West, lanzar púas en las redes sociales era como tirar dardos a una diana: en ningún momento te paras a pensar que la diana pueda sentir dolor; sólo quieres darle al blanco. Tal vez actuaba movido por la soledad y una ira reprimida, pero cuando West desnudó su alma en un acto de empatía hacia sí misma, él comprendió que sus dardos digitales estaban haciendo daño a una persona real.

Teniendo en cuenta el carácter marcadamente antisocial de la mentalidad de un trol, no estoy segura de que la historia de West sea un ejemplo típico y generalizable. Pienso que no es aconsejable alimentar al trol, como suele decirse. Aunque por lo general los trols ocultan su rastro y dificultan el seguimiento de su identidad real, en muchos estados existen leyes contra el ciberacoso. Si los trols se muestran demasiado amenazadores o peligrosos, es posible denunciarlos a las autoridades. Quizás una respuesta en la que se incluya el emoticón de un coche de policía puede sacudir su córtex prefrontal y capacidad de razonamiento, y hacer que se lo piense dos veces antes de actuar. Otro método podría ser aprovechar un rasgo que se ha demostrado intolerable para los acosadores: el aburrimiento. Cuando un ciberacosador que ansía una respuesta se frustra, ello puede motivarle a seguir adelante. No podemos esperar que la mayoría de trols respondan como aquel que martirizaba a Lindy West; por ello, lo más prudente sería no hacer caso de ese comportamiento.

Una imagen vale más que mil emociones

En una época de audios como la que vivimos, necesitamos nuevas formas de interpretar las emociones. Penetrar en el jeroglífico de sonrisas, muecas y ceños fruncidos amarillos.

El uso de los emoticonos en la comunicación digital para representar la empatía emocional se desarrolló de forma sorprendentemente rápida tras el despegue de la mensajería de texto. Al principio de la revolución textual, la gente recurría a los emoticonos para simbolizar sentimientos básicos e intenciones. Eran los días en que, para representar una cara sonriente, tecleábamos un guion y después un paréntesis. Posteriormente, en 1999, Shigetaka Kurita, un economista japonés, creó el primer emoticón en el seno de un equipo que revolucionaría los métodos de comunicación de ese país. La forma tradicional japonesa de hablar con los demás cara a cara y a través de cartas manuscritas exige un tiempo, está repleta de elogios y respeto, y rebosa de buenas intenciones. Kurita vio que los mensajes en el ordenador impedían a la gente expresarse de maneras a las que estaban acostumbrados, con lo que surgían problemas de comunicación generalizados, o falta de comunicación.

Precisamente porque los humanos dependemos de las siete claves de la empatía, sin evidencias de contacto visual y expresiones faciales, posturas o tono de voz y susurros nos vemos enseguida perdidos. Sin emoticonos con los que intuir el contexto emocional, nos arriesgamos a un tipo de comunicación desprovisto de empatía. Los emoticonos hacen la función del tono de voz y el lenguaje corporal. Se ha estudiado que, de los 3200 millones de personas que tienen acceso regular a Internet hoy en el mundo, el 92 % suelen utilizar emoticonos. Con independencia de la lengua nativa, los emoticonos parecen dar pistas universales sobre nuestras emociones e intenciones.

Somos afortunados por tener emoticonos que nos guíen a través de los posibles campos de minas emocionales que ha creado la comunicación digital. Tal vez estaríamos perdidos sin ellos. No podemos comunicarnos sin recurrir a los emoticonos, pero ¿podemos pasar sin ellos? ¿Siguen generando ambigüedad cuando alguien nos necesita para relacionarse? Si miramos los mensajes, emails y entradas en redes sociales que escribe la mayoría de la gente, veremos que están repletos de caritas sonrientes y miradas de sorpresa. Un repertorio que va más allá de las expresiones faciales e incluye también pulgares hacia arriba, corazones y botones de *me gusta*, que simbolizan mayor diversidad de pensamientos y sentimientos. Y ahora tenemos de todo –unicornios, etiquetas (*hashtags*), *gifs* (esos brevísimos clips en movimiento)...– para reintroducir en la mensajería digital algunas de las emociones que se quiere reflejar.

No disponemos a estas alturas de suficiente información para aseverarlo, pero sí podemos conjeturar que ver una carita sonriente de un vivo color amarillo probablemente activará los circuitos neuronales de la felicidad y logrará que se nos ilumine el cerebro como cuando tenemos ante nosotros una cara feliz. Sin embargo, los emoticonos no son un sustituto de la verdadera empatía. ¿Podemos considerar realmente una cara triste la respuesta adecuada a una separación? ¿Y una entrada sobre una muerte acaecida en la familia? Aunque parecen transmitir en parte la intención emocional y aportar claridad de significado, los emoticonos no son un equivalente de las emociones.

Veo, por ejemplo, una confusa variedad de reacciones a las entradas que escribimos en las redes sociales. ¿Por qué cinco personas respondieron con un corazón al vídeo del gatito en YouTube y una respondió con una cara enfadada? ¿Es de mala educación poner un pulgar hacia arriba en una entrada de Facebook si todo el mundo ha puesto un corazón? ¿Puede causar problemas un *me gusta* a un tweet si pone en peligro la política de redes sociales de nuestra empresa?

Tal vez aún podamos pasar sin los emoticonos. Quizás necesitamos otro nivel de emoticonos emocionales para desencadenar la verdadera empatía, alguno que diga «necesito hablar» o que pregunte «¿puedes hablar ahora?». El problema con el uso actual de los emoticonos es que, aunque transmiten un sentimiento, no son muy precisos en lo que respecta al significado de ese sentimiento, ni dicen nada sobre las necesidades emocionales de una persona. Temo que la gente siga buscando una respuesta emocional en estos pequeños pictogramas, si bien el riesgo emocional de exponer esta necesidad puede ser demasiado grande. Si mandamos una foto con una cara de frustración, quien la reciba puede entender que estamos frustrados, pero quizás no llegue a captar que estamos a punto de llorar de tan frustrados como estamos. No hay modo de saber con exactitud qué tipo de respuesta estamos buscando. También me inquieta el hecho de que, en el mundo digital de hoy, arriesgarse a expresar no sólo nuestras emociones sino también nuestras necesidades emocionales pueda parecer poco menos que una imposición.

La comunicación humana mediante la expresión facial ha sido desafiada desde el advenimiento mismo del teléfono. Con el cambio a la mensajería digital, nuevas tecnologías como Bitmoji –avatares personalizados que te permiten describirte como quieres que te vea el mundo– están surgiendo para añadir expresión emocional facial y perfeccionar así la comunicación. La línea entre nosotros y nuestro yo digital está desapareciendo a marchas forzadas.

Ya hay tecnologías que están experimentando con el reconocimiento facial para cartografiar el rostro y generar emoticonos personalizados. Algunas han llegado a desarrollar la capacidad de adaptar mensajes animados que usan nuestra voz y reflejan nuestras expresiones faciales en tiempo real. Tales avances tecnológicos revelan que las personas que se comunican vía texto y email buscan continuamente formas más precisas de comunicarse y responder a sentimientos. La empatía y la compasión dependen tanto de las siete claves de la empatía que la tecnología seguirá avanzando aún más hasta hacer posible una precisión empática mayor.

Cabe preguntarse cuánto tiempo, esfuerzo y dinero harán falta para intentar imitar lo que sólo los seres humanos pueden hacer: percibir las necesidades emocionales del otro y responder a ellas. Si algún día estos rasgos humanizadores son relegados a máquinas, será una verdadera lástima. Seguirán los avances, sí, pero ¿acaso queremos que nuestra médica o enfermero, o nuestro profesor o abogada, sean un robot? Con suerte, las máquinas siempre estarán ahí para ayudar en nuestras comunicaciones, pero no sustituirán el corazón y el alma que nos definen como humanos. En ese afán interminable por las nuevas tecnologías que caracteriza a nuestra sociedad, espero que nunca olvidemos el confort del contacto humano, la calidez de un abrazo o la mirada de complicidad de esa amiga que te demuestra que ha visto lo ocurrido desde tu misma perspectiva. Todos necesitamos saber que no estamos solos en este mundo y que somos dignos de amor, y eso no lo podrán reemplazar las máquinas en un futuro cercano.

9

Empatía, arte y literatura

La noche antes de empezar a trabajar en *M*A*S*H*, aquella serie sobre una unidad médica en primera línea de la guerra de Corea, y una de las comedias televisivas más longevas en la historia de Estados Unidos, Alan Alda se reunió con los creadores de la serie.

«Quería asegurarme de que no iban a convertirla en una comedia estúpida –recuerda el actor–. Como si la guerra tuviera lugar en el escenario y lo que pasaba en el frente eran correrías sin mayor importancia. Lo que yo esperaba –no sólo lo esperaba: quería que se comprometieran a ello– era mostrar la guerra como lo que era. Y era un lugar en el que se hería a las personas. Recuerdo que pensaba: aquí tenemos cirujanos, así que, si no nos sacáis haciendo lo que hacen ellos, no vamos a ser fieles a la vida que vive la gente real».

Cuando le pregunté a Alda por qué era tan importante eso para él, me contestó que trivializar la guerra hace más fácil iniciar la siguiente. «Si no sólo la pintamos como un lugar en el que puedes alcanzar la gloria y mostrar lo valiente que eres, y vas y demuestras que es un sitio en el que puedes pasarlo bien, habrás alejado toda sensación de que hay que pensárselo dos veces antes de ir a una guerra».

Lo que Alda está diciendo, e intentaré traducir las palabras de este brillante actor premiado con varios Emmy, es que quería inspirar empatía y que la empatía puede ser decisiva a la hora de cambiar los corazones y las mentes. De hecho, *M*A*S*H* estaba basada en historias reales de médicos, enfermeras y soldados que sirvieron en la guerra de

Corea. Alda sabía que tomar a la ligera esas experiencias vitales sería hacer un flaco servicio tanto a la fuente de inspiración de los personajes como a la propia audiencia de la serie. Aparte de un guion ingenioso y unas interpretaciones excelentes, uno de los principales motivos por los que esta *sitcom* bélica era tan potente y apreciada es porque los espectadores podían identificarse con lo que veían en la pantalla e imaginarse en la piel de esos valientes hombres y mujeres.

Y añade Alda: «Contemplar una pieza de arte o una interpretación que emociona es como darle al botón de reiniciar en nuestra visión del mundo. Creo que las artes escénicas o las novelas en las que hay personajes de una gran riqueza y un universo de emociones rico y auténtico hacen que "me reinicie" desde el punto de vista emocional para el resto del día. Incluso al día siguiente me siento mejor con respecto a todo. Porque hemos estado en compañía de gente a quien le tocaba lidiar con grandes emociones. Nos humanizamos unos a otros. Como cuando los espectadores de un teatro gritan o se ríen al unísono; la experiencia es igual de extraordinaria». Hablemos, pues, de arte y de cómo el arte puede ayudarnos a entender, sentir y expresar la empatía –y llevar a cabo ese reinicio en nuestra visión del mundo–. Y cuando digo «arte» no me refiero sólo a películas italianas, óperas alemanas o pinturas francesas colgadas en los museos. Los artistas, y los consumidores de arte, proceden de cualquier ámbito de la vida y de todos los estratos socioeconómicos. Tal vez para nuestros estándares actuales Shakespeare sea de un nivel elevado, pero no olvidemos que originalmente escribió para las grandes masas. Qué es exactamente el arte y qué significado tiene depende de quienes seamos. A algunos les gusta la escultura, el teatro y el jazz; a otros quizás la danza moderna, los grafitis y los cómics. Cuando el arte es excelso, no importa de dónde venga ni cuál sea su audiencia: nada hay más poderoso para llevar la sociedad hacia una actitud más empática.

La ciencia de la empatía a través del arte

La empatía y las artes tienen una dilatada historia común. De hecho, fue el esteticista Robert Vischer quien a finales del siglo XIX utilizó por primera vez la palabra alemana *Einfühlung* para describir cómo los observadores de las obras de arte proyectan sus propios sentimientos sobre la creación del artista, lo que les permite apreciar y experimentar la belleza y las emociones que la experiencia estética suscita. El filósofo de la estética Theodor Lipps extendió el concepto a la comprensión interpersonal y equiparó el término a la noción de simpatía, más antigua. Posteriormente, el filósofo, psicólogo y sociólogo alemán Wilhelm Dilthey amplió el uso del término para describir el proceso mediante el cual una persona llega a saber cómo piensa y siente otra, algo que ya hemos definido como *teoría de la mente*. Edward Titchener, filósofo británico-estadounidense, fue quien en última instancia acuñó el término inglés *empathy* ('empatía') traduciéndolo del vocablo original alemán. Su intención era expresar la capacidad humana de introspección y habilidad para entrar en el estado emocional de los demás, pero yendo más allá del sentido de *simpatía* ('conmiseración'), que hoy significa sentirse mal *por* el sufrimiento de otra persona. El prefijo *em* de *empathy* hacía referencia a entrar *en* el sufrimiento del otro comprendiendo sus pensamientos y sintiendo su dolor *como si fuera el del observador*, lo que implica sentir *con* el otro.

Con las artes regresamos a los orígenes de la empatía –en *Einfühlung*–, por cuanto ello tiene que ver con el impacto emocional que el arte provoca en el espectador. Solemos valorar el arte por su capacidad de evocar emociones. No son necesariamente emociones sentidas por el artista, sino el resultado de un trabajo o una circunstancia cuya finalidad es manifestar un sentimiento visceral en nosotros. A diferencia de la empatía que experimentamos en el día a día (vemos a alguien que se hace una herida y sentimos su dolor), el artista sigue un proceso a la hora de crear la emoción. A menos que sea una foto capturada en el momento –un niño que sacan en brazos de las ruinas de su casa en Siria, o la icónica foto del jugador de béisbol Carl Yastrzemski esperando que la pelota sea válida después de hacer un *home run*–, el artista sabe qué emoción quiere transmitir, y después espera poder expresarla al espectador. A veces sentimos esa emoción, y otras sentimos algo parecido o quizás muy distinto.

A menudo existe una capa que añade complejidad al mensaje. En el caso del teatro, varias personas –el dramaturgo, el director, los actores, el público e, incluso, el crítico teatral– aúnan fuerzas y ello puede modificar el mensaje a raíz de las distintas perspectivas que cada uno aporta a la obra de arte. En una imagen, la técnica que evoca la emoción puede ser una sombra en un portal o la forma de sostenerse del sujeto. En una canción es una línea o pathos en la voz de la cantante que implica sentimiento. En dramaturgia es una frase que puede ser escrita y reescrita, ensayada e interpretada con maestría. Sea como fuere, el arte es incompleto sin la implicación perceptual y emocional del espectador. A principios del siglo xx, Alois Riegl, de la Escuela de Historia del Arte de Viena, afirmaba que el espectador colabora con el artista del cuadro al interpretar lo que observa sobre el lienzo desde su punto de vista personal, y de ese modo añade significado al cuadro. Riegl denominó este fenómeno *aportación del observador*.

El arte está muy ligado a nuestras capacidades empáticas porque se trata de un ejercicio de percepción y respuesta, similar a una interacción entre dos personas. En todas las formas del arte, el observador mezcla su experiencia con aquello que ve y escucha en comunicación con el artista. Observar imágenes visuales, como por ejemplo un cuadro, depende del contacto visual con la obra de arte, que por sí misma ya es suficiente para evocar una respuesta empática. Cuando el espectador abre los ojos para ver lo que contiene el lienzo, encuentra una ventana al mundo interior del tema y del artista. Desde una perspectiva neurológica, es algo muy parecido a cómo el cerebro procesa un rostro humano mediante el contacto visual.

El arte reúne a las personas en ámbitos públicos y privados para que compartan historias y experiencias humanas. Recuerdo una ocasión frente al Gran Buda de Kamakura, en Japón; fue un instante que cambió mi vida. Construida en el año 1252, se trata de una escultura de más de trece metros de altura que domina el paisaje marino japonés, en el antiguo emplazamiento de un templo sagrado ya desaparecido. La paz y la tranquilidad que emanaban de la cara del buda hicieron que me detuviera ante él; talmente el poder de una ola marina transmitido con la suavidad de una hoja en su caída. La fuerza que desprendía este sentimiento pacífico parecía afectar a cada una de las personas que se hallaban en aquella plaza. Tuve una experiencia similar, aunque de signo contrario, la primera vez que contemplé el *Guernica* de Picasso, esa reprimenda política del pintor ante el bombardeo nazi de la población vasca de Guernica durante la Guerra Civil española. A través de pinceladas, figuras y tonos de colores neutros, Picasso retrató la tragedia de la guerra y el sufrimiento que de ella se deriva. Me alteró de tal modo y suscitó en mí tanta compasión que fue uno de los motivos por los que decidí ser médica.

¿Alguna vez habéis vivido una experiencia similar? Si es así, debéis saber que se trata de una respuesta típicamente humana al arte, una respuesta que, desde el punto de vista neurológico, se remonta a las pinturas rupestres y a los inicios de nuestra especie. El hecho de ser humano conlleva la necesidad de expresar o responder al arte de algún modo.

Vivir sin esta forma de expresión, como es el caso de la gente que está en prisión, puede llevar a una existencia empobrecida y alienante. El arte es un gran factor unificador que nos aparta del individualismo y nos hace entender que hay otras formas de experimentar y percibir el mundo.

He tenido el privilegio y el placer de poder hablar con Eric Kandel, el neurocientífico de la Universidad de Columbia que recibió *ex aequo* el Premio Nobel de Fisiología y Medicina en 2000 por sus descubrimientos sobre transducción de señales en el sistema nervioso. En su libro *La era del inconsciente*, Kandel describe perfectamente el fenómeno de la conexión con el arte a un nivel visceral:

«Nuestra respuesta al arte surge de un deseo irreprimible de recrear en nuestro cerebro el proceso creativo –cognitivo, emocional y empático– por el que el artista ha creado la obra. [...] Este impulso creativo de artista y observador probablemente explica que prácticamente todos los grupos de seres humanos de cualquier época y cualquier lugar hayan creado imágenes a pesar de que el arte no es una necesidad física para la supervivencia.

»El arte es un intento intrínsecamente agradable e instructivo por parte del artista y del observador de comunicar y compartir el proceso creativo que caracteriza el cerebro humano, un proceso que conduce a un momento "eureka" o "¡ajá!", al reconocimiento repentino de que hemos captado la mente de otra persona, de que hemos visto la verdad que subyace a la belleza y la fealdad representadas por el artista».

Recientemente tuve ocasión de conversar con Kandel, y me parecieron muy interesantes sus opiniones sobre la interacción entre el arte y el observador del arte:

«Como científico he estudiado el aprendizaje desde un planteamiento reduccionista. Descubrí que la biología molecular del aprendizaje tenía lugar al modularse la liberación de neurotransmisores. Siempre me ha impresionado todo lo que podemos llegar a aprender desde una perspectiva reduccionista. Las obras del pintor expresionista abstracto Mark Rothko, en sus pinturas de franjas de colores vivos y brillantes, son tan potentes porque al principio parecen de un solo color, hasta que te das cuenta de que cada franja se superpone a las demás. Cada franja consta de muchas otras y tu percepción varía. Cuanto más miras, más ves», afirma.

En la ambigüedad del arte, el observador hace su aportación. Mediante cambios en el cerebro, transformado por el arte que contemplamos, se nos invita a ver el mundo más estructurado en capas, más lleno de matices y más conectado. De hecho, el arte puede ser el gran elemento conector de nuestro dividido mundo. Es la esencia de la empatía.

Cómo genera empatía el arte

Hacer arte implica compartir. Es, por definición, una invitación para el resto de nosotros a participar en la experiencia del artista y a sacar nuestras propias conclusiones. Esta experiencia compartida transporta el cerebro en reposo, un estado sorprendentemente activo conocido como red neuronal por defecto, a un estado mental menos individualista y más curioso. Abre el hemisferio derecho del cerebro, que interviene menos en la ejecución de tareas y es donde nacen la imaginación y la creatividad, y de ese modo procesamos todo aquello que el artista intenta evocar o que proyectamos en la obra de arte.

Establecer un vínculo entre el creador y el espectador hace posible conectar con la alegría, el miedo, el dolor o cualquier otra emoción que compartamos universalmente. Una obra de arte que nos conmueva puede hacer que *sintamos* algo *antes de pensar* algo. Nos engancha con un gesto, una expresión facial, un movimiento, un color o una palabra. Cojamos el cuadro *Noche estrellada* de Van Gogh. Según la crítica, esas espirales de texturas, pintura y color utilizadas por el artista evocan una turbulenta lucha por superar su enfermedad mental. La aldea está pintada con colores oscuros, pero esas ventanas bien iluminadas crean una sensación de confort. Tal vez sintamos todo eso sin haber leído nunca un libro de historia del arte.

La imaginación es el primer paso para generar empatía: ¿cómo puedo desarrollar empatía hacia ti si no soy capaz de imaginarme qué implica ser tú? Las artes proporcionan el terreno en el que la imaginación puede echar raíces y florecer. El poder del arte reside en su capacidad para estimular la empatía, tanto cognitiva (pensamiento) como afectiva (sentimiento). Al observar una obra de arte, abocamos en ella todos nuestros recuerdos, perspectivas y experiencias y lo proyectamos en aquello que vemos o leemos. Esa interacción entre el oficio del artista y nuestra experiencia individual estimula los centros emocionales del cerebro. El grado en el que nos afecta es un indicador de la capacidad del artista para expandir nuestros sentidos: nos hace salir de nuestro yo y nos ofrece una perspectiva distinta. En algunos casos nos libera del estado de ánimo o actitud mental en que nos hallamos; en otros, nos sirve de ayuda temporal para percibir el dolor, la tristeza, la alegría, la sorpresa o la ira del otro.

Conocí a Diane Paulus cuando fui monitora de campamento suya en el Interlochen Music Camp de Michigan. Ya con diez años, Diane me dejó una impresión imborrable por el dinamismo de su alma, que despertaba una actitud receptiva y creativa en todo aquel que la rodeaba. Hoy es directora artística del American Repertory Theater de la Universidad de Harvard y ha sido premiada con un Tony. Diane explicaba de este modo maravilloso cómo una obra de arte verdaderamente transformadora siempre tiene en cuenta el punto de vista del público y cómo ello se traduce en sentimientos de empatía: «¿Qué es lo que esperamos comunicar, provocar y transformar? –dice Diane–. Creo firmemente que el público desea vivir una profunda experiencia de aprendizaje, y eso me motiva como artista. Nuestro objetivo en el American Repertory Theater es ampliar los límites del teatro. Los humanos necesitamos rituales, movernos en el tiempo y en el espacio juntos y en grupo. Necesitamos distraernos, irnos de un lugar y que nos distraigan de la cotidianidad; que nos lleven de viaje. Necesitamos espectáculo, vernos inmersos en presencia de algo mayor».

Paulus afirma que la idea es ir del corazón a la mente. «Para el público, llevamos la posibilidad de la empatía a un nivel más profundo, ya que el público, como tal, no es tan rápido ni tan capaz como para decir: "Ésa no soy yo", "Eso no me gusta nada" y "No me reconozco, así que me voy". No se trata de información –tenemos más de la que podemos emplear, y al cabo de un rato nos quedamos adormilados–, sino de despertar compasión por la historia de esa persona. Yo lo veo como una especie de empatía con esteroides y una empatía a través de la historia». Es precisamente por este importante papel de las artes en la sociedad por lo que el apoyo al National Endowment for the Arts es tan decisivo. El arte nos saca de nuestra experiencia y nos acerca a la de nuestros hermanos y hermanas.

Alda tiene una explicación similar al respecto. Afirma que el arte, para él, es una especie de humanidad compartida. «No hay nada que estimule tanto la empatía como el sufrimiento compartido –dice–. Para mí, y estoy convencido de ello, la comunicación entre actores y público es la esencia de lo que ocurre entre dos personas que intentan comunicarse».

Vemos que el arte se utiliza como un puente eficaz hacia la empatía en lugares que poco podríamos imaginar. Mi amiga Melissa Kraft, una artista neoyorquina, recuerda que los estudiantes de medicina de la Universidad de Columbia tenían que asistir a un seminario de artes visuales en la facultad de medicina, pero no para aprender cosas sobre el propio arte, sino para estudiar las caras y los cuerpos de los sujetos retratados e imaginar sus historias, sus problemas y sus vidas. La idea, por supuesto, era inspirar empatía entre los estudiantes. Aun siendo obligatorio, el seminario era muy popular, y muy pertinente para lo que cabría considerar obligatorio en los futuros profesionales de la medicina.

La práctica de integrar las artes en la enseñanza médica se ha convertido en una prioridad en la Facultad de Medicina de Harvard y muchas otras instituciones médicas del país. En 2011, varios miembros del cuerpo docente de esta facultad constituyeron la Iniciativa Artes y

Humanidades con el objetivo de patrocinar actos culturales. Muchos estudiantes y profesionales de la medicina se embarcaban en actividades relacionadas con la escritura, la música y otras opciones extracurriculares, y consideraban que los beneficios que les aportaban estas actividades eran consustanciales a sus carreras médicas. Suzanne Koven, miembro del grupo fundador de la Iniciativa y escritora residente en el Hospital General de Massachusetts, sostiene: «Contemplar atentamente un cuadro o leer con detenimiento un poema puede mejorar nuestra capacidad de observación, interpretación y comunicación, e incrementar nuestras probabilidades de adoptar una actitud empática; y todo ello nos hace mejores como profesionales médicos. Personalmente, tengo claro que todo lo que aprendí leyendo novelas al cursar la especialidad de inglés en la universidad me ha ayudado más en mi profesión médica de lo que lo han hecho la bioquímica y la física». Seguramente, integrar las artes es una forma de humanizar cualquier sector, y podría ser un medio de potenciación de la empatía.

En definitiva, la cuestión es que el arte puede hacer que una idea empática pase de lo emocional a lo cognitivo. Cuando el arte suscita una emoción poderosa, lo que queremos es compartir esa experiencia, a menudo inspirando palabras y acciones. Lo que es realmente interesante es que el arte, casi por definición, es una experiencia compartida. Cuando vamos a un museo, al teatro o a un concierto, solemos ir en grupo y hablamos de lo que hemos visto, escuchado y sentido. A veces simplemente nos quedamos en silencio y dejamos que los sentimientos compartidos restallen en el aire como hace la electricidad. Una canción que escuchamos solos de camino al trabajo o una foto que vemos mientras navegamos por Internet son una experiencia cultural compartida que, está demostrado, puede iniciar conversaciones de ámbito local, nacional e incluso internacional.

La prueba de que el arte inspira la empatía

Las investigaciones científicas, aunque todavía escasas, comienzan a demostrar esta conexión entre la empatía y el arte. En 2013, por ejemplo, investigadores de The New School de Nueva York analizaron si el hecho de leer ficción literaria potencia la capacidad de comprender aquello que piensan y sienten los demás. En una serie de cinco estudios de carácter innovador, pidieron a distintos grupos de personas que o bien se abstuvieran de leer o bien leyeran fragmentos de diferentes tipos de material, de géneros que iban de la ficción popular a la no ficción y la ficción literaria. Una vez acabaron de leer, se examinó la capacidad de cada uno de los sujetos de inferir los pensamientos y las emociones de las otras personas. Los participantes hicieron el test consistente en «leer la mente a través de los ojos», en el cual se les pidió que eligieran, entre cuatro términos relativos a emociones, cuál era el que más se aproximaba a la expresión de una persona en una fotografía. Los que había leído más ficción literaria obtuvieron mejor puntuación a la hora de inferir los sentimientos de los demás, una facultad, tal como he explicado en capítulos anteriores, conocida como *teoría de la mente.*

Los investigadores comprobaron que la puntuación en las pruebas relacionadas con la teoría de la mente era superior si se había leído ficción literaria que si la lectura era de ficción popular. Concluyeron que ello se debía a que la riqueza y profundidad de los personajes literarios enseñaba a los lectores a predecir e interpretar sus motivaciones y estados mentales, algo que pasaba mucho menos con las historias de acción y aventuras. En el caso de aquellos participantes que leyeron ficción popular del tipo de *The Sins of the Mother*, de Danielle Steel, o que no leyeron nada en absoluto, la puntuación en empatía no aumentó. Sin embargo, quienes leyeron *The Round House*, de Louise Erdrich, la historia de un niño indio y su proceso de maduración a raíz del brutal ataque racista que sufre su madre, obtuvieron unos resultados mucho mejores. No quiero decir con ello que la ficción literaria sea necesariamente mejor que todos los demás géneros de escritura, sino únicamente que el modo de contar una historia puede influir en cómo percibimos las interacciones sociales de sus personajes. Con su característica sutileza, la ficción literaria nos enseña que no todo el mundo piensa como nosotros.

Los resultados de estos estudios coinciden con las conclusiones a las que yo misma he llegado en mi trayectoria como docente. Tal y como demuestran, la ficción popular tiende a centrarse más en la acción y la excitación, y no en periplos emocionales de carácter complejo. En este género, las emociones de los personajes suelen describirse con un trazo más bien grueso, y en cierto modo son predecibles. Algo que normalmente encaja con el sesgo de confirmación del lector, de cómo las personas reaccionan en ciertas situaciones. Por el contrario, la ficción literaria penetra con mayor profundidad en las mentes de sus personajes y la complejidad de sus relaciones. Cuando recurrimos a la literatura o la poesía de William Carlos Williams, Abraham Verghese, Perri Klass o Rafael Campo en los cursos para estudiantes de medicina, accedemos a los diálogos internos de sus personajes y nos vemos empujados a reflexionar sobre cuáles pueden ser sus intenciones y motivaciones. De ese modo, los estudiantes combaten prejuicios y estereotipos, y a menudo cambian por completo la opinión de personas ajenas a sus grupos de pertenencia.

Los experimentos de The New School parecen decirnos que esta iluminación psicológica puede traducirse en pensamiento real. Estudios de carácter similar realizados en la Universidad Estatal de Nueva York de Buffalo llevan más allá esta idea al demostrar que las personas que leían los libros de Harry Potter tenían más tendencia a identificarse como magos, y las que leían los libros de la saga *Crepúsculo* solían identificarse más como vampiros.

Ni la magia ni los vampiros existen en realidad (al menos, que yo sepa), pero los investigadores constataron que los lectores mantenían la suspensión de esta incredulidad durante tiempo suficiente para especular con que la pertenencia a una de estas comunidades ficticias –grupos de no pertenencia para el resto de nosotros– tal vez ofrecía vínculos emocionales similares a los creados cuando estamos adscritos a un grupo de pertenencia real; brindan la oportunidad de establecer vínculos sociales y proporcionan la satisfacción de formar parte de algo más importante. De hecho, estudios llevados a cabo mediante escaneo cerebral han revelado que la parte del cerebro que utilizamos para comprender historias de género narrativo se superpone a la parte del cerebro que empleamos al poner en práctica la teoría de la mente, que es una de las bases de la empatía cognitiva.

Como ya he comentado anteriormente, las investigaciones empíricas de cómo el arte influye en las emociones y genera empatía se hallan todavía en su fase inicial. Kandel lleva a cabo sus propios experimentos empíricos sobre arte y empatía en la Universidad de Columbia, donde él y su equipo estudian las respuestas al arte figurativo, de transición y abstracto. En el arte figurativo vemos representaciones realistas de gente, lugares y cosas –una cara se parece a una cara de verdad–. El arte abstracto recurre a las formas, el color y las texturas para evocar una imagen que recuerda una cara pero que requiere de imaginación, como en los retratos cubistas de Picasso y Braque. El arte de transición se halla en algún lugar intermedio. Pensemos en las formas tenues y vaporosas de los cuadros impresionistas; no hay un parecido exacto, pero se pueden ver las imágenes. En su libro, Kandel comenta que nuestro cerebro destina más neuronas a leer los detalles de las caras que a cualquier otro objeto.

El psicólogo Paul Ekman facilitó imágenes de expresiones faciales vinculadas a alguna emoción para los estudios en formación en empatía que lleva a cabo mi grupo de investigación del Hospital General de Massachusetts. Nuestra hipótesis de partida era que, dada la importancia fundamental que una correcta lectura de las expresiones faciales tenía para nuestras aptitudes empáticas, enseñar a leer el rostro era algo que debía incluirse en nuestro programa de formación en empatía. Los estudios que habíamos realizado demostraban que, en lo que a empatía se refiere, los facultativos que aprendían a interpretar el rostro (aparte de las otras intervenciones a las que estaban expuestos en nuestros cursos) eran mejor valorados por sus pacientes que los que no habían estado expuestos a esa intervención. Nuestras investigaciones confirman que una identificación precisa de las expresiones faciales puede contribuir enormemente a generar empatía entre los cuidadores. La fascinación de Kandel por la expresión facial en el arte vienés de principios del siglo XX viene determinada sobre todo por los matices y la sutilidad de las expresiones faciales que esconden una mayor carga psicológica y emocional en los sujetos. Kandel observa las distintas respuestas psicológicas que se dan ante los distintos tipos de imágenes. Mediante la realización de estudios por neuroimagen, el equipo de la Universidad de Columbia busca analizar qué ocurre en el cerebro cuando alguien se emociona con una obra de arte y cómo eso afecta a sus respuestas emocionales en la vida real. Es una frontera novedosa que estoy segura de que arrojará resultados fascinantes y nos facilitará el camino para poder incorporar distintos tipos de iniciativas artísticas en los cursos de formación en empatía dirigidos a individuos y colectivos.

Otra forma igualmente apasionante de inspirar empatía por medio del arte es la realidad virtual (RV). Conocí a la actriz y autora de cine y teatro Jane Gauntlett en el Festival de Creatividad de Cannes, donde ambas presentábamos proyectos sobre la ciencia y el arte de la empatía. Jane escribió y produjo *In My Shoes* utilizando tecnología de realidad virtual. Había sufrido una lesión cerebral grave tras ser asaltada cuando iba en bicicleta. En el proceso de una milagrosa recuperación, que no le evitó episodios de convulsiones que le condicionaron su vida, Jane se dio cuenta de que había una desconexión entre las «secuelas positivas» que sus neurólogos le decían que tenía y el modo en que se sentía ella. Si bien apenas tenía ya convulsiones, la medicación que tomaba le impedía que su mente funcionara al nivel creativo habitual en ella. Tal era su motivación para comunicar a los médicos lo que estaba experimentando que escribió y produjo una experiencia de realidad virtual con gafas de RV que permitía experimentar todo lo que implicaba el hecho de sufrir convulsiones. El proyecto *In My Shoes* está formado por un conjunto de experiencias audiovisuales. Yo misma probé las gafas cuando estuvimos juntas en Francia, ansiosa por experimentarlo de primera mano. Lo que sentí fue tan real que tuve que quitármelas poco después de llegar a la mitad de la experiencia, debido a los síntomas de náuseas y desorientación que empecé a sentir. Jane supo cómo trasladar su experiencia a los médicos que la trataban, y hoy en día la comparte con estudiantes de medicina de toda Inglaterra y del resto del mundo. Así es como se genera empatía.

El huevo o la gallina

Los expertos en psicología se preguntan a menudo si la exposición a la literatura y a las artes puede hacer de nosotros personas más empáticas o si pasa justo al contrario: ¿pueden considerarse los aficionados al arte almas sensibles predispuestas siempre a explorar el arte para experimentar algo de empatía? Vemos, por ejemplo, que, mientras que los experimentos literarios de The New School pueden resultar curiosos a primera vista, otros equipos investigadores no han podido replicar sus resultados, de lo cual podría deducirse que leer literatura no necesariamente potencia las habilidades empáticas. Sin embargo, las afirmaciones derivadas de los experimentos literarios se apoyan en la evidencia de que las mismas redes cerebrales relacionadas con la adopción de perspectivas y la teoría de la mente se activan claramente cuando los sujetos leen obras literarias. Y aunque pudiera ser que este repunte de la empatía cognitiva se dé únicamente mientras duran los experimentos, es también posible que la ficción literaria contribuya a apuntalar las neuronas de la empatía y ello tenga efectos beneficiosos y duraderos.

Es posible que la exposición al arte potencie la capacidad de adoptar distintas perspectivas. Al mismo tiempo, yo diría que aquellas personas que están preparadas para la empatía buscan seguramente el tipo de arte que les ayuda a perfeccionar sus habilidades naturales. La existencia de neuronas que, junto a otros circuitos neuronales compartidos, actúan como diminutos reflectores neuronales de representaciones de la acción, parece indicar que todos nacemos con la capacidad de la empatía. Pienso que las artes son una de las mejores formas de activar esos sistemas neuronales y de hacer que se dispare su funcionamiento. ¿Significa eso que los aficionados al arte son siempre las personas más sensibles del grupo? Tal vez no, aunque probablemente lleguen a entender mejor que el resto lo que otros están experimentando.

De hecho, en la Universidad de Cambridge se ha llevado a cabo un interesante estudio del cual se desprende que a las personas empáticas les atraen ciertos tipos de arte. Los investigadores analizaron los rasgos de personalidad y las preferencias artísticas de más de tres mil individuos, y descubrieron una tendencia muy clara. Aquellos que sacaron menos puntuación en intensidad, nerviosismo y hedonismo parecen tener una clara preferencia por géneros intensos y provocadores como el punk y el metal, el cine de terror y las novelas eróticas. Los que más puntuaron en rasgos de personalidad intrépida parecen tener preferencia por la acción, la aventura y la ciencia ficción. Por su parte, quienes mostraban rasgos de una personalidad más cerebral preferían el arte relacionado con acontecimientos de actualidad, con la no ficción y con la educación. Las personas que demostraron un carácter claramente empático se inclinaron más por el entretenimiento en las dos categorías restantes: comunal y estética. Los rasgos de personalidad comunal se centran en las personas y las relaciones, y muestran una preferencia por los programas de debate, las obras dramáticas, las historias de amor y la música pop. Los rasgos de personalidad estética se centran en la cultura y el intelecto, con preferencia por la música clásica y el arte, la historia y las películas subtituladas.

Resulta interesante el hecho de que géneros de entretenimiento tan diversos sean atractivos para la gente con un carácter empático. Pienso que eso demuestra la doble naturaleza de la empatía. En primer lugar, los individuos empáticos se interesan de forma natural por otras personas y por las relaciones. En segundo lugar, muestran interés por experiencias ajenas a las suyas. En aquel mismo estudio, los investigadores observaron que las personas claramente empáticas parecían también mostrar aversión a aquellas actividades de ocio en las que había violencia o terror extremos. Quizás sea porque tienen una baja tolerancia al hecho de ver cómo otras personas sufren un gran dolor físico o psicológico.

Llevar las clases de arte al mundo real

Si nos fijamos en cómo está el mundo hoy, veremos que hay menos empatía de la que nos gustaría. Nos hemos pasado a la comunicación digital, con un uso creciente del correo electrónico y las redes sociales que elimina las señales no verbales representadas en las siete claves de E.M.P.A.T.H.Y. Ya hemos visto que es fácil ser grosero cuando dejamos un comentario anónimo al final de un artículo o en Twitter. Nunca llegamos a saber la desolación y el daño que nuestras palabras han podido causar. Aunque vemos imágenes de guerra y devastación a diario en nuestras pantallas, resulta tan abrumador que muchos se han vuelto insensibles a ellas y son incapaces de sentir algo por las víctimas.

Creo que las artes pueden ser un antídoto para este distanciamiento, puesto que ayudan a cambiar nuestra opinión sobre los grupos de no pertenencia sociales aportando una experiencia directa que nos hace más fácil comprender a los demás como individuos y seres humanos. Cuando penetramos en los sentimientos y pensamientos de los demás de un modo que cada vez es más infrecuente en el mundo moderno, encontramos semejanzas que hacen más difícil descartar a esas personas por considerar que se salen de la norma o no son dignas de respeto. ¿Por qué necesitamos el arte? Nos transmite la sensación de que todos estamos conectados de algún modo. Muchos de los problemas actuales ocurren porque no nos comprendemos unos a otros. El arte nos ayuda a comprendernos. Y cuanto más nos comprendemos y nos ponemos en la piel de los demás, mejor.

Muchas obras de arte nos invitan a adoptar una actitud más humanitaria. Pensemos en la película *La lista de Schindler*, que de un modo tan conmovedor cuenta la historia de los judíos en la Alemania nazi. O también *Los gritos del silencio*, que nos acercó el horror y la devastación de Camboya desde el punto de vista de un hombre de ese país –un punto de vista que raramente nos hemos planteado en Occidente–. Películas, series y libros como *En el filo de la duda*, *The Normal Heart* y *Dallas Buyers Club* humanizaron la crisis del sida, muy presente en el seno de la comunidad gay y lesbiana, tradicional grupo de no pertenencia de esta sociedad.

Estoy segura de que podéis recordar muchos más ejemplos de cuadros, esculturas, series televisivas, películas, canciones y obras de teatro y literarias que os emocionaron e hicieron que comprendierais como nunca a una persona o una cultura determinadas. Hace poco vi un documental titulado *I am Jane Doe*, acerca de chicas que habían sido convertidas en esclavas sexuales mediante el portal Backpage, disponible en Google. Las horrendas historias de ese portal «legal» ponían sobre la mesa el hecho de que, por una laguna en la legislación, el uso de Internet para la venta de servicios sexuales ofrecidos por menores no constituye hoy un delito. La directora, Mary Mazzio, una abogada y documentalista estadounidense con varios premios en su carrera, se enfrentó al reto de cambiar la situación. A raíz del documental, algunos senadores de Washington prestaron atención a Mary y a los productores de la cinta, y en abril de 2018 los creadores de Backpage fueron acusados de los delitos de prostitución y blanqueo de dinero, siendo clausurado el sitio web por el gobierno estadounidense.

El poder del arte hace más visible la necesidad no sólo de aquellos referentes globales y culturales a los que dan lugar las obras de arte, sino también de iniciativas a escala local. Programas de arte comunitario, iniciativas artísticas en centros penitenciarios, obras de teatro en institutos de secundaria e incluso clubs de lectura de barrio sirven para divulgar los mensajes del arte en el ámbito de la comunidad, algo que resulta fundamental para mantener el civismo, la actitud amable y la preocupación por los demás en el mundo de hoy. Es la pura esencia de la empatía.

También creo que podemos aprender todo lo que nos enseña el arte fuera del teatro, del lienzo y de la página impresa, y aplicarlo de formas distintas. Nadie como Alan Alda para ilustrarlo.

Entender la diferencia entre verdad y ficción y el amor por la ciencia le llevaron a dedicar doce años de su vida profesional a presentar la serie de la cadena PBS *Scientific American Frontiers*. Era una serie de documentales protagonizados por científicos que habían hecho grandes descubrimientos, y Alda aprendió enseguida que los científicos necesitaban habilidades comunicativas para traducir su labor a un lenguaje comprensible para la gente de la calle. Entendió que, para poder un espectador medio captar el descubrimiento que ha hecho un científico, los investigadores tienen que aprender a compartir de manera eficaz sus hallazgos y comunicar lo que de original y fundamental tienen.

Alda se alió con Howard Schneider, decano de la Facultad de Periodismo de la Universidad de Stony Brook, para crear el Centro Alan Alda para la Comunicación de la Ciencia, un programa cuyo objetivo es enseñar a los científicos las habilidades comunicativas propias de los actores, de las cuales ellos suelen carecer. Alda afirma que la comunicación entre dos actores es la esencia de lo que considera que debería pasar entre dos personas cualquiera que intentan comunicarse.

«Participé en aquel programa porque me encantaba la ciencia y quería aprender más sobre ella a partir de los propios científicos. Y entonces, mientras hacíamos el programa, empecé a darme cuenta de que mi experiencia como actor podría ser de utilidad para extraer la ciencia de aquellos científicos y convertirla en algo asequible para todos los espectadores. Una vez hecho, vi que podía enseñarlo. Podemos mejorar la capacidad de las personas para conectar.

»Puede que exista la sensación de que, si miramos las cosas desde el punto de vista de otra tribu, traicionamos a la nuestra», afirma Alda.

Ésa es la cuestión clave sobre la naturaleza tribal: la empatía está muy presente en ella, ya que sentimos empatía sobre todo por las personas que son como nosotros. En un principio vivíamos organizados en tribus, y siempre estábamos defendiéndonos de los demás. «Eso nos retrotrae a los signos, los símbolos y las palabras que denotan ciertas cosas utilizadas por un grupo de gente, y que parecen definir la identidad de las personas que las utilizan. Otros grupos emplean otros términos y seguramente habrá quien opine que, precisamente porque emplean esos términos, estén atacando a la otra tribu. Lo que queremos es que la ciencia pueda ser comunicada con claridad y frescura, pero sin llegar a simplificarla en exceso».

Alda empezó a buscar una manera de explicar la ciencia y, por el camino, se dio cuenta de que, al hablar de cosas como la pobreza, la asistencia sanitaria y el calentamiento global, había que asegurarse de no atacar los valores de nadie ni tampoco, necesariamente, sus opiniones más arraigadas. Ejemplo de ello es la experiencia de intentar ayudar a los habitantes de Florida a entender la importancia de luchar contra el cambio climático, un término que se ha convertido en tabú en muchas comunidades hasta el punto de no permitirse su uso público.

En algunos lugares se utiliza el término «inundación importuna –comenta Alda–. Es un término nuevo, pero también cierto». En esas conversaciones, Alda y los científicos no pretendían en absoluto engañar o menospreciar a nadie. Comprendieron que tenían que abordar el problema y no pararse a pensar en qué nombre ponerle. Los habitantes de Florida pueden ver fácilmente que sus costas se inundan con mucha mayor frecuencia que antes, y que es algo importuno. De ese modo pudieron encontrar un punto de partida o método desde el cual señalar la urgencia de los problemas sin caer en la pedantería o buscan con insistencia un acuerdo total.

Fue un ejercicio de empatía: la experiencia de compartir mentalmente que el problema es real. ¿Acaso no podemos llamarlo de distintas formas si al final nos ha de llevar a la solución? En mi conversación con Alda, quedaba claro que su prioridad máxima era comunicar de forma efectiva y sin caer en trampas que dividieran a la audiencia; a la audiencia hay que cohesionarla mediante inquietudes compartidas. Artistas como Alan Alda y Diane Paulus siguen su vocación de encontrar formas novedosas y creativas de emocionar a la gente, crear experiencias compartidas que nos guíen hacia nuevas perspectivas y posibilidades, y enlazar con la esencia de todo aquello que convierte nuestras experiencias en algo humano y compartible.

E.M.P.A.T.H.Y. y las artes

El arte destapa el lado derecho del cerebro, responsable de la imaginación y la creatividad. Experimentar las artes nos hace salir de la preocupación por nosotros mismos y nos transporta a otra experiencia, tanto si es la que el artista busca provocar en nosotros como si es la que nosotros proyectamos en la obra. Las siete claves de la empatía son esenciales para explicar cómo procesamos el arte y cómo desplegamos las emociones que el arte nos suscita en los demás ámbitos de nuestra vida. Vale la pena repasar un momento cómo cada una de ellas contribuye a mejorar nuestra capacidad de dar una respuesta empática.

Contemplar arte es una manera de establecer contacto visual con la imagen del artista, como ya he mencionado antes. Gracias a la evolución, la mayoría de los humanos tenemos un don para interpretar mensajes enviados a través de los ojos. Tanto si somos conscientes de ello como si no, el arte puede recordárnoslo. Los ojos nos dicen tanto de un carácter como la indumentaria, el maquillaje, el acento, los movimientos o incluso las palabras. Pensemos en el personaje de Eduardo Manostijeras interpretado por Johnny Depp, cuya mirada triste, solitaria y de grandes ojos atrajo nuestra atención igual que sus apéndices cortasetos. O Rooney Mara en *Los hombres que no amaban a las mujeres*, donde hace un extraordinario trabajo al captar la dureza de su personaje, Lisbeth Salander, y su fría e implacable mirada. El Hamlet de Shakespeare describe la mirada de su padre como una «vista imperiosa y amenazadora como la de Marte».

Todo ello está muy relacionado con nuestra capacidad para entender y percibir el rostro humano. Cuanto más miremos y más curiosidad sintamos por ver qué emociones se están expresando, mejor podremos ver lo que surge de la vida interior de la persona. Con su característica brillantez, el ya desaparecido poeta y filósofo irlandés

John O'Donohue describió el rostro humano como una hoja de ruta de las emociones. O'Donohue afirmó también que «uno de los principales anhelos del alma humana es el de ser vista». En nuestra conversación, Kandel me recordó que el cerebro destina más espacio a leer los detalles del rostro que a cualquier otra cosa. Nuestros circuitos neuronales reflejan las emociones que vemos en la obra de arte como si fuesen las nuestras propias. Alda cree también en la importancia de leer los rostros en el arte, y piensa que es algo que quizás provenga de su infancia.

«Miraba a los adultos como si fuera un antropólogo. Eso se debía en parte a que mi madre era esquizofrénica y paranoica. Tenía que observarla muy atentamente para diferenciar entre la realidad y su realidad. Cuando tenía unos cuatro años, me llevó a una fiesta. Después de estar mirando durante un buen rato por una de aquellas ventanas que están al nivel de la calle, se volvió hacia mí. Pude ver lo que actualmente describiría como la mirada desenfocada de una persona deprimida. Recuerdo que me quedé mirando fijamente aquella expresión de su cara, intentando averiguar qué le pasaba, qué debía de estar sintiendo en aquel momento».

Tal como indica Alda, leer con exactitud las expresiones faciales puede influir en cómo alguien se comportará con nosotros y cómo deberíamos comportarnos nosotros en consecuencia. Algunos terapeutas recurren a películas, series televisivas y arte para enseñar esta habilidad a personas que tienen dificultades para leer las expresiones faciales, como es el caso de las que tienen autismo. En realidad, puede ser un ejercicio muy útil para cualquiera.

La clave empática de la postura se suele utilizar como un dispositivo que invita al observador a sentir una conexión empática con el sujeto. Uno de los ejemplos más famosos es *El pensador* de Auguste Rodin. La escultura en bronce de un hombre en reposo, absorto en sus pensamientos. Nada le estimulará a moverse en un breve espacio de tiempo. Cada vez que miro *El pensador*, entro en un estado contemplativo. Sin embargo, cuando miro el famoso cuadro de Picasso *Madre e hijo*, de su etapa azul, me invade un sentimiento de depresión, sufrimiento y desolación que emana de la madre, la cual sostiene a su hijo contra el pecho para protegerlo de peligros invisibles. ¿Recordáis lo que sentisteis con alguna obra de arte? Pensad en el lenguaje corporal de personajes famosos del cine, en pinturas, o incluso en cómo se describía a esos personajes en el guion. Igual que en la vida, la postura ofrece pistas sobre la vida interior de una persona. Darse cuenta de ello puede despertar sentimientos de compasión y curiosidad por el sujeto.

Después, el hecho de poner nombre a ese afecto que experimentamos a partir de una obra de arte nos transporta desde la empatía emocional hasta la cognitiva. En neurociencia tenemos una expresión: «Si puedes nombrarlo, puedes dominarlo». El objetivo único del arte es conmovernos desde el punto de vista emocional. Seguramente se te han empañado los ojos ante un cuadro, escuchando una canción, leyendo un libro o viendo un programa en la televisión. Podemos convertir estos sentimientos en vida si vemos, reconocemos y ponemos nombre a los sentimientos que se nos despiertan al experimentar el arte. De ese modo nos resulta más fácil pasar de lo afectivo a lo cognitivo, y así aumentamos nuestra capacidad de sentir y expresar empatía por los demás.

Alda, aunque divertido e ingenioso, tiene un tono de voz suave que hizo de su personaje Hawkeye una figura estimada en todo el mundo. Pensemos en el gran efecto que tiene el tono de voz recordando el escalofriante tono de Hannibal Lecter en el thriller psicológico *El silencio de los corderos*. Comparémoslo con las voces melodiosas de Joni Mitchell, James Taylor y Bob Dylan, y nuevamente con Green Day o Adele. En un género totalmente distinto, pensemos en los efectos de una cantata de Bach o del canto gregoriano, o en la interpretación de un cantor o la voz de un imam. Los tonos de serena comprensión, de recepción de una historia vulnerable, de celebración de una nueva victoria, son actos generosos de escucha. Armonizar nuestro tono con el de alguien es una poderosa modalidad de empatía.

Alda me contó una historia sobre su participación como actor en una obra titulada *QED*, sobre el físico nuclear Richard Feynman, en la que Alda interpretaba al científico. «Recuerdo la parte en la que Feynman hablaba de sentarse en Times Square y pensar cuál sería el alcance de la destrucción provocada por la bomba atómica si cayera justo allí. Y durante ese fragmento de la obra –en California– se hizo el silencio. Sin embargo, en la ciudad de Nueva York el silencio era completo. Aún más profundo. Porque hacía tres semanas del 11-S. Después, todos dijimos que habíamos escuchado ese silencio. El director dijo que *nadie respiraba*. No es que la gente dejara de moverse, inquieta: dejó de respirar. Y una respuesta colectiva así afecta a todo aquel que se halla en la estancia. En ocasiones, la colaboración a través del silencio total resulta más elocuente que las risas o los aplausos».

Se trata de un ejemplo muy claro de lo que el arte puede enseñarnos sobre la verdadera escucha. Todo el público se contagió de la misma emoción y se aferró a ella. Para la mayoría de nosotros, la escucha sincera es una habilidad poco desarrollada. Experiencias como ésta, que pueden vivirse de forma ideal en cines y teatros, nos recuerdan lo importante que es escuchar de verdad lo que alguien está diciendo –y prestar atención a los silencios–. A menudo, lo más importante de la comunicación es lo que no se dice.

Y, finalmente, ¿cómo respondes ante una obra de arte? Todo aquel que mira una obra de arte lleva consigo su propia experiencia y visión del mundo. Al mismo tiempo, todos los artistas aportan su perspectiva particular. Pienso que el poder del gran arte radica en hacer posible que, tendiendo un puente entre el individuo y el resto del mundo, el artista y el observador compartan una visión. De algún modo, es una especie de viaje temporal que nos transporta en el tiempo y en el espacio hasta el punto de vista o la perspectiva de otra persona. Hay una colaboración entre los artistas y quienes observan sus obras que transforma las esculturas, los cuadros, la música, la palabra escrita y las artes escénicas en una experiencia emocional definida por las dos partes de la transacción. ¿Qué parte de nuestro cuerpo se emociona con la obra, y de qué modo se emociona? ¿Qué nos ha inspirado esa obra? Podemos sintonizar mejor con la propia experiencia emocional y corporal del arte. Una vez que ya sabemos reconocer cómo responde nuestro cuerpo al arte, quizás podamos evocar ese sentimiento al cabo de días, meses o incluso años de habernos emocionado el mensaje del artista. Intentemos compartirlo con cualquiera que necesite de un argumento para levantar el ánimo. Tal vez participemos así en el gran efecto de onda expansiva que el arte puede desplegar.

Ello explica cómo las artes refuerzan nuestra capacidad de poner a prueba los músculos de la empatía. Respondemos con una reflexión sobre el efecto que nos ha producido una historia o una obra musical que nos transporta a otro estado de ánimo o nos lleva a cambiar nuestro punto de vista. Puede elevar nuestro espíritu y hacer que pasemos de simplemente funcionar y actuar a apreciar las texturas, los matices, las formas y los colores de nuestras vidas, y así ayudarnos a sacarle partido a la creatividad y la alegría. Cuando una obra de arte tiene realmente un sentido para nosotros, no nos provoca simplemente una emoción distinta: también puede inducirnos a tener en cuenta una perspectiva o acción diferente, así como una experiencia emocional compartida que une nuestra naturaleza humana a la de otras personas que son al mismo tiempo iguales y distintas a nosotros.

10

El liderazgo y la política de la empatía

Axelle Bagot vivía en Boston cuando en 2015 tuvieron lugar los atentados terroristas en la sala Bataclan y otros lugares de París. Bagot, estudiante francesa en la Escuela de Gobierno John F. Kennedy de Harvard, quedó destrozada al escuchar en las noticias que 129 compatriotas suyos habían muerto en los ataques. Aquella noche fue al Boston Common, un lugar de encuentro habitual para estudiantes y otros bostonianos, con la esperanza de escuchar palabras de claridad y confort en boca de un representante del gobierno francés. Bagot se quedó atónita cuando, tras un momento de silencio, éste abandonó el escenario sin haber ofrecido una sola palabra de confort. «Mil personas reunidas allí, mirando a un hombre que no logró expresar la solemnidad del momento, que no reconoció nuestro dolor, o que no supo cómo hacerlo y decidió no intentarlo –recuerda–. En aquellos terribles instantes, considero que los líderes deben ser capaces de transmitir a las personas congregadas las palabras que éstas esperan escuchar, y así ayudarles a sanar. Podía haber leído los nombres de las 129 personas que murieron, o bien un poema o una cita, pero no dijo nada.

»Cuando se fue del escenario, y en medio del sentimiento de abandono y decepción que nos invadió a todos, un hombre que tenía a mi izquierda empezó a cantar "La Marsellesa", nuestro himno nacional, que unió a la multitud y nos recordó la fuerza que tenemos si estamos juntos. A veces son la música y las artes lo que nos acerca a los demás en ausencia del mensaje de los líderes».

Cuando Bagot me contó la historia, enseguida pensé que había identificado a la perfección lo que debe exigírsele a un líder en tiempos de crisis: la capacidad de reconocer emociones, de empatizar y de comprender el poder de la sanación y la restitución de la confianza. Ante una tragedia o un momento de dificultad, un buen líder sabe cómo unir a los afectados y mantener viva la esperanza. Incluso en los buenos tiempos, un líder eficiente comprende que el liderazgo no tiene que ver con el rango, la autoridad, el poder o el privilegio. El verdadero liderazgo –ya sea al frente de un país, de un ejército o de una compañía– depende por completo del éxito y el bienestar de todo el grupo.

La esencia neuronal del liderazgo empático

El liderazgo tiene que ver con las emociones. Cuando describimos a alguien que consideramos un buen líder, solemos hablar de inteligencia, instinto y experiencia, pero los grandes líderes están muy bien conectados con las emociones de los demás y son expertos en regular las suyas. Los CEO y ejecutivos suelen ser elogiados por su gran tenacidad y sus decisiones cruciales; los políticos, por sus medidas implacables; los empresarios, por su naturaleza innovadora y competitiva. Sin embargo, todas estas cualidades son sólo una parte de lo que significa el liderazgo. La neurobiología parece predisponernos a tener una preferencia por los líderes que, por encima de todo, expresan empatía y compasión. Estos líderes ejercen un efecto claramente positivo en el funcionamiento neurológico, el bienestar psicológico, la salud física y las relaciones personales. Richard Boyatzis, profesor en la Escuela de Dirección de Empresas de Weatherhead, de la Universidad de Case Western Reserve, señala que «la falta de preocupación empática en las empresas trae consigo innumerables desastres, entre ellos la pérdida de contacto con la mente y los corazones de los empleados, de los clientes, de los proveedores y de la comunidad en general. Es algo indisociable de la falta de preocupación moral, y ello tiene como consecuencia una menor activación de la red neuronal por defecto, la parte del cerebro que se activa cuando una persona está pensando en los demás, recordando el pasado y planificando el futuro». Los auténticos líderes combinan en sí una profunda conexión emocional –posible gracias a circuitos neuronales compartidos– y unas mentes rápidas, decisivas y creativas que detectan oportunidades y averiguan cómo poner en marcha un plan –lo cual explica por qué resulta tan difícil encontrar grandes líderes.

Daniel Goleman describió cómo el liderazgo empático puede alterar la química cerebral del líder y de sus seguidores mediante la creación de una interconexión entre los pensamientos y los sentimientos. Goleman lo llama *inteligencia social*: a un nivel químico, neurotransmisores como las endorfinas, la dopamina, la serotonina y la oxitocina favorecen el vínculo social y nos alientan a confiar en los demás mediante la cooperación y una actitud receptiva. A un nivel neuronal, los circuitos cerebrales compartidos reflejan los pensamientos y las emociones de un líder, y empujan a los seguidores a, literalmente, imitar esos mismos pensamientos y emociones.

Hay otros dos tipos de neuronas que no son tan conocidos y que tienen una gran importancia para la interconexión social: las células fusiformes y los osciladores. Las células fusiformes fueron descritas por primera vez por el anatomista Constantin von Economo, y a veces se las conoce también como *células Economo*. Estas enormes células actúan como una especie de autopista de la empatía: sus ramas, largas y delgadas, se extienden a otras neuronas y aceleran la transmisión de pensamientos y sentimientos en el cerebro. Las neuronas fusiformes se encuentran en la corteza cingular anterior y en la ínsula, pero sólo en los humanos, los grandes simios y otras criaturas muy sociales como los elefantes, los perros, las ballenas y los delfines. Se activan cuando las personas experimentan emociones de tipo social, como la empatía, el amor, la confianza, la culpa y el humor, y cuando controlan por sí mismas las emociones. Según Goleman, las células fusiformes son importantes para el liderazgo empático porque activan nuestro «sistema de orientación social», el cual nos ayuda a emitir juicios «de corte fino» que, en una fracción de segundo, crean compenetración y conexión entre los líderes y sus seguidores.

Los osciladores, radicados en el sistema nervioso central, coreografían el movimiento físico entre los individuos y dentro de los grupos.

Pueden verse sus ritmos sincronizados en acción con parejas de *skaters* que han estado juntos durante mucho tiempo y, a un nivel más cotidiano, parejas que hace décadas que están casadas. Se ha demostrado mediante estudios por imagen que los hemisferios derechos de dos músicos que toquen en armonía están más coordinados que los lados izquierdo y derecho de sus cerebros individuales. Interesantes estudios llevados a cabo por David DeSteno, de la Universidad Northeastern, muestran también que, simplemente dando golpecitos con los dedos de manera sincrónica, podemos experimentar mayor confianza y compasión por los demás. En el liderazgo, los osciladores establecen una conexión física literal dentro de los grupos y entre los líderes y sus seguidores, y podrían explicar la naturaleza contagiosa del liderazgo. La mayoría de los trabajadores saben perfectamente que el ambiente emocional de su lugar de trabajo vendrá dado por la actitud de sus jefes, que se hace evidente en el preciso momento en el que entran en la estancia o por la propia presencia o ausencia de las claves de la empatía que estamos analizando en el libro: contacto visual, expresiones faciales, posturas, tono de voz, afecto y las respuestas fisiológicas derivadas de todo ello. Las emociones del líder se propagan en la organización talmente como si fueran un virus. Hasta los observadores más desprevenidos se ven contagiados por él.

Este circuito neuronal altamente especializado, junto a otros sistemas relacionados del cerebro y el cuerpo, crea una inteligencia socialmente consciente y una inteligencia mental compartida. Y de toda esta química y biología brota un sentimiento de empatía reflexiva y emocional que lleva al líder a adentrarse en las mentes de sus seguidores. Los líderes empáticos crean lazos emocionales con sus grupos, equipos y votantes, y promueven un clima de confianza y colaboración. Están capacitados para comprender y satisfacer sus necesidades, apreciar y aprovechar el talento de las personas, y reconocer los puntos de vista ajenos para solucionar un problema e incluirlos en la toma de decisiones conjunta.

En cambio, cuando los líderes se guían únicamente por la mente y apenas recurren al corazón, quizás a corto plazo no les suponga un problema, pero a la larga difícilmente se saldrán con la suya por los miedos, la ansiedad y la animosidad que habrán despertado entre sus equipos y empleados. Desde una perspectiva bioquímica, la ansiedad, el miedo y el estrés provocan subidas de los niveles de hormonas de lucha o huida, como el cortisol y la adrenalina, además de otras hormonas que incrementan el riesgo de trastornos de ansiedad y depresión, junto con la obesidad y las enfermedades cardíacas. Lejos de ser efectivos, los líderes incapaces de transmitir empatía pueden ejercer un enorme efecto psicológico y hasta físico en sus seguidores. Se ha demostrado que los líderes autocráticos que funcionan con el sistema del palo y la zanahoria reducen la productividad, asfixian la creatividad y apagan la motivación.

Al nivel psicológico, los humanos alcanzan el equilibrio, o la homeostasis, con los sistemas internos que coordinan y mantienen la estabilidad de la temperatura, la presión sanguínea, la frecuencia cardíaca y respiratoria, y otros factores. Para ello se necesita un equilibrio entre la aportación que hacen dos partes del sistema nervioso autónomo que intervienen en el cuerpo de forma muy parecida a como lo hacen el acelerador y los frenos del coche. El sistema nervioso simpático actúa como acelerador de la frecuencia cardíaca y respiratoria, de la presión sanguínea, del flujo sanguíneo hacia los músculos, de las expresiones faciales de la emoción y del tono de voz, mientras que el sistema nervioso parasimpático hace la función de freno y ralentiza el funcionamiento de esos mismos procesos. Los centros de control en el cerebro que dirigen estos mecanismos, también llamados *núcleos*, se hallan en el cerebro medio o mesencéfalo, en un área denominada *puente de Varolio*.

Un sistema fisiológico de tipo «pedal y freno» que esté equilibrado ayuda a los líderes a dirigir mejor. Si se sienten inquietos, insatisfechos, agitados o temerosos, recurrirán a él. Sin embargo, los grandes líderes proyectan una actitud calmada y un tono de voz constante, y saben mantener las claves de la empatía incluso en momentos de crisis. El piloto Chesley Sullenberger, «Sully», es un ejemplo emblemático de cómo autorregularse en una situación de crisis causada por unas aves en vuelo. Sully, como recordarás, es el héroe del «milagro del Hudson» que logró aterrizar sin problemas en el río Hudson con un Airbus de US Airways, después de que una bandada de gansos hiciera perder potencia a los dos motores del avión. Así, en una increíble exhibición de heroísmo y serenidad, la voz calmada y constante del capitán Sullenberger anunció los planes a los pasajeros y la tripulación, y acuatizó el aparato en el río. El sistema nervioso parasimpático de Sully, obviamente autorregulado y controlado, fue lo que le permitió mantenerse en calma y concentrado, y utilizar la palabra «imposible» cuando el controlador del tráfico aéreo le dijo que girara a la izquierda para volver a la pista. El piloto no gritó, ni maldijo a nadie, ni se descentró emocionalmente. Su concentración en aquello que estaba haciendo y su habilidad inspiraron confianza sin alarmar a los pasajeros, y así fue como salvó la vida de las 155 personas que viajaban a bordo.

Empatía, teoría del apego y liderazgo

Muchos directivos de empresa no son capaces de ver hasta qué punto sus empleados proyectan en sus jefes los patrones de apego heredados de la infancia. Cada uno de nosotros transporta en su interior todas las etapas por las que hemos atravesado, y las primeras experiencias vitales pueden ser activadas sin que lo busquemos conscientemente. Igual que las *matryoshka*, las famosas muñecas rusas, las versiones más tempranas y pequeñas de esas experiencias viven en nuestro interior, pero la única visible es la mayor de ellas. Con la edad vamos envejeciendo y, con suerte, madurando, pero el estrés hace que esas versiones más tempranas de nosotros salgan a la luz y puedan llegar a superar nuestras defensas, que ahora están más desarrolladas. Los líderes deberían comprender que, cuando las personas se sienten vulnerables, estos episodios más tempranos de su vida pueden salir a la superficie, y los adultos ya maduros pueden comportarse eventualmente como niños al percibir una figura de autoridad más amenazante de lo que realmente es. La amabilidad y la equidad pueden ayudar a salvar estas dificultades en las relaciones.

En sus primeras etapas de vida, los niños conectan muy bien con la actitud de sus progenitores por cuanto dependen totalmente de ellos. De modo similar, los trabajadores tienden a proyectar en sus jefes y líderes su percepción de las primeras figuras de autoridad que marcaron sus vidas, de forma que otorgan mucha importancia a la actitud y el comportamiento de aquéllos. A un nivel subconsciente, los empleados suelen mantener este patrón respecto a sus superiores en cuanto a sus necesidades de apego, aceptación, mérito y aprecio. La coherencia, la previsibilidad y la empatía conducen a relaciones de apego seguras en la vida familiar y estimulan las hormonas de la vinculación propias de la cordialidad y la confianza. Cuando los líderes hacen gala de estos mismos atributos, sus seguidores sienten esas mismas emociones.

La tendencia a convertir en catástrofe y exagerar las amenazas propias del puesto de trabajo suele tener su origen en la primera infancia, dominada en ocasiones por la ausencia de control y el temor al abandono.

La teoría del apego de John Bowlby proponía que un vínculo físico y emocional sólido con al menos un cuidador principal es fundamental para el buen desarrollo de la persona. Se ha demostrado que el 80 % de los niños maltratados han vivido en un entorno de apego desorganizado, lo que provoca respuestas imprevisibles en situaciones de estrés. Aunque no es lo más apropiado tratar a los trabajadores como niños, los líderes deberían tener presente que cada uno tenemos nuestras propias necesidades de apoyo y estímulo cuando nos sentimos inseguros, y ello debería llevarles a minimizar las amenazas y buscar otras tácticas que no sean el miedo y la intimidación para motivar a sus equipos. Las empresas, especialmente en aquellos casos en los que dejan marchar a alguien para que encuentre nuevas oportunidades, pueden gestionar los despidos sin perder el respeto y transmitiendo la esperanza de que en el futuro puede haber lugar allí para el talento y la capacidad del trabajador.

El índice de empatía

Aunque apenas existen datos fidedignos al respecto, según el Índice Global de Empatía –también conocido como «el Fitbit empresarial que mide la empatía»–, la empatía puede contribuir a aumentar los beneficios de la empresa. En su estudio del año 2015, las 10 principales compañías de las 160 que conforman el índice generaron un 50 % más de ingresos netos por empleado que las 10 compañías situadas al final de la lista. El índice analiza factores como el trato a los trabajadores y la comunicación con los clientes por parte de las empresas.

Recientemente, mi equipo de investigación sobre empatía publicó un estudio acerca de un supuesto «elemento de compensación entre amabilidad y competencia» que cuestiona una opinión muy arraigada: la existencia de una relación inversa entre amabilidad y competencia. En estudios anteriores se llegaba a la conclusión de que las personas con un carácter más agradable solían considerarse menos competentes. Sin embargo, lo cierto es que los líderes carentes de empatía tienen dificultades para mantener la confianza, el respeto y la fe de sus seguidores. Por el contrario, cada vez se reconoce más la importancia que tienen las aptitudes de cada persona para lo que se estima una conducta competente. En nuestro estudio, llevado a cabo en el Hospital General de Massachusetts, los facultativos que mostraron un comportamiento empático no verbal fueron considerados más competentes, aparte de –como cabría esperar– más agradables. Se partía del temor de que mostrar el lado más humano pudiera dar la imagen de un facultativo menos cualificado, pero los resultados parecen demostrar que se trata de un temor infundado. Las conclusiones del estudio indican que las habilidades y la inteligencia emocional de la persona son factores que influyen en la percepción de la competencia. Un líder ajeno a las emociones de sus seguidores encontrará obstáculos a la hora de trabajar en equipo por la consecución de un objetivo común. Porque, ¿a quién guía el líder? En palabras de John Maxwell, sacerdote y orador especializado en motivación: «Si eres guía pero nadie te sigue, lo único que estás haciendo es dar un paseo».

Los líderes empáticos son expertos en la gestión de las relaciones. Las relaciones de confianza que se dan entre los grupos y dentro de ellos mejoran la capacidad de recibir y procesar información y de encontrar soluciones. Son el factor social clave en la creación de vínculos y la unificación de grupos, los cuales están así más preparados para conectar con los intereses y las perspectivas de los otros grupos y entenderlos. Crean zonas seguras en las que pueden expresarse esperanzas y temores, y generalmente evitan las críticas punitivas y sentenciosas en su estilo de gestión. Pero los líderes empáticos no hacen grandes piruetas para complacer a todo el mundo. Mi amiga Emma tiene una jefa que, si bien no le agrada especialmente como persona, describe como una excelente líder. «Entiendo su concepción de las cosas y sé que ella me apoya incondicionalmente. No saldría con ella a tomar una copa, pero sí la seguiría hasta el fin del mundo». En esencia, la empatía permite a un líder leer las emociones y las mentes de su gente para así adquirir mayor perspectiva y encontrar la mejor forma de avanzar con una visión más amplia. Por su carácter «contagioso», la empatía favorece la negociación, la colaboración y la resolución de conflictos. La posición de liderazgo exige también unos límites bien definidos. Una mayor comprensión de los demás ayudará a los líderes a ampliar sus puntos de vista y ver el lado humano, lo cual no impide que los demás asuman también sus responsabilidades. El líder que se mantiene en su rol es respetado y se erige en punto de referencia para sus seguidores incluso en momentos de crisis y dificultad.

Empatía ausente y desatinada en las elecciones presidenciales estadounidenses de 2016

Hay personas en el poder que saben muy bien cómo crear el clima necesario entre la gente. Entienden cómo leer la temperatura emocional de sus seguidores. Daniel Kuhn, periodista de la Escuela de Asuntos Públicos de la American University, describe así el ambiente de un acto preelectoral de Donald Trump: «Un supermitin de Trump es mitad concierto de rock, mitad espectáculo de lucha libre. El ambiente que hay es electrizante. Cuando entras, ves a todo el mundo excitado». El periodista explica cómo Trump absorbe esa atmósfera cargada de electricidad de la multitud y la retorna al público con frases repetitivas del tipo «Devolvámosle a Estados Unidos su grandeza», «Construid el muro» y «Muy pronto vamos a volver a decir "Feliz Navidad"». Los asistentes ya conocen sus comentarios chistosos y están encantados de volver a escucharlos.

¿Puede considerarse esto un ejemplo de liderazgo? ¿Un ejemplo de liderazgo empático? ¿Podría decirse incluso que es un ejemplo de empatía? Este estilo de liderazgo se basa en lo que los neurocientíficos denominan *contagio emocional*. El contagio emocional es lo que ocurre cuando alguien grita *¡Fuego!* en un cine. El cerebro recoge instantáneamente una serie de emociones intensas mediante el tálamo, un enrutador que da la señal a la amígdala, el centro de las emociones del cerebro, para que ésta active una serie de cambios rápidos en las expresiones faciales y envíe otras señales que sincronizarán las emociones de la gente. El contagio emocional es necesario para dar la alarma y escapar de un incendio, pero también se utiliza para agitar a la multitud y provocar el caos. Puede ir muy bien para debatir cómo a veces se hace uso y abuso de la empatía en el liderazgo político.

La empatía es el elemento aglutinador que cohesiona nuestra naturaleza humana. Es lo que nos permite saber qué es importante y qué sienten con mayor intensidad los otros seres humanos. Cuando se emplea para aumentar la asistencia y protección de nuestras comunidades, la empatía sirve de guía hacia la gobernanza. Cuando se hace un mal uso de ella mediante la coerción o la manipulación, o priorizando un grupo sobre otro, puede llevar a la polarización o denigración de grupos considerados «los otros» y la fractura de la sociedad. Un mal uso de la empatía provoca falsas esperanzas de que el contagio emocional generado por un líder significa que el líder le interesan realmente sus seguidores.

Nuestros dirigentes políticos tienen la llave del gobierno de la sociedad. En un mundo interconectado como el nuestro, las decisiones y acciones de los líderes no sólo afectan sus propios países, sino que tienen también un efecto de onda expansiva en todo el planeta. Quienes se aprovechan de sus puestos de poder para su propio ensalzamiento, su esplendor personal y enriquecimiento, y dominan a poblaciones enteras con tácticas de odio y temor, degradan las sociedades. No está del todo claro si este tipo de líderes suelen responder a un perfil de personas con una baja capacidad neuronal empática o si es que el poder reduce la capacidad empática. Sospecho que confluyen ambas posibilidades en los líderes dominantes. Empatizar con las personas más allá de las fronteras nacionales, y considerar que los humanos pertenecemos a la raza humana sin importar el color de la piel, la religión o las creencias, sería el reflejo de la máxima expresión de la empatía humana. Se ha avanzado mucho gracias a las organizaciones defensoras de los derechos humanos y las libertades civiles, y también a aquellos que abanderan los valores democráticos y proclaman que «todos los hombres han sido creados iguales», pero sigue habiendo grandes dificultades.

El uso –o la manipulación– de la empatía en el liderazgo político ha provocado algunos de los horrores más destructivos y conflictivos de la historia. Ya hemos visto en muchas ocasiones, desde Napoleón hasta Hitler, que la empatía puede ser utilizada de forma deshonesta. Hemos visto líderes que utilizan el lado oscuro de la empatía, la capacidad de saber qué quieren escuchar las personas y dárselo, incluso si les causa daño. Son líderes que hacen promesas para congregar a su favor un subconjunto de personas que se sienten marginadas, incluso aunque ello vaya en contra de las doctrinas y los principios democráticos.

Sólo hay que observar el grado de polarización del país tras las elecciones de 2016 para ver cómo la empatía puede descontrolarse. Pero, antes de continuar con este tema, quisiera parar un momento para aclarar que no estoy condenando ni aprobando la opción de los votantes de ninguno de los dos partidos. Únicamente estoy observando las elecciones presidenciales a través del prisma de la empatía con el fin de reflexionar sobre su utilización en el campo del liderazgo –tanto por su mal uso como por su ausencia absoluta.

Comencemos viendo cómo un segmento excluido y olvidado de nuestra sociedad dio lugar a la oleada de apoyo que recibió Donald Trump. Uno de los triunfos de las elecciones de 2016 fue hacer visibles los nombres y las caras de aquellos miembros ignorados que son parte de nosotros. Resulta irónico que antes de los comicios Trump no mostrara apenas interés por el drama de los desempleados, las personas con escasos recursos o los ciudadanos blancos en situación de pobreza. Pese a su retórica contraria a la inmigración y en defensa del trabajador estadounidense, es un hecho probado que el propio Trump contrató no pocas veces a inmigrantes ilegales para levantar su imperio. Su eslogan «Devolvamos a Estados Unidos su grandeza» contradice el hecho de que muchos de los productos que vende su familia son fabricados en otros países. Y a pesar de esa reputación de multimillonario elitista con el lamentable hábito de pagar mal o no dejar propina a ese sector de la población al que intentaba convencer para que le diera sus votos, lo cierto es que fue capaz de convencer a muchos de aquellos que se sentían marginados y abandonados de que él sentía su mismo dolor. Ello es posible accediendo a la neurocircuitería afectiva de aquellas personas que presentan un alto grado de rabia y dolor, mediante el reflejo empático de su experiencia en el momento. Si se hace de manera efectiva, los procesos cognitivos del córtex prefrontal que permiten la comparación racional entre lo que el candidato afirma durante la campaña y las informaciones que dan cuenta de su verdadera forma de actuar, son sustituidos por la emoción.

El eslogan de Trump «Primero, Estados Unidos» puede parecer cercano, pero carece de empatía genuina. Trump lo impregnó de la idea de que Estados Unidos había perdido su grandeza, pese a la tasa de desempleo más baja y la estabilidad económica más alta que el país había registrado en décadas, antes incluso de que él anunciara su candidatura. Con ello reconocía un segmento concreto de la población –los blancos de renta mediana a baja– cuyas voces no han sido escuchadas por el *establishment* político y que están abrumados por las deudas y la pérdida del «sueño americano». Esta versión de la empatía atrajo a una multitud de fervientes seguidores que necesitaban escuchar un mensaje de esperanza, y que cerraron los ojos ante las prácticas habituales del candidato como engañar a los trabajadores, humillar a ganadoras de concursos de belleza por su peso y tocar genitales femeninos, y es que la pseudoempatía que él mostró por la situación de todos ellos era lo que necesitaban escuchar ya.

Trump vinculó su mensaje de creación de empleo a otros en los que ofendía, demonizaba y vilipendiaba a otros miembros de nuestra sociedad, y que desafiaban abiertamente nuestra democracia. En lugar de unificar a todos aquellos ciudadanos con similares aspiraciones de una vida mejor a través del esfuerzo y la esperanza, su retórica hacía trizas la promesa del «sueño americano» para otros grupos, como los inmigrantes, la gente de color, las mujeres, los musulmanes y la comunidad LGBTQ. Al mismo tiempo que seguía en su papel de mostrarse empático hacia el segmento de ciudadanos olvidados y de rentas más bajas, Trump desataba una virulenta hostilidad hacia aquellos que eran considerados «los otros» y eran apartados en nuestra sociedad. En efecto, mostró desdén, falta de respeto y desprecio, que es justo lo contrario a la empatía, por grandes segmentos de gente vulnerable en la sociedad estadounidense.

Trump improvisó un odio y menosprecio evidentes hacia los mexicanos, los musulmanes, los inmigrantes y las mujeres, por citar algunos de sus grupos de nopertenencia favoritos, algo que llevó a la candidata Hillary Clinton a pronunciar algunas de las palabras más increíblemente carentes de empatía en la campaña cuando se refirió a los seguidores de Trump como «una panda de despreciables». Al considerar a los seguidores de Trump tan «despreciables» como la propia plataforma política que el candidato republicano estaba creando –con una retórica elitista, además–, Clinton se alejó de millones de estadounidenses. No supo entender que la falta de empatía del *establishment* político hacia ellos era motivo suficiente para que muchas personas acudieran a Trump desde el principio.

Ese «despreciables» de Hillary Clinton tuvo unas consecuencias nefastas. Seguramente la candidata demócrata se centró en los valores democráticos que debió de considerar que eran la máxima prioridad para la mayoría de los estadounidenses, pero no supo ver en toda su amplitud la jerarquía humana de necesidades que tan bien describió el psicólogo estadounidense Abraham Maslow en 1943. Por lo tanto, no fue capaz de sondear la posibilidad de compartir mentalmente el dolor de aquellos votantes y, al contrario, los juzgó pensando que todos ellos compartían los mismos valores que su oponente.

Maslow postuló la teoría de que la salud psicológica se basa en la satisfacción de las necesidades humanas innatas siguiendo un orden de prioridades. La mayoría de las personas centran primero su interés en obtener lo necesario para la supervivencia, como la comida, el alojamiento y la seguridad, antes de dar un paso más e interesarse por cuestiones más reflexivas y filosóficas como la igualdad racial y de género, la libertad de expresión y la democracia. El escalafón más bajo en la jerarquía de necesidades es el psicológico, seguido de la seguridad, el amor/pertenencia, la estima y, en lo más alto, la realización personal. Encontramos un buen ejemplo de ello en el estudio llevado a cabo por Transparencia Internacional en el que la organización preguntaba a los búlgaros, justo antes de unas elecciones importantes, si venderían su derecho a voto. Más del 10 % de los encuestados admitieron que lo harían, y además por una cantidad tan irrisoria como 20 dólares; en Estados Unidos, casi el 70 % de los que respondieron que lo harían de buena gana citaron la pobreza como razón principal para ello. Se han realizado otros estudios similares en todo el mundo con resultados semejantes, lo que demuestra que la gente prioriza las necesidades inmediatas ante las futuras, hasta el punto de estar dispuestos a vender un privilegio sumamente apreciado por una suma relativamente insignificante.

Todo apunta a que Clinton no supo identificarse con la gran inseguridad y el miedo que reinaban desde hacía tiempo en el llamado «Cinturón de Óxido», la región nororiental del país; el centro rural de Estados Unidos; y el «Cinturón de la Biblia», el sur y medio oeste del país. Tal como dicta la jerarquía de Maslow, la mayoría de las personas necesitan la garantía de una paga (es decir, de su supervivencia) para preocuparse por los derechos civiles, el drama de los inmigrantes o el medio ambiente. Como consecuencia, y lamentablemente, los tan aclamados y compartidos valores democráticos estadounidenses que ella propugnaba fueron ridiculizados por considerarse elitistas. Los puntos de coincidencia desaparecieron con tanta rapidez que la brecha entre los «despreciables votantes de derechas» y los «ofendiditos votantes de izquierdas» se hizo tan grande como el Gran Cañón.

Por su parte, Trump entendió implícitamente la mentalidad del clásico trabajador estadounidense. Aprovechó su miedo poniendo en práctica la falsa empatía de que hacía gala, mediante su mensaje de retórica tipo «nosotros contra ellos». Así, explotando la mentalidad de tribu ancestral, Trump reforzó su base recurriendo a los centros cerebrales del miedo, que crean defensas, barreras y aislamiento. La redactora de los discursos de Obama, Sarada Peri, en un ensayo para la revista *New York*, lo resumía muy bien: «[...] aunque es terrible para buena parte de la nación [la retórica del nosotros contra ellos], va dirigida al pequeño grupo de personas que él ha identificado como "nosotros". No les interesa escuchar que él también se preocupa por los demás. Lo quieren entero para ellos».

Peri señala además que la mayoría de grandes líderes históricos, desde Washington a Lincoln, pasando por Theodore Roosevelt, adoptaron el camino contrario al de Trump. «De forma deliberada, optaron por superar nuestros instintos más básicos y recurrir a los rasgos humanos que todos compartimos», afirma. Además, añade Peri, Trump es un político poco común, así que no tiene que enfrentarse al habitual dilema que plantea la empatía, al menos todavía no. Se dirige únicamente a sus incondicionales, los cuales creen que por fin alguien los escucha. Aprovechó la división de clases creada por una economía de rápido crecimiento y unos atentados terroristas perpetrados por ciudadanos extranjeros para reactivar una clase de personas cuya opinión sobre las penurias económicas no había sido tenida en cuenta desde hacía mucho tiempo. De forma astuta vinculó estos problemas al odio hacia los inmigrantes, a la sospecha que recae sobre todo aquel que provenga de fuera de nuestras fronteras y a la tolerancia del supremacismo blanco y los grupos neonazis, además de sobrealimentar los centros del miedo del mesencéfalo de sus seguidores y convertir así la empatía hacia otros grupos desfavorecidos en un juego de suma cero. No son éstos los valores propios de este país, pero lo cierto es que, mediante una empatía artificial y promesas falsas, Trump logró que los más necesitados creyeran en él como el líder que podía prometer seguridad económica, algo que, como se ha visto después, ha acarreado un gran coste desde el punto de vista humanista.

Son muchas las personas que *están* en una situación desesperada, por lo que a Trump le funcionaron su uso indebido de la empatía y su discurso al país. Y cuando miran al futuro, las perspectivas no son mucho mejores. En un sondeo a pie de urna durante las elecciones de 2016, el 15 % de los votantes marcaron el atributo «que se preocupe por mí» como uno de los más importantes que debía presentar el candidato. Clinton le sacó a Trump 23 puntos de diferencia en esta cuestión. Sin embargo, para el 40 % casi del electorado que consideró el atributo «traer consigo cambios» como el más importante del candidato, Trump se puso por delante con una espectacular diferencia de 68 puntos. ¿Podría ser que los estadounidenses cayeron en el error de pensar que Trump se preocupaba de verdad por ellos? Tal vez sólo querían que hubiera cambios, y la falta de empatía mostrada por Clinton hacia este grupo convirtió el cambio en una prioridad aún mayor.

Para el expresentador de la CNN Frank Sesno, Trump supo aprovechar las burbujas informativas creadas por las redes sociales para difundir sus mensajes con mayor eficacia que Clinton. Sesno, conocido por su habilidad para hacer las preguntas adecuadas, explicó en su libro *Ask More* que Trump supo ver que la gente forma en Internet comunidades de personas afines. «Sabía dónde encontrarlas y cómo dirigirse a ellas partiendo de diferentes perspectivas, que es la faceta más calculadora de la empatía, mientras que Clinton intentaba dirigirse a todo el país utilizando el mismo mensaje», afirma Sesno.

Resulta interesante comprobar que no siempre concuerda la percepción que se tiene del funcionamiento de un candidato a presidente con la de su funcionamiento posterior como presidente electo. La demora de Trump en condenar la invasión de la ciudad de Charlottesville (Virginia) por supremacistas blancos y neonazis, y en la cual fueron heridas cientos de personas y murió un manifestante pacífico, fue lo suficientemente elocuente para la mayoría de los estadounidenses, incluidos muchos de sus seguidores. Al principio permaneció callado ante el trágico suceso y, cuando finalmente reaccionó, lo hizo en los siguientes términos: «El racismo se combate con puestos de trabajo». Una vez más, Trump optó por desdibujar los límites entre la tolerancia del fanatismo y la seguridad económica.

Del mismo modo, su necesidad de recurrir a «plantillas» de empatía para hablar con los supervivientes del tiroteo ocurrido en el instituto de Parkland (Florida) dejaba clara su total ausencia de confianza en su capacidad de reconfortar a unos padres y alumnos abatidos, en uno de los más atroces episodios de pérdida de vidas humanas de la historia de nuestro país. Su postura vacilante sobre el aumento de la edad mínima legal para comprar armas de asalto también puso de manifiesto cuáles eran sus prioridades. Es una situación de absoluta y profunda falta de empatía, y hay quien teme que el precio a pagar sea algo tan preciado como nuestra libertad y nuestra democracia. Además, Trump no dejó de mantener que todos aquellos que se muestran contrarios a sus principios son meros «perdedores resentidos» porque Clinton había perdido las elecciones. Esta falsa caracterización de los demócratas reduce y devalúa el nivel de alarma provocado por su negación del cambio climático, su intolerancia a la inmigración y su menosprecio por los derechos humanos, y evidencia una falta de respeto por la raza humana como comunidad de personas.

He escuchado a gente afirmar sin reservas que Trump es perfectamente capaz de expresar empatía, porque, te guste o no, nadie puede discutir su estrecha relación con sus parientes consanguíneos y sus respectivos cónyuges. No he estudiado su figura ni he hablado con él personalmente, pero sí que creo que pueda sentir algo por aquellas personas a quienes considera una extensión de sí mismo, básicamente sus familiares cercanos. En una serie de artículos publicados el 31 de julio de 2017 en la revista *People* aparecían unas pinceladas de las enseñanzas de Trump a sus hijos. En la portada podía leerse: «Los secretos y mentiras de la familia Trump: Donald Trump enseñó a sus hijos a jugar sucio y ganar, sin importar lo que costara. Cómo la despiadada cultura familiar moldeó a Don Jr., a sus hermanos y a la propia presidencia». ¿Podemos inferir de aquí que esas enseñanzas son un reflejo del tipo de empatía que le caracteriza?

Trump tiene poca capacidad empática hacia aquellos a quienes no conoce, incluidos sus leales seguidores y hasta su círculo político más íntimo, pero su habilidad para sacar partido de la debilidad de los demás le ha permitido convertirse en el paladín de aquellas mismas personas. Candidato en un momento en el que la gente anhelaba el cambio, su habilidad para aprovechar el sufrimiento del ciudadano de raza blanca y con pocos recursos le hizo ganar lealtad y fidelidad entre sus conciudadanos. Sin embargo, en situaciones como los altercados de Charlottesville, muchos estadounidenses esperaban que un «empatizador jefe» volviera a juntar a un país dividido. Pero no tuvieron suerte.

Trump, por supuesto, no es el único líder político que ha suspendido el examen de empatía. La historia está plagada de ejemplos. En el pasado reciente de este país, la respuesta de George W. Bush a los estragos del huracán Katrina fue considerada propia de alguien indiferente a la situación, lo cual le hizo ganarse una reputación de distante e insensible que le persiguió durante todo su mandato. También Barack Obama fue criticado a menudo por no hacer declaraciones de apoyo cada vez que un miembro de las fuerzas del orden era asesinado en acto de servicio. Y ya he mencionado la aparente falta de empatía de Hillary Clinton por aquellos votantes que se sintieron abandonados por la prosperidad de que hacía gala su país.

Tenemos ejemplos reales de empatía en el mundo de la política. A veces nuestros dirigentes lo hacen bien. Por muy criticado que fuera George W. Bush tras su tibia y desafinada respuesta al Katrina, lo cierto es que la mayoría de los estadounidenses coincidirían en que estuvo junto a su país inmediatamente después de producirse los atentados del 11-S en Washington, Pensilvania y Nueva York. Visitó los lugares afectados y habló con los ciudadanos, asegurándose de recalcar que la mayoría de los musulmanes estadounidenses son ciudadanos leales y respetables. Hizo lo correcto. ¿De qué ha servido nunca echar la culpa y considerar diferentes a toda una raza de personas por las malas acciones de unos pocos?

En la misma línea, es conocida la defensa que hizo el senador John McCain de Barack Obama, su oponente en las elecciones de 2008, cuando una mujer se le acercó en un mitin y dijo por el micrófono: «No puedo confiar en Obama. He leído sobre él, y resulta que no es... no es... ¡Es árabe!». McCain empezó a negar con la cabeza. Suavemente le cogió el micrófono y contestó: «No, señora. Es un respetable padre de familia, un ciudadano con el que da la casualidad de que discrepo en cuestiones fundamentales, y en eso es precisamente en lo que consiste la campaña». Pero McCain aún fue más allá en su defensa de Obama: «Es una persona respetable por la que no hay que sentir ningún temor. Si no fuera porque creo que seré mucho mejor presidente, no habría presentado mi candidatura, ni más ni menos. Admiro al senador Obama y todo lo que ha hecho, y voy a respetarle. Quiero que todos sean respetuosos, y que nos aseguremos de serlo. Porque así es como debería hacerse política en Estados Unidos».

McCain demostró así un liderazgo realmente admirable, ya que fue capaz de expresar sus valores sin demonizar al oponente. Y lo que hizo al defender a Obama de manera tan empática fue demostrar en qué consiste la verdadera empatía: en respetar a una persona sin importar las diferencias políticas, y en juzgar a alguien por los rasgos de su carácter, como honestidad, autenticidad, acciones acordes con su retórica y respeto por la humanidad. Podía haber caído en la tentación de demonizar al adversario por sus ideas políticas, pero optó por manifestar lo que sabía que era cierto de su personalidad.

E.M.P.A.T.H.Y. en el ámbito del liderazgo

Al escribir sobre empatía, algunos autores han dedicado libros enteros a las trampas de la empatía humana y han atacado este rasgo humano haciendo énfasis en la tendencia de la gente a priorizar, con nuestras más profundas preocupaciones empáticas, los grupos de pertenencia y excluir el sufrimiento generalizado en el mundo. Considero que es una postura muy corta de miras. La genética y la epigenética tardan mucho tiempo en provocar cambios en el cerebro humano. La interrelación de distintos factores cognitivos y emocionales nos ha llevado a ser cada vez más conscientes de que las soluciones de tipo tribal no funcionan en un mundo interdependiente como el actual. El cerebro necesita tiempo para desarrollarse, y dado que las soluciones de carácter tribal sólo conducen a más guerras, devastación y destrucción, los dirigentes mundiales deberían plantearse que no es una opción viable priorizar unilateralmente los intereses nacionales sin tener en cuenta sus consecuencias en el mundo. Así, en lugar de considerar la empatía como una capacidad humana equivocada, ganaríamos más si profundizáramos en la cuestión de quién pertenece a la tribu humana. ¿A quién le corresponde decidir quién entra dentro y quién se queda fuera?

Una forma de romper las barreras que separan a las personas es implementando las claves E.M.P.A.T.H.Y. en el ámbito grupal y no en interacciones individuales. El lenguaje corporal y otras señales no verbales son importantes fuentes de información que nos indican lo que está sintiendo el grupo. Pocas sonrisas, posturas desgarbadas y un nivel de energía manifiestamente bajo indican de manera sutil pero inequívoca una falta de conexión entre los miembros del grupo. En una ocasión fui a un congreso al que asistían más de 10 000 personas, y el centro de convenciones donde se celebraba estaba impregnado de una atmósfera de indiferencia y de energía apagada. Al intentar determinar de dónde venía esa sensación, me di cuenta de la cantidad de personas con expresiones faciales vacías y hombros caídos que recorrían los pasillos. Este congreso se celebró unos meses después de los atentados del 11-S: el evento había seguido su curso sin tener en cuenta la desolación en que estaba sumido el país y el sentimiento de la gente. Fue un rotundo fracaso. Una fuerza y un poder genuinos sólo pueden mostrarse con un planteamiento bidireccional de precisión empática, que permite a la audiencia informar al líder de cuál es la mejor manera de transmitir el mensaje. Los líderes eficientes entienden que la capacidad de percibir emociones compartidas es uno de los cimientos de su respuesta empática; recurren a señales visuales y verbales para interpretar el estado de ánimo de un grupo. Necesitan ser capaces de etiquetar las emociones de la multitud y adaptar el mensaje en consecuencia mediante sus propias señales verbales y no verbales, manteniendo la integridad, la honestidad y la honradez.

La mirada entre los líderes y sus seguidores puede ser una fuerza especialmente poderosa. En estudios de RMf, los sujetos a los que se muestran rostros enfadados con la mirada desviada y rostros asustados con un contacto visual directo desencadenan respuestas enérgicas en la amígdala, el centro emocional del cerebro. Es una respuesta normal, ya que las amenazas ponen en marcha la actitud defensiva y los primeros recuerdos de miedo e indefensión. Por ello es por lo que la mirada de un líder puede resultar tan poderosa.

La psicología asociada al contacto visual en el grupo es tan importante como la que se da en un encuentro individual, pero su puesta en práctica es distinta. Las personas a las que se les da bien hablar delante de un objetivo pueden mirar directamente a la cámara como si fueran los ojos de otra persona y evitar esa mirada sin pestañear que viene de diez metros más allá y connota inseguridad e ineficacia. En los directos resulta útil examinar la sala y hacer un breve contacto visual aquí y allá con el público. Incluso una mirada fugaz y directa como ésta hacia una pequeña parte de los asistentes genera un sentimiento de conexión con todos los presentes en la sala, ya que expresa la idea de que el líder no sólo ve al grupo en su conjunto, sino también a cada uno de los miembros individuales.

El tono de voz, como quizás recuerdas, transmite aproximadamente el 38 % del contenido emocional de lo que una persona comunica. A menudo el tono es más importante que las propias palabras que decimos, y puede determinar la comunicación empática, algo que no queda atenuado cuando nos dirigimos a una gran audiencia o hablamos por una pantalla. En sus estudios sobre el liderazgo eficaz, Richard Boyatzis ha detectado que los líderes con un tono de voz calmado, incluso al dar malas noticias, pueden resultar eficaces y ser respetados. El tono de voz está influido por los dos controles del sistema nervioso. Uno funciona durante la respuesta de lucha o huida, con una voz exaltada y temblorosa que revela miedo y ansiedad, y el otro mantiene una voz calmada, tranquila y racional frente a cualquier peligro. Los líderes más eficaces saben mantener la calma en medio de la tormenta centrándose en aquello que pueden controlar y transmitiendo la sensación de que están haciendo frente a la situación, y no de que se sienten desbordados por ella.

Escuchar a la persona en toda su integridad permite a los directivos de empresa optimizar el compromiso y la satisfacción del empleado. Se ha demostrado que, cuando las compañías se ven obligadas a reducir su plantilla o a despedir a los trabajadores, la empatía y la compasión expresadas generan lealtad hacia la empresa y el líder por parte del empleado, incluso si ha sido despedido. Pero si el despido se lleva a cabo de forma insensible, la empresa tendrá muchas dificultades para recuperar a esos empleados más valiosos cuando las cosas mejoren en el futuro. Todo apunta a que los circuitos neuronales compartidos tienen una extensa memoria.

Cuando usamos nuestras capacidades empáticas no ejercemos sólo la escucha activa, sino también la compasiva y receptiva. Siempre que pueden, los líderes empáticos priorizan la conexión mental compartida dándole la misma relevancia que a los temas que desean transmitir. No emiten juicios de valor, incluso en aquellos casos en que los sentimientos de los demás entran en conflicto con los suyos. Admiten, si bien no lo consienten necesariamente, que las emociones controlen el curso de los acontecimientos. Dedicar tiempo a observar las emociones potencia la sensibilidad.

Aunque los empresarios puedan pensar que el resultado neto es su principal preocupación, lo que en último término determina la buena marcha de la compañía es el compromiso y la vitalidad de sus empleados. Los líderes empáticos saben entender los objetivos que impulsan a la gente a seguir adelante. Aquellos jefes que se ponen en la piel de sus trabajadores prestan atención a lo que más les importa a éstos: conciliación de la vida laboral y familiar, apoyo, flexibilidad, metas y una cultura del respeto y la inclusión. El sueldo y el salario importan mucho menos de que la mayoría de las empresas creen.

Tal vez esos líderes con una actitud dura y cortante piensen que de ese modo están proyectando autoridad. Estudios llevados a cabo con directivos empresariales muestran que casi al 40 % les preocupa ser demasiado agradables, y más de la mitad piensan que deben ejercer su autoridad para mantenerse en su puesto. Éste es un temor quizás más presente entre las mujeres, que tienen más predisposición a la preocupación empática pero que no ven este rasgo tan a menudo entre algunos de sus colegas masculinos. Sin embargo, los estudios llevados a cabo entre empleados sostienen lo contrario. Tienen una mejor imagen de los jefes cuando éstos se comportan con respeto y cortesía. Más que demostrar poder, parece que las tácticas de mano dura socavan el rendimiento y la confianza. En el mundo empresarial, quienes trabajan para jefes con una actitud dura e indiferente suelen ver disminuida su motivación, y se sienten menos comprometidos con su trabajo. Casi un tercio de ellos cambiarían de ocupación por un mismo salario si pudieran trabajar para una empresa que consideraran más compasiva. También sabemos que un alto nivel de estrés continuo en el trabajo da lugar a numerosos problemas psicológicos y físicos, que a su vez pueden provocar un mayor absentismo, desgaste y pérdida de la productividad. En definitiva, para ser un líder eficaz conviene cultivar la empatía. Aunque pueda parecer una aptitud secundaria, la empatía puede aprenderse mediante un entrenamiento consciente, que dará resultados concretos. El liderazgo empático puede revelarse como una influencia poderosa a la hora de hacer del mundo un lugar mejor mediante la fusión de los corazones y las mentes y la unificación de todas las facciones separadas. El líder perspicaz comprende la historia que se representa en su cabeza que no tiene por qué coincidir con la de todos los demás. Cuando un líder utiliza las claves E.M.P.A.T.H.Y. de manera eficiente, su respuesta connota una sincera preocupación empática, tanto si va dirigida a un grupo de 10 personas como si su audiencia es de 10 millones.

11

Bucear en lo más profundo de la empatía

A veces tenemos que buscar en lo más hondo de nuestro interior para sentir algo por otro ser humano, está en la naturaleza de las cosas. La empatía se fundamenta en la biología, la crianza, la sociedad, las creencias personales y la experiencia, lo cual significa que todos tenemos nuestros propios motivos para ablandar o endurecer el corazón. Es tan importante dar un paso atrás y analizar por qué sentimos poca empatía en algunas circunstancias como lo es analizar por qué la empatía surge con tanta facilidad en otras.

Ya hemos comentado antes que para muchas personas es muy difícil suscitar preocupación empática por alguien a quien consideran miembro de un grupo de no pertenencia. A la mayoría de nosotros no nos afecta emocionalmente del mismo modo saber las dificultades por las que atraviesa un extranjero que vive en un lugar lejano que las que experimentamos por alguien con problemas que reside más cerca, que se parece a nosotros o que vive una vida similar a la nuestra. Me atrevería a decir que la indiferencia, la ignorancia y el desconocimiento explican buena parte de esas respuestas empáticas faltas de interés que mostramos ante aquellos grupos, si bien hay algunas personas cargadas de prejuicios y con actitudes racistas que intentan justificar su falta de empatía hacia esos mismos grupos y que así lo reivindican orgullosas ante cualquiera que quiera escucharlas.

Los grupos de los que hablo en este capítulo no son aquellos que provocan una indiferencia pasiva en la mayoría. Éstos son los individuos a los que mucha gente no abre el corazón en ninguna circunstancia. Los estigmatizamos, pero no nos paramos a pensar en el dolor que les causamos así. Tal vez en estos grupos haya personas que se sientan a nuestro lado o que incluso comparten nuestro ADN. A veces son tan repudiadas por la mayor parte de la sociedad que no sabemos ni que existen aunque pasemos junto a ellas.

Dadme a vuestros rendidos, a vuestros pobres...

A través de la neurociencia social podemos contemplar las razones por las que la falta de hogar se ha convertido en algo invisible para la mayoría de nosotros. Para sentir empatía tenemos que reconocer primero al otro como ser humano, con pensamientos, sentimientos y emociones similares a los nuestros. Cuando alguien presenta cualidades tan poco atractivas como la suciedad o el mal olor, serán muchos los que rechacen su naturaleza humana al no experimentar ningún tipo de afecto por él ni sentir deseo alguno de ayudarle. En términos sociocientíficos, es lo que se conoce como *deshumanización*.

Pensemos en la película *El sopar*, en la que dos familias se encuentran después de que sus hijos adolescentes hayan calado fuego a una mujer sintecho que dormía en un cajero automático impidiéndoles el acceso a él. Los jóvenes se burlan de ella y la torturan como si fuera un objeto antes de matarla. Sus familias no muestran una reacción unitaria. Una define los hechos como asesinato, mientras que la otra encuentra la manera de justificar un acto tan atroz argumentando que la mujer no era más que una molestia y que no tenía derecho a bloquearle a su hijo el acceso al cajero. La vehemencia con la que una de las familias llega a defender las acciones de su hijo adolescente pone la carne de gallina –y lo hacen única y exclusivamente defendiendo el punto de vista del hijo.

Se han identificado los procesos neurológicos que nos insensibilizan de este modo ante el sufrimiento de «grupos de no pertenencia extremos» como los sintecho y los indigentes. En experimentos en los que se exhibe a sujetos fotografías de personas sintecho, los escaneos muestran que las partes del cerebro que se activan son las asociadas a la repulsión. Son las mismas áreas que se iluminan cuando vemos que la leche se ha agriado o nos encontramos con un nido de cucarachas. Al mismo tiempo, las partes del cerebro situadas en el córtex prefrontal que son necesarias para el procesamiento social no están igual de activas.

La enorme cantidad de mujeres que han sido deshumanizadas y convertidas en objetos sexuales por líderes poderosos y cuya vulnerabilidad ha sido explotada como rito de iniciación en la industria del espectáculo y otras profesiones, indica que deshumanizar a los demás es algo ubicuo y no sólo tiene consecuencias para los grupos de no pertenencia extremos. Los movimientos #MeToo y #BlackLivesMatter han dado voz a grupos silenciados desde hace mucho por el miedo y la vergüenza. La valentía de quienes han sido marginados por motivos de género y raza, y se han atrevido a hacerse oír, ha empezado a derribar muros de silencio que antes protegían a quienes tratan a los demás como objetos y ha abierto las compuertas a la consolidación de la empatía y de nuevas normas éticas y jurídicas. Existe la esperanza de que esos movimientos hagan posible un cambio en la forma de tratar a las personas en este siglo XXI.

También se ha constatado que apartar excesivamente a las personas e incluirlas en grupos de no pertenencia provoca que sean percibidas como algo tan lejano a la sociedad que dejan de suscitar cualquier tipo de respuesta emocional a su sufrimiento. Dejamos de ver su pobreza como algo desagradable y empezamos a ver a las propias personas como algo desagradable. De forma subconsciente nos engañamos a nosotros mismos y creemos que esas personas no experimentan las mismas emociones complejas –como malestar, tristeza o depresión– que nosotros. Nuevamente, como si fueran menos que humanos.

No todo el mundo cierra los ojos ante la situación de los más necesitados. Fijémonos, por ejemplo, en los numerosos programas que se han puesto en marcha para ayudar a los sintecho. Muchas personas compasivas trabajan para organizaciones que ayudan a quienes viven en la calle. Sin embargo, en los últimos años parece haber disminuido la tolerancia y la comprensión hacia los sintecho, aun cuando este trágico problema no ha dejado de aumentar exponencialmente. Algunos expertos han planteado que, cuando un problema así llega a ser acuciante, las personas comienzan a sentir fatiga por compasión y dejan de procesarlo a un nivel individual o global. De un modo u otro, la sociedad ha empezado a tratar la tragedia de la falta de hogar no como un mal social sino como un acto delictivo. En muchas ciudades se han aprobado normas que prohíben dormir en lugares públicos, vagabundear y mendigar. Una cosa sería que las ciudades proporcionaran suficientes centros de acogida para los sintecho, pero, si no es el caso, esas normas eliminan la empatía de la ecuación al negar a estas personas necesidades humanas básicas como un lugar donde dormir, comer o ir al baño.

Sin embargo, y pese a que lo anterior demuestra lo contrario, la mayoría de la gente afirma que es importante abordar la crisis de las personas sin hogar. Según una encuesta reciente llevada a cabo por el grupo Public Agenda, para más del 70 % de los neoyorquinos la existencia de gente sin hogar es una muestra de que no estamos respetando los valores de nuestro país. Casi el 90 % piensan que la partida de impuestos destinada a ayudar a las personas sintecho está bien empleada y que una forma de ayudarles sería proporcionarles una vivienda, una solución que se ha revelado muy eficaz, especialmente en Seattle, Utah y Finlandia. Otras medidas de tipo asistencial para estas personas son la formación laboral, la rehabilitación por adicciones y los servicios básicos de salud mental. El centro de día comunitario de Waltham, en Massachusetts, al igual que otros distribuidos por el país, proporcionan refugio, asesoramiento y acceso a teléfonos para que estas personas puedan integrarse, encontrar trabajo y contactar con empleados y que éstos les respondan. Son métodos tangibles que permiten a los ciudadanos aportar cada día su granito de arena en relación con el problema de las personas sin hogar, y que buscar atacar la raíz del problema, yendo más allá de las monedas o la taza de café que suele darse a estas personas en la calle. También, gracias a estos programas, las personas sin hogar reciben la atención física y psiquiátrica que necesitan.

Resulta interesante comprobar que, en parte, la preocupación por este problema parece venir de personas que pueden imaginarse a ellas mismas en el lugar de alguien que no tiene zapatos; más del 35 % de los neoyorquinos preguntados por Public Agenda temen quedarse sin hogar, mientras que el 30 % de ellos ha tenido a algún ser querido en la calle. Una vez le pregunté a una mujer sintecho cómo había llegado a esa situación, y me respondió: «Es una larga historia, y nunca pensé que me pudiera pasar a mí. Mi marido me dejó, no tenía trabajo, no podía pagar la hipoteca y me embargaron la casa. Antes de darme cuenta, ya estaba durmiendo en el coche, y al cabo de muy poco tuve que venderlo para salir adelante». Pienso que a mucha gente le preocupa que, si una de las fichas del dómino de su vida cae, ésta se convierta en una pendiente resbaladiza.

Ya he hablado antes de lo difícil que resulta negar la empatía cuando conoces bien a alguien. Si el hecho de ver a gente viviendo en la calle, o conocer historias sobre campos de refugiados, o saber que hay víctimas del acoso escolar, la violencia y el odio en nuestra comunidad es algo que ha estado tensando los límites de nuestra zona de confort, ¿por qué no ir más allá entonces? Empecemos por hacer tareas voluntarias una vez al mes en un centro de acogida de personas sin hogar o en un servicio de reparto de alimentos. Implicándonos así podremos conocer de primera mano a personas desesperadas por encontrar una salida a su situación.

Los enfermos mentales

Tener una relación estrecha con alguien que sufre trastornos mentales crónicos es un camino duro que tiene muchos vericuetos. Los problemas se agravan por una tendencia social a estigmatizar el trastorno mental y añadirles una capa de vergüenza y culpa a aquellos que lo sufren. En mi práctica profesional observo que las familias empiezan a abordar el trastorno mental desde tres perspectivas distintas. En una, intentan aguantar y soportarlo, esperando que la tolerancia contribuya a mejorar la situación. Estar con la persona resulta estresante para todo el mundo, pero el miembro de la familia es invitado de mala gana a la mesa una y otra vez, cada vez con la esperanza de que las cosas mejorarán respecto a la última ocasión, pero sin nombrar o hacer nada por afrontar un problema que todos saben que está ahí. Es lo que llamamos «esperanza *constante*». La segunda perspectiva es la que aísla a la persona tanto como sea posible, o quizás totalmente. Tal vez las familias que toman esta decisión la consideren una prueba de «amor severo». Y la tercera perspectiva es la negación. La familia se bloquea y se siente impotente ante un ser querido con una desregulación emocional. Sufren en silencio y fingen que no existen ningún problema porque no son capaces de hacer frente a la desoladora realidad de que su ser querido no puede mejorar por sí solo. La sola idea de tener que enfrentarse a un familiar lleno de ira, triste, sobreexcitado o incluso fuera de control les asusta. Les resulta más fácil esconder la cabeza debajo del ala. En algunas familias prueban las tres estrategias, y fracasan.

Cada uno de estos tres planteamientos parece apostar por la «empatía», pero en realidad ninguno de ellos es una solución empática. Los tres demuestran ceguera ante las realidades del trastorno mental. La constante de estas situaciones es que los afectados por la enfermedad repetirán indefectiblemente los mismos ciclos de comportamiento una y otra vez hasta que se haga frente a las circunstancias subyacentes. Igual que el cáncer, una pierna rota o cualquier otro problema médico, para tratar o curar un trastorno mental son necesarios exámenes y terapias médicas y psicológicas.

Y si la propia familia de esa persona no es capaz de gestionar su trastorno mental, ocurre que el mundo en general suele ser aún menos comprensivo. Todavía hay mucha gente que piensa que un trastorno mental es algo que está en la cabeza. Piensa que aquellos que conviven con un trastorno mental deberían dejar de sentir lástima de sí mismos y comportarse con normalidad. El trastorno mental suele asociarse al mal carácter, a una naturaleza defectuosa o a una personalidad manipuladora. Pese a que cada vez está más reconocido socialmente que la incapacidad de controlar los estados de ánimo, la ira, la rabia o la impulsividad es una disfunción que debe tratarse, la estigmatización de las enfermedades psicológicas sigue estando tan trágicamente arraigada en nuestra sociedad que encontrarse con alguien que padece problemas mentales suele despertar un sentimiento de temor y repulsión.

Se han escrito libros enteros sobre los prejuicios contra aquellos que padecen un trastorno mental, en especial la esquizofrenia y el trastorno bipolar. A menudo resulta difícil entender mínimamente muchos problemas mentales, y aún más tener un diagnóstico definitivo de ellos. Por eso, quienes los sufren no suelen encontrar el modo de dar con profesionales de la salud mental hasta los últimos años de su vida. Y, en cruel contradicción, puede resultar muy difícil entender la conducta errática de alguien antes de poderla etiquetar desde una perspectiva médica, si bien esa etiqueta puede traer consigo una mayor estigmatización. Muchos familiares me han contado el peso que se quitan de encima cuando reciben un diagnóstico en el que se les da una explicación lógica del comportamiento atípico de su ser querido. Ello se debe a que la solución más empática para cualquier persona con un trastorno mental es acudir a un profesional lo antes posible y con la mayor frecuencia posible. Es fundamental entender que la persona que sufre un trastorno mental necesita que le ayudemos y no que emitamos juicios sobre su problema.

Hay personas con trastornos mentales a las que se les puede enseñar a reconocer las señales de su desregulación emocional. Pueden recurrir a técnicas como la adopción de distintas perspectivas para controlarla. Sin embargo, no todo el mundo tiene la capacidad de apretar el botón de pausa. Con distintas situaciones, les cuesta leer los códigos sociales, son incapaces de prever las consecuencias y carecen de la habilidad necesaria para regularse a sí mismos antes de verse desbordados emocionalmente. Es muy complicado tener empatía por alguien que acaba de gritarte, denigrarte o difamar tu reputación. Pero es muy probable que la persona que «haya perdido el control» lo haga a menudo y necesite realmente ayuda para regular sus emociones.

En mi opinión, el momento menos efectivo para hablar de conseguirle ayuda a alguien desregulado emocionalmente es cuando todo está pasando. Nada productivo ocurre cuando alguien está en la «zona de peligro», ese terrible estado psicológico en el que domina lo emocional y no existe el pensamiento racional. En neurología, la zona de peligro surge de la acción de la amígdala, el sistema cerebral de alerta ante amenazas que se activa en sólo 50 milisegundos (la «vía rápida»), mientras que la «vía lenta», la parte de pensamiento, razonamiento y planificación del cerebro, el córtex prefrontal, tarda unos relativamente lentos 500 milisegundos en acelerarse. A las personas neurotípicas nunca se les ocurriría gritarles a sus jefes como lo harían a sus hijos, cónyuges o hermanos. Ello se debe a que el córtex prefrontal interviene y ayuda a pulsar el botón de pausa, que impide caer en una conducta que con toda probabilidad llevaría a esa persona al despido. Pero alguien cuyo sistema de equilibrio no funciona puede salirse de sus casillas por cualquier cosa o por ningún motivo en realidad. Un comportamiento así crea barreras sociales que impiden empatizar con aquellos que sufren trastornos mentales. Las sociedades siempre han luchado por entender y cuidar a aquellos que sufren estos trastornos. A diferencia de las curas para enfermedades físicas como la tuberculosis o la neumonía, las curas para algunas enfermedades mentales se han resistido durante siglos. En el pasado se ha llegado a asociar las enfermedades mentales con fenómenos tan aterradores como las posesiones demoníacas y la brujería. Y es que, dada su naturaleza intimidante y las dificultades para entenderlas, lo más fácil era evitarlas, tomar distancia, juzgarlas y estigmatizarlas.

Con anterioridad a la Ley de Salud Mental Comunitaria de 1963, las personas que tenían trastornos mentales graves eran encerradas en hospitales estatales, fuera de la vista de todos. Al cuestionarse esos sistemas en nombre de la psiquiatría comunitaria, los pacientes fueron liberados de las instituciones y abandonados a su suerte, por lo que tuvieron que buscar asistencia en los escasos recursos comunitarios que existían. Algo que supuso un gran reto para las ciudades y las sociedades del momento, que no estaban preparadas para comprender y atender a aquellas personas con trastornos mentales.

Quizás te preguntes también, al leer todo esto, *si no le toca a cada uno asumir la responsabilidad de su propia vida*. Por supuesto. Pero hay personas que nunca tienen la ayuda que necesitan porque se han convencido a sí mismas y han convencido a las demás de que no hay ningún problema, o tal vez no tienen los recursos suficientes para conseguir ayuda por sí solas. Resulta trágico, pero pueden pasar décadas antes de que la autocompasión sea lo suficientemente grande como para que esas personas admitan que sus vidas no funcionan y que tal vez necesitan ayuda. En algunos casos, los familiares siguen la actitud de la persona que lucha contra su problema y actúan como si no pasara nada. En estos casos, por desgracia no hay mucho que hacer hasta que el deterioro es tan evidente que ya nadie puede ignorarlo. A veces, los amigos y los parientes externos al círculo familiar más íntimo pueden ofrecer ayuda y apoyo por el profundo arraigo de los patrones y detonantes integrados en los sistemas familiares.

Los trastornos por consumo de drogas

Nuestra empatía se ve aún más amenazada cuando se trata de adicción a sustancias. Uno de cada siete estadounidenses tendrá un problema de drogadicción en algún momento de su vida. Sabemos, por la crisis epidémica de opiáceos que actualmente asola al país, que los trastornos por consumo de drogas dejan una enorme huella en nuestra sociedad, ya que afectan a millones de personas, con independencia de su nivel educativo, clase social, raza, puesto de trabajo o estatus socioeconómico. Según la Comisión Presidencial para la Lucha contra la Drogadicción y la Crisis Opiácea, cada día se registran 175 muertes sólo por sobredosis.

Con tantas y tantas personas afectadas en todos los ámbitos sociales, ¿por qué hay tan poca empatía hacia aquellos que presentan trastornos por consumo de drogas? Se encuentran entre los grupos más incomprendidos e injuriados de la sociedad. Los propios términos empleados para describir a estas personas han contribuido a crear el estigma que les rodea. Palabras como *adicto*, *enganchado* y *engancharse* implican un deseo premeditado de consumir sustancias y volverse adicto, lo cual intensifica el estigma y merma la calidad de la asistencia. La mayoría de las personas no sienten ninguna lástima por aquellos que tienen algún problema de drogadicción, bien porque consideran que han hecho algo que es ilegal, o bien porque creen que pueden dejarlas si se lo proponen. Igual que las personas afectadas por algún trastorno mental –a menudo, ambas situaciones van de la mano–, los trastornos por consumo de drogas son considerados una debilidad, algo normal en quienes no tienen voluntad, carácter ni moral. Sin embargo, investigaciones actuales ponen en entredicho estas creencias.

Nuevos hallazgos a partir de estudios neurocientíficos han traído consigo una redefinición de la adicción, que ha pasado de ser un problema vinculado a un carácter defectuoso a convertirse en un modelo de biología y enfermedad. Ahora sabemos que los cerebros de las personas adictas son diferentes a los de aquellas que no caen en ninguna adicción. Por lo visto, los centros de recompensa cerebrales de un área conocida como *núcleo accumbens* se activan con tal fuerza al ser expuestos a opiáceos, alcohol u otras sustancias adictivas que el córtex prefrontal domina los centros de recompensa, con lo que la razón, las decisiones, la voluntad y las promesas se ven superadas. Ello explica la afirmación del psicólogo organizacional Gerard Egan: «Una persona adicta está dispuesta a dejarlo todo por una sola cosa, pero no a dejar esa única cosa para tenerlo todo». Carece totalmente de lógica pensar que las personas con un trastorno ligado al consumo de drogas optarán una y otra vez por ingerir algo que saben que les perjudica, a menos que sean incapaces de dejar ese alivio o «felicidad» temporal que experimentan con las sustancias.

Resulta interesante comprobar que, en parte, lo que hace que las personas con trastornos por consumo de drogas sean tan poco compasivas es que ellas mismas pueden perder la perspectiva de la empatía. Pueden llegar a estar tan obsesionadas por su adicción que ya no tienen en cuenta los pensamientos y sentimientos de otras personas, incluidos sus seres queridos. En realidad, les siguen importando, pero los centros empáticos de su cerebro han sido secuestrados por la adicción. Las investigaciones demuestran que las personas con este tipo de trastornos parecen presentar una falta clínica de empatía. En estudios llevados a cabo por la Universidad Estatal de Nueva York de Buffalo y otros centros se ha identificado un síndrome psicológico llamado *alexitimia*, una incapacidad para identificar los propios sentimientos, en casi el 40 % de las personas con problemas de drogadicción, frente a un escaso 7 % de la población en general. No queda claro si esas personas sienten menos empatía por naturaleza o si es la adicción la que crea un déficit de empatía en ellas. Sospecho que es lo segundo. No hay duda de que el trastorno ligado al consumo de drogas altera neurológicamente los centros de empatía del cerebro. Cuando las drogas y el alcohol se hacen cada vez más presentes en sus vidas, las personas se involucran emocionalmente en la búsqueda del remedio a su estado físico y emocional o a su «colocón». Su lucha por gestionar los síntomas de ansiedad y abstinencia se convierte en una tarea absorbente que supone un enorme desgaste desde el punto de vista emocional y neurológico.

No obstante, éste es un buen momento para recordar la diferencia entre simpatía y empatía respecto de aquellas personas que padecen un trastorno ligado al consumo de drogas. La simpatía lo que hace es reconocer la situación de la persona adicta, mientras que la empatía entiende que esa persona adicta piensa y siente. Es mucho más difícil sentir y expresar empatía en lugar de simpatía hacia las personas afectadas, porque la empatía obliga a escuchar e identificarse de forma auténtica. Pero esto no quiere decir que la empatía sea permisiva; simplemente reconoce ante todo el mundo, incluida la persona que padece el trastorno, que apreciamos lo difícil que es dejar algo que tanto ansías fisiológica y psicológicamente. Una vieja máxima de las terapias de recuperación lo resume a la perfección: «El problema nunca es la persona; el problema es el propio problema». Dicho esto, todos hemos escuchado historias terroríficas sobre un familiar que montó en cólera en la barbacoa de celebración del 4 de julio porque su hamburguesa estaba muy hecha, o la novia que apareció ebria, cayó y arrastró con ella la tarta nupcial. Podemos llegar a entender la biología de la adicción a un nivel intelectual, pero relatos como éstos siguen provocando indignación y la confirmación de que el comportamiento de esa persona es totalmente vergonzoso, inadecuado, egoísta y egocéntrico. Si me lo permites, te contaré la historia de la familia Johnson, y quizás te convenza así de lo contrario. El único vástago de los Johnson, Sarah, fue una niña excepcional, una alumna excelente, jugadora de baloncesto en la universidad, muy popular y estudiante en una universidad prestigiosa. Empezó a beber durante el primer año de carrera y ello derivó en un verdadero problema de alcoholismo tras su graduación. Un día, su novio llamó a los padres para decirles, entre lágrimas, por qué ya no podía seguir con ella: era alcohólica.

Tras consultar a algunos profesionales, la familia Johnson decidió acogerse al programa familiar de Hazelden, que forma parte de la Fundación Hazelden Betty Ford y está estructurado para ayudar a las familias a que apoyen a sus miembros en el proceso de reintegración de sus vidas a la sociedad. El programa sitúa en grupos a las familias con un miembro afectado, pero no junto a su ser querido sino con otras personas del programa que están luchando contra su problema de drogadicción.

En las sesiones con la familia Johnson, las lágrimas y el sufrimiento fluyeron, acompañados de frustración y resentimiento. Las familias expresaron incomprensión e ira en relación con las numerosas oportunidades que habían ofrecido a sus hijos e hijas, maridos y mujeres. Se sentían traicionadas y consternadas al ver que sus seres queridos estaban dispuestos a tirar sus vidas por la borda.

Y después escucharon. Pero como no tenían ningún vínculo con las familias de la sala, a los Johnson les resultó más fácil no hacer ningún juicio y dejar que sus emociones salieran. Escucharon cómo Jane, de la misma edad que Sarah, hablaba de lo avergonzada e incómoda que se sentía por haber mentido a sus padres y haber abusado de su confianza. Relataba hasta qué punto le asustaba dejar las drogas por el temor a perder a todos sus amigos. Jane admitió que no veía ninguna salida al acabar su estancia en Hazelden, porque le era imposible imaginar una vida sin sus dos compañeros más fieles, las drogas y el alcohol. A través de la voz de Jane, los Johnson pudieron escuchar la historia concreta de su hija, una historia que ella nunca fue capaz de contarles. La madre y el padre de Sarah comprendieron finalmente la adicción a partir de la perspectiva de su hija. Empezaron a entender cuán impotente se sentía ante la atracción química del alcohol. A pesar de todo lo que se habían documentado, siempre habían creído que era una cuestión de fuerza de voluntad y de disposición a cambiar. Ahora entendían el control que las sustancias adictivas como el alcohol ejercían sobre la visión del mundo de su hija y la falta de confianza que ésta tenía en su propia capacidad para vivir una vida limpia.

La familia Johnson me dijo que aquella experiencia les transformó por completo. Al principio pensaban que Sarah podía haber hecho grandes avances si se lo hubiera propuesto; ahora, gracias a un firme sentimiento de comprensión y compasión, sabían que no eran ellos los responsables del trastorno de su hija. Ni de su recuperación. Lo que me gustó especialmente de la experiencia de los Johnson fue que Hazelden recurrió a una técnica empática decisiva: la adopción de distintas perspectivas. Sentar a los miembros de la familia junto a alguien no vinculado a ella y con una problemática semejante, para así poder escuchar su historia, les abría la puerta a adoptar un punto de vista más objetivo y menos emocional. Efectivamente, fueron capaces de emplear más empatía cognitiva y menos angustia emocional, que es la que habrían surgido por sus sentimientos de impotencia en el pasado.

Hoy día casi todos conocemos a alguien con trastorno ligado al consumo de drogas, así que tal vez sea posible pasar del juicio a la comprensión. Cuando un estado mental adictivo es considerado un problema médico y no un defecto moral, es más fácil responder con empatía cognitiva, sabiendo la diferencia que hay entre comprender el problema y favorecer la recuperación de la persona, por un lado, y activar su comportamiento destructivo al sentir lástima por ella y apoyar su conducta adictiva, por otro.

LGBTQ

Recuerdo perfectamente un día en el que fui a comprar con mi madre a la droguería. Eran los años sesenta y yo estaba en segundo de primaria. El nuevo dependiente que atendía en el mostrador tenía toda la apariencia de un hombre, pero llevaba una peluca rubia e iba bastante maquillado. Recuerdo que me desconcertaba el hecho de que su potente voz no concordara con sus accesorios femeninos, por lo que le pregunté a mi madre: «¿Por qué va vestida así esa señora?». Se quedó mirando al frente, me apretó la mano y no respondió. Fue suficiente para transmitirme su malestar, pero no contestaba mi pregunta.

Es el primer encuentro que recuerdo con alguien perteneciente al colectivo LGBTQ, que, como ya debéis de saber, es el acrónimo de «lesbianas, gays, bisexuales, transgénero y queer». Las personas homosexuales, bisexuales y transgénero son hoy una minoría más visible y mejor representada que cuando yo era pequeña. Según ciertos cálculos, aproximadamente el 4,1 % de los estadounidenses son gays o lesbianas, mientras que un porcentaje mucho menor es transgénero; dependiendo de la fuente, el porcentaje se sitúa entre el 0,3 y el 0,6 %. (Si bien cabe destacar que un porcentaje tan minúsculo como el 0,6 % de personas transgénero equivale a una nada despreciable cifra de 1,4 millones de personas).

Pese a una creciente importancia en la vida y la cultura cotidianas, las personas LGBTQ despiertan más ira y antipatía que cualquier otro segmento de la sociedad. Es una actitud más que arraigada. En 1890, el filósofo William James postulaba que la repulsión que siente la gente por aquellas personas que han mantenido contacto sexual con alguien del mismo sexo es algo innato, especialmente en los hombres, pero que puede superarse con entrenamiento. También se ha afirmado que los prejuicios contra los gays tienen su origen en una especie de antiguo instinto de supervivencia diseñado para salvarnos de «otros que no eran como nosotros». Y otras voces hablan de la biología evolutiva y del hecho de que las parejas del mismo sexo no pueden reproducirse.

Algunos grupos religiosos consideran pecaminosa cualquier orientación sexual atípica. Ciertos grupos laicos piensan que las personas LGBTQ padecen una enfermedad o trastorno. También hay quien cree que los gays son aberraciones lujuriosas y desviadas de las leyes de la naturaleza. Como es de prever, los estudios y las encuestas llevados a cabo indican que las personas con una actitud homofóbica más pronunciada no han tenido apenas contacto personal con gays, o bien suelen vivir en zonas donde hay muchos prejuicios. Los hombres muestran una mayor predisposición a no tolerar a los gays; y, en general, las personas expresan más actitudes negativas hacia los homosexuales de su propio sexo que hacia los de sexo contrario.

Por los motivos que sea, existe todavía un prejuicio generalizado contra el colectivo LGBTQ, lo cual fomenta una intensa discriminación, abusos y delitos de odio. En algunos estados del país se ha procurado criminalizar la orientación sexual mediante la aprobación de leyes sobre el matrimonio, el trabajo y el uso de los lavabos. Y hay países que castigan la homosexualidad con penas de prisión e incluso la muerte.

Aunque no estés de acuerdo con las personas homosexuales, bisexuales o transgénero, me gustaría pedirte que te detuvieras un momento y te plantearas responder de un modo más empático a esa realidad. No hace mucho asistí a un congreso sobre riesgos médicos en el que una oradora habló de la importancia de entender a los pacientes LGBTQ, porque sus problemas de salud suelen pasar fácilmente desapercibidos cuando los facultativos no conocen o no preguntan por la orientación sexual y la identidad de género. La oradora, una enfermera llamada Susan, contó una historia inspiradora y valiente sobre su propia necesidad de saber, comprender y empatizar mejor con ese colectivo a partir de su propia experiencia con su hijo.

Con las vacaciones del primer semestre en la universidad, Emile, el hijo adolescente de Susan, llegó a casa y anunció, para sorpresa de ambos padres, que desde muy pequeño se había sentido como un niño viviendo en el cuerpo de una niña. Susan no supo qué pensar. Mientras le escuchaba e intentaba no juzgar lo que decía su hijo, no podía evitar sentir un torbellino de confusión, miedo y desaliento. Nunca había hecho frente a sus prejuicios y temores sobre las personas transgénero, y ahora se enfrentaba a ello en su propia familia. Como en los Johnson, éste vuelve a ser un caso de un padre o una madre que inicialmente sentía que le había fallado a su hijo o hija en circunstancias que escapaban a su control.

Susan decidió formarse sobre identidad transgénero. Aprendió que la mayoría de los niños saben ya desde muy pequeños, generalmente durante la educación primaria, que sus cuerpos no reflejan su verdadera identidad de género; de algún modo saben que existe un desajuste entre la apariencia física (fenotipo) y la identidad de género. Cuanto más leía, más claro tenía que ser transgénero no es una enfermedad o un trastorno. Susan también adoptó una decisión consciente, la de recurrir a las siete claves de E.M.P.A.T.H.Y., no limitándose así a recopilar información clínica y objetiva. De forma minuciosa, fue percibiendo las señales no verbales de su hijo adolescente: su mirada, su tono de voz y las emociones que emanaban durante sus conversaciones. Reconoció sus propias reacciones, que luego dejó a un lado para escuchar atentamente las emociones que se expresaban ante ella. Puso en práctica la adopción de distintas perspectivas con el fin de ver la situación y el mundo desde los ojos de su hijo, lo que le permitió entender cuán difícil resulta vivir en un cuerpo que no sientes como tuyo. Su empatía emocional conectó con la de su hijo. Fue capaz de salir de su zona de confort y experimentar qué implicaba ser como él. Compartió mentalmente la situación con Emile y se metió en el rol de madre cariñosa y compasiva.

Finalmente, Susan vio que necesitaba hacer el luto por la pérdida de su hija y preservar su relación con su vástago, fuera cual fuera su género. Su capacidad empática le permitió dejar a un lado sus deseos y abrirse a las necesidades de su hija. Lo increíble de esta historia es que, pese a ser manifiestamente difícil para Susan, la empatía y el amor acabaron haciéndola posible. En su discurso ante un auditorio abarrotado, el público se sintió tan conmovido por sus palabras que se inclinó hacia adelante en sus asientos. El silencio era total. Susan nos dio un verdadero ejemplo de cómo mediante la adopción de distintas perspectivas y la empatía pudo mantener esa relación que tanto apreciaba con su hijo.

La historia de Susan muestra lo importante que es mantener empatía hacia las personas, hacia su condición de seres humanos y hacia sus diferencias. Admiré la valentía de Susan al compartir su historia con un público formado por profesionales del riesgo médico que podían haberla juzgado, rechazado y denunciado perfectamente, pero que, en lugar de ello, le dedicaron una clamorosa ovación. Y es que la empatía debería extenderse a la humanidad entera si lo que pretendemos es vivir en una sociedad más respetuosa con nosotros mismos. Un acto heroico como éste, en el que dejó a un lado sus sueños y deseos por el futuro que había imaginado y se abrió a un futuro ideal para Emile, unió a ambos en una relación extraordinariamente afectuosa. Este tipo de historias sirven para mostrar a la sociedad las posibilidades de conexión que surgen cuando vemos el mundo a través de los ojos de otra persona.

El autismo y la empatía

Normalmente resulta difícil empatizar con las personas que tienen un trastorno del espectro autista (TEA), ya que no reaccionan como se suele esperar. Es fácil juzgar a alguien con autismo y considerarlo «otro» si no se entienden las numerosas dificultades a las que se enfrentan. Estas personas tienen déficits a la hora de expresar empatía, lo cual parece estar relacionado con una incapacidad para adoptar la perspectiva de los demás y con anomalías en su comunicación social y emocional. Asímismo, muestran rasgos obsesivos desde una edad temprana. Estas respuestas sociales de carácter atípico, como la falta de contacto visual y las expresiones faciales inadecuadas, hace difícil identificarse con las personas autistas, y como consecuencia de ello son clasificadas a menudo en grupos de no pertenencia y aisladas desde su infancia. Hemos aprendido que la empatía es un fenómeno espejo: cuando recibimos, se multiplica. Sin embargo, las personas autistas no acostumbran a responder a las emociones con las expresiones faciales habituales. Si eres seguidor de la serie *The Big Bang Theory* de la CBS, sabrás que Sheldon, un personaje que está dentro del espectro, pide continuamente que le aclaren algunas manifestaciones emocionales –y luego malinterpreta o rechaza las explicaciones que le dan–. Da la impresión de ser una persona fría y carente de sentimientos. Y, pese a que sus exhibiciones de carácter antisocial traen consigo problemas y malentendidos y hieren sentimientos, Sheldon es un tipo con suerte. Ha encontrado un grupo de amigos, y hasta una novia, que están dispuestos a pasar por alto sus déficits sociales e incapacidad para procesar adecuadamente los indicios sociales. Desgraciadamente, creo que la mayoría de las personas del espectro autista no tienen tanta suerte.

El autismo parece afectar aproximadamente a uno de cada setenta niños, y su incidencia va en aumento. Su diagnosis incluye una amplia variedad de limitaciones en el funcionamiento social, que van desde dificultades importantes para relacionarse con los demás hasta formas más leves del trastorno.

El investigador sobre autismo Simon Baron-Cohen (tío del famoso actor cómico Sacha Baron-Cohen) ha estudiado en profundidad la disminución de la actividad neuronal en las regiones cerebrales asociadas a la empatía entre las personas autistas. Baron-Cohen ha descubierto que las personas con este trastorno tienen problemas para interpretar las expresiones faciales de la emoción en los demás, y tienen limitada su capacidad para adoptar distintas perspectivas. La incapacidad de las personas autistas para reconocer la situación por la que atraviesan los demás o para saber comprender sus propias reacciones puede llevar a malentendidos y juicios de carácter. Éstos, a su vez, provocan desconexión social y complican cualquier muestra de empatía hacia sus problemas. Incluso en adultos autistas con mayor nivel funcional, que pueden mostrar una capacidad e inteligencia excepcionales en algunas áreas, la falta de sensibilidad social y de precisión a la hora de detectar las emociones puede dificultarles enormemente el mantenimiento de relaciones interpersonales.

Igual que sucede con cualquier otro grupo de no pertenencia, las personas autistas necesitan una mayor comprensión y paciencia que en el caso de muchos otros colectivos. Aunque a veces resulte difícil, quizás sea buena idea acordarnos de que el desarrollo cerebral de algunas personas presenta algún desorden biológico, y nos imaginemos entonces cómo sería si nuestro hijo o hija tuviera ese mismo trastorno. Seguro que nos gustaría que los demás le otorgaran el beneficio de la duda y tuvieran paciencia con él. Y, lo que es más importante, cuando alguien muestra un comportamiento atípico, nos gusta pensar que la mayoría de nosotros se lo pensaría dos veces antes de juzgarlo o rechazarlo.

Encuentra tu E.M.P.A.T.H.Y.

Cuando más se resiste la empatía, más necesitamos analizar qué nos impide acceder a ella y preguntarnos si estamos mostrando respeto, una palabra que literalmente significa «considerar de nuevo». Cuando somos respetuosos, lo que estamos haciendo es volver a considerar después de una primera impresión e intentar contemplar a los demás sin juzgarlos. Sé que no siempre resulta fácil. Espero que las claves de E.M.P.A.T.H.Y. puedan ayudarte a identificar los obstáculos que te impiden alcanzar la empatía y, de ese modo, puedas superarlos o aceptarlos en caso de que la empatía no sea posible.

¿Has mirado alguna vez a los ojos de una persona sin hogar y te ha impactado la sensación de desconcierto y sufrimiento que emanaba de ella? ¿O a los ojos de un ser querido con problemas de drogadicción y has visto lo más profundo de su dolor y desesperación? Anímate a descubrirlo. Sé también más comprensivo: tal vez las personas con trastorno del espectro autista y los individuos de otras culturas no puedan mantener la mirada del modo que nos gustaría a nosotros. Tener esto en cuenta puede ayudar a explicar algún comportamiento y facilitar una mayor comprensión del fenómeno.

Interpretar las expresiones faciales da mucha información sobre las intenciones. Puede que una conducta alarmante o detestable sea en realidad un grito de ayuda. Cuanto mejor conocemos a alguien, más fácil resulta interpretar los sutiles matices con los que utiliza sus ojos, boca y otros músculos faciales. Y cuanto más practiquemos, más mejorará nuestra capacidad de reconocimiento. Algunas personas me dicen que se les da muy bien descifrar las emociones de la gente que ven por televisión si quitan el volumen. Creo que es perfectamente posible. Por ejemplo, un personaje lleno de defectos –de una obra, programa o película– puede llegar a resultar simpático gracias a la interpretación del actor. Buena parte de ello se debe a las expresiones faciales del actor.

La postura ofrece pistas adicionales que podemos observar y añadir a lo que muestran los ojos y el rostro. Pocas personas que vivan apesadumbradas mantendrán una postura recta y con los hombros hacia atrás. La postura de una persona suele dar muchas pistas sobre sus emociones. Si vemos que un amigo se sienta de cualquier manera en la silla, anda cabizbajo y parece estar físicamente hundido en lugar de caminar recto y desprender energía, lo más probable es que esté abatido, desilusionado o incluso depresivo.

Para alguno de los grupos que he analizado en este capítulo se pone en riesgo el afecto. Las personas autistas, por ejemplo, no siempre muestran el mismo afecto emocional que los demás en la misma situación. También, si alguien está perjudicado por el alcohol o las drogas, tal vez no responda con normalidad. En tales casos, siempre se puede recurrir al reflejo empático o a nuestros propios instintos innatos. Podemos comprender mejor el afecto en alguien a quien conocemos bien pese a sus dificultades con la expresión de las emociones, pero incluso esto puede resultar difícil bajo presión. Aprendamos a saber por qué algunas personas no reaccionan de la forma esperada; de ese modo podremos adaptar nuestras expectativas y evitar emitir juicios. En algunas situaciones, lo mejor que podemos hacer es asegurarnos de que nuestras emociones son claras en cuanto a expresión, maneras y acciones.

El 90 % de lo que comunicamos se transmite de forma no verbal, mientras que el 38 % de la comunicación no verbal se produce a través del tono de voz. Cuando escuchamos a alguien detenidamente, podemos captar lo que dice mejor a partir del tono que de las palabras. Cuando alguien con un problema de adicción al alcohol recurre a las amenazas y utiliza palabras fuera de tono –quizás como excusa o para intentar ocultar la verdad–, en esa desesperación que escuchamos está probablemente la verdadera comunicación. Esas palabras y esa manipulación nos desalentarán, pero al reconocer que esa persona necesita ayuda y negarnos a apoyarle en su adicción, podemos contribuir a situarla en el buen camino de la recuperación. No hay mejor regalo o cumplido para alguien que dedicarle toda nuestra atención. Escuchar significa *escuchar a la persona en su integridad.* No sólo las palabras que dice, sino también el contexto en el que las dice. Así que guarda tu dispositivo, quítate los auriculares y deja de hablar por teléfono. Haz preguntas y escucha las respuestas. Si sabes de antemano que una situación va a ser complicada, resérvate un tiempo cuando no haya nada que te distraiga. Convierte la escucha plena en un tributo a tu relación con la otra persona, tal como hizo Susan cuando Emile compartió con ella la historia de su verdadera identidad.

Por último, «tu respuesta», la Y de *your response* en el acrónimo E.M.P.A.T.H.Y., no tiene que ver con las palabras que vas a decir después. Fíjate en cómo responde tu cuerpo ante una conversación. Si te notas tenso, con el estómago hecho un nudo y el corazón latiéndote con fuerza, intenta respirar hondo durante unos segundos y ponle nombre a tu emoción. Si te notas nervioso, di: «Necesito pensar en ello unos instantes». Si estás enojado, prueba con: «Estoy notando una reacción muy intensa a lo que estás diciendo y necesito algo de tiempo para pensar una respuesta meditada». Si te sientes tranquilo y a gusto hablando con otra persona, seguramente ella te verá de ese mismo modo, ya que la mayoría de los sentimientos son mutuos. Sin embargo, si estás con alguien a quien le cuesta expresar sus emociones, tal vez prestes atención a tu respuesta y optes por otorgarle a esa persona el beneficio de la duda y escuchar lo que tenga que decir. Eso es poner en práctica la escucha empática; quizás notes que la tensión del principio en tus sensaciones físicas va dando paso a un estado corporal más sosegado y a una mayor conexión.

Sentir algo por los monstruos que viven entre nosotros

Los actos verdaderamente malvados no suscitan demasiada empatía. Inspiran temor, repulsión e ira. Son los actos propios de los asesinos, los pederastas, los nazis y los dictadores que viven entre nosotros. No puedo decir que estas personas no merezcan algo de curiosidad empática para ver qué motiva su comportamiento. Pero sí puedo decir que desafían lo más profundo de nuestra capacidad empática.

Pongamos por caso a los individuos que aparentemente carecen de empatía hacia los demás. Pueden manipular a las personas para que les sigan, pero cuando los efectos de sus acciones salen a la luz, difícilmente afloran emociones positivas hacia ellos. Esas personas nos hacen plantearnos multitud de preguntas incómodas: ¿qué las lleva a comportarse de este modo? Si conociéramos más a fondo sus historias y sus vidas, ¿descubriríamos que ellas mismas sufrieron una crueldad similar? Y, en caso de haber sido víctimas de violencia física, odio o manipulación psicológica, ¿podría acaso excusarse su comportamiento y hacerlo más perdonable? ¿O hay algún defecto vital en ellas causado por déficits neurológicos? ¿Pueden justificarse sus monstruosos actos por la inexistencia de ese chip emocional?

Los neurocientíficos han demostrado que en las personas psicópatas parecen estar dañados los mecanismos neuronales favorecedores de la empatía. Jean Decety, neurocientífico y profesor Irving B. Harris Distinguished Service en la Universidad de Chicago, ha investigado a fondo la cuestión y plantea que los psicópatas carecen de empatía y que sus cerebros difieren de los cerebros normales. No suelen percibir miedo en las caras de sus víctimas y permanecen impasibles ante el llanto o los gritos de angustia. No tienen ninguno de los circuitos neuronales compartidos o la capacidad empática ante el sufrimiento de los demás. Los psicópatas hacen daño a otras personas con aparente facilidad y sin problemas de conciencia. Se desconoce con exactitud hasta qué punto esos déficits son innatos o adquiridos.

Los indicios de personalidad antisocial definidos por Simon Baron-Cohen apuntan a rasgos que son comunes en grupos psicopáticos y sociopáticos. Dichos rasgos son el engaño, la impulsividad, la agresión, el desprecio temerario por la seguridad de los demás, la irresponsabilidad, la incapacidad de atenerse a las normas sociales derivadas de la legalidad y la falta de arrepentimiento. Para ver todos esos rasgos con claridad sólo hay que remitirse a las protestas de Charlottesville, donde un extremista nacionalista blanco lleno de odio embistió deliberadamente a la multitud con el coche y mató a una joven que se manifestaba pacíficamente. Gente como ésta que sienten odio por los demás y carecen de empatía suponen una grave amenaza para la buena marcha de nuestra sociedad.

La historia del mundo está dañada por figuras que han mostrado el odio y la hostilidad más extremos hacia grupos minoritarios, algo que ha traído como consecuencia la muerte de centenares de millones de personas. Las tácticas que utilizan esas personas son la deshumanización y la demonización de los grupos de no pertenencia, hasta el punto de que matar a sus miembros acaba siendo algo justificado. ¿Por dónde debemos empezar para entender las mentes de un Hitler, un Lenin, un Mao Zedong o un Osama bin Laden, o bien de los líderes que perpetraron los genocidios de Ruanda, Armenia o Yugoslavia, o las matanzas en Siria? ¿Qué sentimientos de empatía podemos reservar para psicópatas asesinos en masa como Ted Bundy o John Wayne Gacy? Sabemos que las personas psicópatas carecen del sustrato fundamental de la empatía. ¿Qué se esconde tras los atentados terroristas? ¿Miembros de grupos neonazis como el Ku Klux Klan? ¿Maltratadores de animales? ¿Podemos considerar monstruos a esas personas? ¿Son aberraciones de la naturaleza? ¿Qué les debemos desde el punto de vista emocional? ¿Quién puede decir que hay gente que hace cosas violentas y no merece empatía?

Como podéis ver, seguramente hay más preguntas que respuestas. Pero una cosa está clara: hay gente por la que resulta muchísimo más difícil sentir empatía. Sin embargo, debemos ir con cuidado: la empatía es un terreno resbaladizo. Si decidimos que hay ciertas personas o grupos para quienes la empatía no cuenta, ¿dónde hay que situar la línea roja entonces? ¿Se extiende cada vez más hasta convertir la empatía en la excepción y no en la norma? Incluso en los casos más difíciles, la comprensión es fundamental antes de emitir cualquier juicio. Con todo, la comprensión no excluye la responsabilidad. Las consecuencias están basadas en acciones y conductas, independientemente de si entendemos o no por qué la gente hace cosas terribles o tiene un comportamiento fuera de lo normal. Sin embargo, es imprescindible entender qué provoca esas actitudes, tendencias y acciones violentas si lo que queremos es encontrar maneras constructivas y positivas de avanzar como sociedad.

12

La empatía hacia nosotros mismos

Imaginemos que un íntimo amigo nuestro está pasando un mal momento. ¿No le echaríamos un cable ofreciéndole nuestro cariño, apoyo y comprensión, sin juzgarlo en absoluto? Como verdaderos amigos que somos, estaríamos a su lado siempre con una palabra amable, una escucha atenta y un tono de voz reconfortante en lugar de añadir más culpa o vergüenza. ¿Por qué la mayoría nos negamos esa misma amabilidad a nosotros mismos? La autocrítica parece ser una respuesta automática a los pequeños errores que cometemos y un juicio precipitado ante el mínimo tropiezo que tenemos. Nos sentimos orgullosos de la amabilidad y la compasión que mostramos hacia los demás, pero cuando se trata de la persona que vemos cada día en el espejo, la preocupación empática nos parece un signo de debilidad.

Ha llegado el momento de darnos una oportunidad.

En este capítulo hablaremos de la empatía hacia nosotros mismos. ¿Cómo? ¿Empatía «hacia nosotros mismos»? ¿No se supone que la empatía es algo que sentimos por *los demás*? ¿Acaso no es una contradicción? Si nos remitimos a las siete claves de la empatía, veremos que raras veces aplicamos esas claves para evaluar nuestros sentimientos: añadir a la empatía una mirada al "Yo" y al "Tú".

La mayoría de nosotros no tenemos la costumbre de analizar nuestras expresiones faciales y posturas, o de poner un nombre a nuestros sentimientos cuando estamos molestos, pero quizás deberíamos hacerlo. Desahogarnos llorando a lágrima viva puede desencadenar también una catarsis emocional. En estudios realizados por A. J. J. M. Vingerhoets, un experto holandés en el llanto, se ha constatado que 90 minutos después de ver un drama, las personas que lloran desconsoladamente se sienten mejor que antes de ver la película. Vingerhoets explica que llorar puede ser una buena manera de recuperarse de una fuerte emoción. Y al conectarnos más profundamente a nuestros sentimientos, el llanto y las expresiones tristes nos ayudan a sentir empatía y compasión también por los demás.

Igualmente sabemos que poner un nombre a un afecto o una emoción de otra persona –por ejemplo, «se le ve feliz» o «parece que está triste»– nos ayuda a experimentar una mayor empatía hacia ella. Y resulta que ocurre lo mismo al etiquetar nuestras propias emociones. Cuando nos desborda una emoción como la ira, el temor o el disgusto, ponerle nombre ayuda a autorregularnos y reconocerla como una situación temporal que no nos define para siempre. Efectivamente, permite que el córtex prefrontal, la parte del cerebro que evalúa una emoción, pueda distanciarse del sentimiento.

Quizás la clave más importante para lograr la empatía hacia nosotros mismos sea la Y de «tu respuesta» (*your response*). No es casualidad que se asocien al cuerpo tantas expresiones emocionales. Nuestros cuerpos son los instrumentos que expresan nuestras emociones. El corazón se dispara de terror cuando estamos asustados, las pupilas se dilatan cuando estamos enamorados y el estómago se llena de mariposas cuando estamos nerviosos. Sintonizar con las respuestas del cuerpo nos enseña a reconocer y respetar a quienes precisan cuidar de ellos mismos. Es una habilidad importante cuando se trata de gestionar nuestra salud, emociones y relaciones.

En un principio puede parecer extraño comprobar que «tu respuesta» no sólo implica tu respuesta a *los demás*, sino también tu respuesta a *tus propias* experiencias. Podemos entenderlo, por ejemplo, observando la diferencia entre *yo* y *me*. *Yo* es la parte observadora que *me* observa en acción. Por ejemplo, «*Yo* he comprobado que sus comentarios *me* han herido de verdad». Esta afirmación no dice que mi yo entero ha sido herido, sino que observa que los comentarios de alguien han herido los sentimientos de un sujeto: yo. El *yo* es el observador de lo que *me* ocurre. Tenemos que sintonizar para aprender más sobre nuestras emociones, y la clave para conocer tus sentimientos está en tu respuesta.

Comprender la empatía hacia nosotros mismos

Uno de los motivos que nos impide practicar la empatía hacia nosotros mismos es que la confundimos con la autocompasión. La consideramos un eufemismo suave y difuso de la autocomplacencia. La diferencia estriba en que la autocomplacencia puede convertirse en una fuerza destructora que nos lleva a ceder ante todo aquello que nos hace sentir bien pese a sus efectos perjudiciales, como por ejemplo abusar de la comida, las drogas o el alcohol para anestesiar los sentimientos. La empatía hacia nosotros mismos exige mayor conciencia de uno mismo, disciplina y sensibilidad para el autosufrimiento, aparte de compromiso para encontrar soluciones útiles. La empatía hacia nosotros mismos es el reconocimiento de que, como todos los seres humanos, nos merecemos comprensión y compasión. Para aprovechar todo el potencial de la empatía hacia nosotros mismos tenemos que estar dispuestos a recurrir a ella incluso cuando cometemos errores que nos hacen sentir incómodos o desear no haber salido de casa. Es un ejercicio de humildad que nos exige reconocer que somos humanos y falibles, y que los errores forman parte de la experiencia humana.

Cuando sentimos empatía y compasión hacia nosotros mismos, podemos comparar nuestra experiencia con la de todos los demás y reconocer que, sean cuales sean nuestros problemas y preocupaciones, otros ya los han experimentado y merecen compasión. De algún modo, es la forma definitiva de la técnica de adopción de distintas perspectivas, puesto que nos ponemos en nuestra propia piel y nos observamos desde un punto de vista compasivo. De la misma manera que entender cómo piensan y sienten los demás sirve para que no los juzguemos con excesiva severidad, ampliar esa misma cortesía en nuestra dirección sirve para no vadear en exceso la piscina de la autocrítica. Lo cual no quiere decir que seamos superiores o más merecedores que otros, o que nuestros errores queden sin respuesta. La empatía hacia nosotros mismos no nos exime de asumir la responsabilidad o tener que disculparnos por haberle fallado a alguien. Simplemente quiere decir que, como cualquier otra persona, nos merecemos ser objeto de preocupación empática, amor y atención, aunque hayamos cometido algún error. Cuando aprendemos a ser más compasivos con nosotros mismos, aprendemos también a tratar a los demás con la misma amabilidad. De nuevo, el bucle de la empatía en acción.

En el mundo de hoy, la empatía hacia nosotros mismos es una competencia psicológica infravalorada. Cuando las cosas se tuercen, solemos contener los abrazos psíquicos porque no queremos rebajarnos o porque lo equiparamos con el egoísmo, la permisividad o la pereza. Pero, en realidad, es al contrario. Se ha demostrado que las personas con tendencia a sentir empatía hacia sí mismas tienen menos probabilidades que las personas autocríticas de apoltronarse todo el día en el sofá. En test de personalidad, la empatía hacia uno mismo está muy relacionada con rasgos positivos como la motivación, la resiliencia, el pensamiento creativo, la satisfacción vital y la empatía hacia otras personas. En cambio, las personas que critican en exceso suelen obtener mayor puntuación en atributos de la personalidad como la hostilidad, la ansiedad o la depresión, y menor puntuación en cualidades como la satisfacción vital y conductas empáticas hacia fuera. Dicho de otro modo, la forma en que nos tratamos a nosotros mismos suele coincidir con la forma en que tratamos a los demás.

Tradicionalmente, la empatía ha sido considerada como una característica que nos permite entender y compartir las experiencias emocionales de los demás. La vemos como un ingrediente esencial para las buenas relaciones interpersonales y no necesariamente algo que volcamos hacia nuestro interior. Démosle un giro a ese pensamiento. La amabilidad y la comprensión que expresamos hacia nosotros mismos son el equivalente empático a la máscara de oxígeno que encontramos en el avión. Antes de poder ofrecer empatía y compasión hacia los demás, necesitamos «tirar de la mascarilla» e inhalar el oxígeno.

Kristin Neff es una estudiosa de la compasión que recientemente ha llevado a cabo trabajos pioneros acerca del concepto de autocompasión, que ha desglosado en tres componentes principales: la amabilidad hacia uno mismo, la humanidad compartida y la conciencia plena (o *mindfulness*).

La amabilidad hacia uno mismo hace referencia a la práctica de ser comprensivo e indulgente hacia uno mismo, incluso en épocas de dolor o fracasos. Ser amable contigo mismo es un aspecto esencial de la empatía hacia uno mismo, puesto que te impide juzgar quién eres con excesiva severidad. Lejos de crear un punto de vista egocéntrico del mundo, la actitud autoindulgente es una de las mejores defensas contra el narcisismo. Podemos tener en cuenta los errores sin dejar que se acumulen y entierren nuestra confianza y autoestima bajo una montaña de dudas.

El sentimiento de humanidad compartida significa que percibimos nuestras experiencias como una parte del tapiz humano más general y no como algo separado y aislado. La humanidad compartida alimenta la empatía hacia nosotros mismos recordándonos que no estamos solos, incluso en nuestros fracasos. Alexander Pope escribió: «Equivocarse es humano». Pero no olvidemos la segunda parte de esa cita: «y perdonar, divino». Reconocer que el sufrimiento y las limitaciones son parte de nuestra experiencia humana común nos permite perdonarnos a nosotros mismos y seguir adelante.

La conciencia plena o *mindfulness*, que se ha convertido en una especie de palabra de moda, es la capacidad para identificar nuestros pensamientos y sentimientos sin reaccionar a ellos o juzgarlos. Evaluar el contenido de nuestra mente desde el punto de vista de una tercera persona nos permite, siendo conscientes de nosotros mismos, entender la diferencia entre el yo verdadero y los pensamientos y sentimientos que ese yo está teniendo. Es como sentarse en el palco a ver una obra dramática en la que los protagonistas son nuestros pensamientos y sentimientos. Convertirnos en observadores de esa obra en lugar de actores nos otorga la libertad de considerar otras creencias y actitudes sobre lo que ocurre en nuestras vidas.

De los tres componentes que integran la empatía hacia nosotros mismos, la conciencia plena ha sido el más estudiado y es el que mejor entendemos. El motivo por el que ha recibido tanta atención es porque ha sido asociado, tanto teóricamente como experimentalmente, con el bienestar psicológico. Se ha demostrado que la conciencia plena nos ayuda a autorregular nuestras emociones con mayor efectividad. Asimismo, los estudios realizados vinculan la práctica regular de la conciencia plena con niveles más altos de atención, conciencia y aceptación no crítica en cada momento. Preparar el cerebro para que tenga un mejor control sobre la atención nos ayuda a priorizar lo importante y ajustar nuestra capacidad para cambiar la atención a otra cosa si es necesario. Sabemos que, cuando la gente se siente centrada y es capaz de vivir su vida con ecuanimidad, su forma de ver el mundo es muy distinta de cuando algo les perturba y se sienten emocionalmente desregulados.

Mediante estudios por neuroimagen se ha demostrado que los cerebros de las personas que hacen regularmente algún tipo de meditación consciente funcionan de modo distinto a los de aquellas que no hacen meditación. Los monjes budistas que practican meditación a diario presentan un engrosamiento cortical entre los centros cognitivo y emocional del cerebro, lo cual hace que reaccionen menos a los estímulos emocionales. Estos mismos tipos de cambios cerebrales han sido detectados en meditadores principiantes al cabo de sólo ocho semanas. Existen también algunos datos interesantes procedentes de estudios con electroencefalograma, que traduce a «ondas» la actividad eléctrica cerebral. En las personas que meditan, la actividad de ondas alfa es más persistente y se asocia a una tasa metabólica reposada, por ejemplo, un ritmo cardíaco más bajo, una respiración más lenta... Además, se ha demostrado que tienen una mayor incidencia de ondas theta, que los científicos relacionan con una baja activación emocional y relajación.

El efecto gota de lluvia

¿Has visto alguna vez unos dibujos en los que persiguen a un personaje hasta que llega a un precipicio y de repente se encuentra corriendo en el aire? El personaje tarda unos segundos en darse cuenta de que no hay nada bajo sus pies y entonces siente pánico y acaba estrellándose contra el suelo.

Esta analogía la utilizo en psicoterapia siempre. A veces, la persona ni siquiera se da cuenta de que se le han acabado los recursos y el apoyo antes de encontrarse en el aire sin nada a lo que agarrarse.

Mi amigo Frank Sesno creció junto a una hermana con síndrome de Down, que, como ya debes saber, es un trastorno genético marcado por una discapacidad mental grave y un coeficiente intelectual bajo. Su madre, que era trabajadora social, desarrollaba su labor en un centro para personas con discapacidad en el que gran parte de su tarea consistía en asegurarse de que los pacientes estaban bien atendidos. Frank, a quien ya he presentado anteriormente, recuerda perfectamente lo dura que le resultaba a su madre la discapacidad de su hermana. Además, no siempre la gestionaba con tacto. «Me encantaría utilizar la palabra *empatía*, pero a veces no se caracterizaba precisamente por ser amable o agradable con mi hermana», comenta.

Frank recalca que su madre amaba a esa hija con necesidades especiales con la misma pasión que a sus otros hijos. Pero las largas jornadas, la falta de ayuda y un matrimonio difícil la dejaron exhausta. Ya de niño, Frank notaba que la reserva emocional de su madre estaba a menudo vacía y que eso acababa con su paciencia, hasta el punto de tratar a veces con dureza a su hermana. Recuerda también que sólo esperaba que su madre aconsejara mejor a sus clientes y familias de lo que lo hacía en casa.

Esta situación hipotética, en la que una cuidadora no actúa como debería con la persona que depende de ella, es muy habitual. En las encuestas, las personas que trabajan de cuidadores son individuos que se preocupan de verdad por los demás pero que hablan de jornadas muy largas, falta de sueño y una alta exigencia emocional que les agotan sus reservas de empatía. Nada que ver con estar o no centrados en la seguridad y el bienestar de las personas a su cargo. Sin lugar a dudas, la madre de Frank se preocupaba por su hija, lo que pasa es que en algún momento se quedó sin gasolina emocional. Con toda seguridad, la capacidad de Frank como periodista para observar estas dinámicas desde todos los ángulos de los miembros de su familia favoreció ese don suyo para percibir los puntos de vista de los demás.

Con el tiempo, la autonegligencia mitiga la capacidad de percibir o responder a las necesidades de otras personas porque disminuye los recursos de que disponemos para dar una respuesta empática. Tienes que ayudarte a ti mismo antes de poder ayudar a los demás. Una vez hayas satisfecho tus necesidades, tendrás menos probabilidades de distraerte.

Y, si no, dime cuánta empatía puedes acumular hacia alguien –quien sea– si te sientes agotado, hambriento, quemado y malhumorado.

La empatía y la compasión por los demás suelen aumentar cuando el cuerpo se halla en un estado fisiológico de equilibrio al que los científicos denominan *homeostasis*. En un mundo ideal, hormonas del estrés como el cortisol y la adrenalina están en un nivel bajo hasta que se produce una situación de emergencia y debemos reaccionar a ella. Pero si los niveles de cortisol y adrenalina están siempre elevados por la acción de factores estresantes físicos y mentales, es como si nos halláramos en un estado de emergencia continuo.

Con la alostasis, el proceso a través del cual el cuerpo responde a los factores estresantes con el fin de recuperar la homeostasis, el cerebro actúa tanto de respondedor como de objetivo del estrés. La carga alostática elevada que se produce cuando trabajamos mucho sin recuperar el equilibrio significa que estamos expulsando a diario un exceso de neurotransmisores y respuestas hormonales, a menudo más de lo necesario para la tarea que tenemos entre manos. De ese modo se produce un aumento de la inflamación de los vasos sanguíneos en el corazón y el cerebro, lo que a su vez conlleva el riesgo de problemas de salud como hipertensión, colesterol alto y un mayor almacenamiento de grasa. Todo ello podría explicar el creciente número de pruebas de la conexión entre los niveles altos de estrés, los trastornos emocionales y los problemas como las enfermedades coronarias y vasculares y otros trastornos sistémicos. En el caso de los trastornos de ansiedad, las enfermedades depresivas, los estados hostiles y agresivos, el consumo de drogas y el trastorno de estrés postraumático, la carga alostática es excesivamente elevada y no resulta difícil ver desequilibrios químicos y, en algunos casos, atrofia de estructuras cerebrales. Además, una carga alostática elevada puede, literalmente, afectarnos a nivel celular, e incluso a nivel molecular. Al no ser estáticos los genes, su expresión depende de cómo interactuemos con nuestro entorno a través de un proceso denominado *epigénesis*. Así, por ejemplo, podemos nacer con genes responsables de una enfermedad degenerativa, pero tal vez esos genes nunca lleguen a expresarse si adoptamos hábitos saludables y nos cuidamos, por lo que el entorno puede llegar a afectar la expresión genética. Las personas que sufren estrés de forma regular y abandonan sus hábitos de salud depositan una gran carga alostática en sus células. Según estudios realizados, esto puede provocar un acortamiento de los extremos de los genes, conocidos como *telómeros*. Asimismo, las investigaciones llevadas a cabo apuntan que los telómeros acortados están relacionados con una mala salud y una esperanza de vida más baja.

Veo a menudo falta de conciencia de sí mismos en aquellas personas que, de repente, se dan cuenta de que son como aquel personaje de dibujos que cae por el precipicio. Hasta que no queda aire bajo sus pies, y ven cada petición como una exigencia, asumiendo todas las responsabilidades incluso aunque parezcan una carga enorme, no empiezan a darse cuenta de que su interacción con las personas más queridas se está deteriorando. Este estado de tensión y estrés permanente es un indicio de la falta absoluta de atención hacia uno mismo.

Sentirse extenuado todo el tiempo no es una forma normal o saludable de mostrarse ante el mundo, para nadie. No hace mucho asistí a un seminario sobre el cuidado personal. Fue en el Centro Kripalu de Yoga y Salud, en la región de Berkshires (Massachusetts), y allí me vi rodeada de cuarenta mujeres que hacían malabarismos con unas cargas de trabajo increíbles y sus responsabilidades familiares. Todas estábamos estresadas, quemadas y agotadas. Pudimos comprobar de primera mano lo decisivo que es para todos nosotros hacer un receso y apretar el botón de «reiniciar» de vez en cuando. También era una vía de acceso a experimentar la alegría del movimiento y a mejorar nuestra vitalidad caminando por la naturaleza y llenando de energía nuestros cuerpos a través de un estimulante programa de yoga y danza.

Cuando la irritabilidad y la falta de resistencia son la tónica diaria, toca ponernos ante el espejo y preguntarnos si hemos perdido la capacidad de empatizar con nuestras propias necesidades. La atención hacia nosotros mismos no sólo potencia nuestro bienestar y vitalidad, sino que también puede hacernos personas más divertidas y mejores socios, amigos, compañeros de trabajo o familiares. Una vez aprendemos a prestarnos atención y empezamos a ser menos duros con nosotros mismos, se crea un enorme efecto de onda expansiva. Si somos más conscientes de lo que sentimos y lo que necesitamos, es más probable que gestionemos mejor nuestras necesidades de sueño, descanso, ejercicio, movimiento y alimentación que alguien que está desconectado de sí mismo. Ser amables con nosotros mismos es la única forma que tenemos de practicar la empatía y la compasión hacia los demás de un modo efectivo.

Algo positivo que se desprende de la historia de Frank es el hecho de que observar a su madre le ayudó a crear una capacidad asombrosa para empatizar con los demás. Creció intentando comprender los puntos de vista de todos los miembros de su familia sin juzgarlos demasiado. Creo que esta experiencia le ayudó a convertirse en el entrevistador y narrador excepcional que es, al desarrollar una gran habilidad para ponerse en la piel de los demás.

Vencer el murmullo mental

Uno de los principales obstáculos para empatizar con nosotros mismos es sentirnos tan mal con nosotros mismos que pensamos que no merecemos amabilidad ni compasión. Esta actitud suele provocar preocupación, ansiedad y falta de confianza en uno mismo. La conciencia plena ayuda a combatir la negatividad, segregando los scripts por defecto de la autocrítica que después recorren el cerebro hasta que son evaluados y situados en el contexto apropiado.

Hay personas que nacen con una mirada positiva sobre la vida y para las cuales el pensamiento consciente surge de forma natural, mientras que otras se detienen en el pasado desalentador y el futuro sin esperanza.

Las tendencias pesimistas forman parte de la naturaleza humana. Son un remanente de nuestro pasado prehistórico, cuando era más importante estar alerta ante los muchos peligros existentes que detenerse a oler las flores. Éste es el motivo por el que nuestro corazón late con fuerza durante una situación social complicada, tal como lo haría si nos estuviera persiguiendo un tigre. En el mundo actual, la mayoría de «tigres» que nos encontramos son de naturaleza emocional, no física, pero son amenazas que serpentean por nuestra psique exactamente del mismo modo. Representan peligros y desasosiego, y hacen que la amígdala y el sistema límbico liberen torrentes de cortisol y de otros neuroquímicos de lucha o huida.

Si tuviste unos padres muy críticos o severos, los críticos y acosadores de tu interior serán muy ruidosos y exigentes. Hasta puede que busques jefes, trabajos o compañeros que sean un reflejo de lo que hay en tu cerebro y, de ese modo, refuerces inconscientemente la idea de que no eres lo suficientemente bueno. Un patrón insidioso que puede repetirse a lo largo de tu vida y quizás pasar a la siguiente generación. Aunque hayan surgido como una especie de táctica de protección –aprender a ser tan autocrítico que acabas superando incluso a los críticos–, el problema de verdad con las críticas que uno mismo se crea es que, cuando dejan de resultarle útiles, acaban siendo perjudiciales. Tener a veces de niño una apreciación negativa de uno mismo puede servir para no meterse en líos o esforzarse para superar imperfecciones, pero de adulto tienes la posibilidad de *elegir* entre escuchar o hacer caso omiso.

Si tu crítico interior es ruidoso e implacable hasta el punto de convertirse en una obsesión, la terapia cognitivo-conductual es un excelente método psicoterapéutico de probada eficacia que puede reformular y reestructurar nuestros pensamientos. Si la raíz de todas esas autocríticas hay que buscarla en dinámicas complicadas durante la infancia, en la psicoterapia psicodinámica encontramos un tipo de tratamiento que ayuda a procesar la experiencia haciéndonos recordar y sentir el luto por todo aquello que salió mal en el pasado, en el contexto de una relación sanadora y terapéutica; ello nos ayuda a sanar y a recuperarnos. En la empatía cognitiva y en la emocional se hallan los cimientos de las intervenciones psicoterapéuticas.

Separar nuestros pensamientos y sentimientos de quienes somos nos ayuda a mantener a raya a esos críticos y acosadores que nosotros mismos hemos creado. También nos enseña a distanciarnos de aquellos mensajes en los que se nos dice que no somos lo bastante buenos o inteligentes. Cuando decidimos no tomarnos tan en serio todos esos mensajes, poner en práctica la empatía hacia nosotros mismos nos permite empezar a procesar la negatividad y las críticas a un nivel más profundo y evaluarlas sin ningún juicio de valor. En lugar de tomar inmediatamente el camino de la autocrítica, la conciencia plena nos enseña a reducir la marcha, respirar profundamente y analizar nuestras reacciones despojados de todo apasionamiento.

Os mostraré un ejemplo extraído de mi propia experiencia. Una de las primeras charlas que di como profesional contaba entre sus miembros con un profesor considerado una eminencia en el campo de la psiquiatría. Se sentó al final de la sala y, nada más empezar yo mi presentación, comenzó a entrecerrar los ojos y a fruncir el ceño. Al ver que se sentía incómodo y que mostraba aparentes signos de desaprobación, acabé de descomponerme del todo.

Empezaron a sudarme las manos y pude notar como se me aceleraban el corazón y la respiración, todas ellas reacciones fisiológicas típicas de lucha y huida. ¿Por qué ponía esas caras? ¿Pensaba acaso que yo no tenía ni idea de lo que estaba hablando? Y, de hecho, *¿acaso sabía yo* de lo que estaba hablando? Al acabar, subió al estrado, me felicitó con un «ha sido una charla excelente» y me pidió que le mandara las diapositivas. Resultó que había olvidado sus gafas y no podía ver bien la pantalla.

¡La mente es una narradora genial! Estaba empezando mi carrera docente en psiquiatría y ese hombre era un pilar muy respetado en el ámbito de especialización que había elegido. Me libré a tejer un relato a partir de las expresiones faciales de alguien a quien apenas conocía. Normalmente tenemos la capacidad de interpretar la cara, el cuerpo y la voz con bastante precisión. Son los activos más valiosos de que disponemos a la hora de conformar una respuesta empática. No obstante, hay circunstancias, especialmente en relaciones con un desequilibrio de poder, en las que podemos llegar a malinterpretar una ceja que se arquea o un labio que se contrae. En este caso, mi percepción de la expresión facial de enfado del profesor era correcta, pero no así mi interpretación de ella.

La preocupación es un tipo de consuelo ritualizado. Nos imaginamos todas las situaciones negativas que pueden darse y, acto seguido, todas las formas posibles de zafarnos de ellas. El pensamiento ansioso es un intento de calmar el cerebro. Cuanto más lo hacemos, más lo reforzamos como hábito cognitivo. Según algunos estudios, en aproximadamente el 85 % de las veces no ocurre aquello por lo que nos preocupamos. Pensemos en cuánta energía psíquica se desperdicia de ese modo. Entre los muchos beneficios que aporta una mente calmada está el de atenuar esa cháchara cerebral que resulta contraproducente. Le da la vuelta al guion: no cambia nuestros pensamientos sino la *relación* que mantenemos *con* ellos.

Plantearnos una actitud más indulgente para con nosotros mismos nos permite alejarnos conscientemente de los aspectos emocionales de una situación determinada y evitar la desregulación emocional que, de manera automática, trae consigo análisis negativos y respuestas inadecuadas. Tal como demostraba un reciente estudio realizado en la Universidad de Emory, los sujetos que reciben formación en *mindfulness* mejoran su capacidad para interpretar el contacto visual y predecir lo que otros van a pensar; ambos son buenos test de precisión empática.

Cuando alguien reacciona mal ante lo que has hecho o te dice cualquier cosa que resulta ofensiva, puede hacer derrapar tus emociones por la pendiente de la negatividad y llevar tus pensamientos a dar vueltas sin parar en un hiperbucle de autocrítica. El pensamiento consciente contrarresta el pensamiento automático y evita que te precipites en tus conclusiones.

Hay un montón de razones por las que alguien puede sentirse infeliz que nada tienen que ver contigo. Quizás es porque tiene un carácter muy crítico, porque ha tenido un mal día o porque le preocupa algo. O quizás es simplemente porque no ve bien.

Perdonarnos a nosotros mismos por cosas que no han salido bien es una de las formas más eficaces de deshacerse de viejas heridas y resentimientos. Aunque nuestros pensamientos críticos sean en parte exactos, la conciencia plena nos enseña a no darles mayor importancia. No hay excusas que justifiquen un exceso de comentarios desmoralizadores contra nosotros mismos.

Siempre podemos encontrar un modo más amable y agradable de dirigirnos a nosotros mismos evitando etiquetas severas y una actitud autodestructiva. No pasa nada si admitimos que hemos cometido un error. Simplemente no pasemos por alto lo que hayamos hecho bien o lo que podremos hacer mejor la próxima vez. El cerebro lleno de preocupaciones no ha aprendido a valorar el hecho de estar en el presente y juzgar el yo de manera justa. Podemos reconocer nuestros pensamientos, pero *no somos nuestros pensamientos*. Aprende a observarlos desde el palco y decide cuál será tu respuesta.

Donde hay que ir

En mi especialidad médica, el problema del desgaste profesional (*burnout*) ha alcanzado proporciones epidémicas. Más de la mitad de los facultativos han tenido al menos un síntoma de desgaste como agotamiento, despersonalización de los demás (es decir, ver a la gente más como objetos que como personas) o pérdida de la sensación de eficacia en su trabajo. Entre los profesionales de la enfermería, los índices de desgaste son aún mayores. Según datos preliminares, la mayoría de las personas que se incorporan profesionalmente a la disciplina médica comienzan con un nivel de empatía superior a la media que se va reduciendo mientras aún se hallan en la etapa de formación. Los estudios han demostrado que ya en el tercer año de la carrera de medicina se da un alarmante incremento de casos de *burnout* y una preocupante disminución del nivel de empatía. No obstante, un estudio muy reciente llevado a cabo en la Universidad de Chicago indica que los estudiantes de medicina parecen mantenerse en niveles estables de empatía cognitiva, mientras que su empatía emocional va quedando neutralizada por los rigores de la formación, con apenas válvulas de escape para sobrellevar la presión y formación insuficiente en gestión de interacciones humanas complicadas.

Afortunadamente, la empatía cognitiva de los estudiantes de medicina parece imponerse y una mayoría de ellos, pese a la fatiga física y emocional, puede perseverar y facilitar una atención compasiva. Al acabar los estudios de medicina, los internos y residentes siguen presentando niveles epidémicos de desgaste profesional, e incluso después de finalizada su etapa formativa no vuelven a recuperarse del todo. Sabemos que un residente medio pasa menos de dos horas con sus pacientes en un día normal –y casi seis horas interactuando con datos en el ordenador–. Más allá del esfuerzo de tantas horas de ordenador y la imperiosa necesidad de diagnosticar sin descanso y tratar problemas médicos complejos, la excesiva importancia otorgada a la informatización de los historiales en las salas de exploración roba a los médicos oportunidades muy valiosas de practicar las siete claves de la empatía.

Si has ido recientemente al médico, seguramente el doctor te habrá hecho una serie de preguntas y habrá introducido tus respuestas en el ordenador. Mientras tecleaba esa información, ¿cuántas veces levantó el médico la vista y te miró a los ojos, o te demostró que entendía tus preocupaciones y no sólo tus quejas de aquel día? Probablemente muy pocas.

Si esta falta de contacto visual o incapacidad de percibir tus preocupaciones emocionales te hacen sentir más como un número que como un paciente, plantéate si tu médico no estará experimentando esa misma sensación. La mayoría de los facultativos no son partidarios de hacer su trabajo superficialmente. Cuando tu médico consulta a toda velocidad las listas de verificación y se centra exclusivamente en el problema que te ha llevado a él en lugar de escuchar a la persona en su totalidad, tanto tú como tu médico estáis perdiendo un poco de la humanidad que siempre había definido la práctica médica. Pero también os vais a perder el estallido de dopamina que hay en una experiencia interpersonal satisfactoria.

Los historiales electrónicos tienen ciertamente su lado positivo, pero también pueden convertirse en una barrera entre el médico y el paciente al eliminar el contacto visual, el análisis del lenguaje corporal y otras claves empáticas de la interacción entre médico y paciente. Es una mala experiencia para todo aquel que se ve implicado en ella. Los médicos sufren desgaste y una insatisfacción laboral creciente, mientras que los pacientes tienen cada vez más interacciones poco satisfactorias con el sistema sanitario. Más del 80 % de las demandas por negligencia profesional tienen su origen en una comunicación deficiente y en la falta de empatía por parte del médico según la percepción de los pacientes. Hay en marcha numerosas iniciativas cuya finalidad es potenciar el bienestar y la capacidad empática en la práctica médica en beneficio tanto del médico como del paciente.

Mi amigo Adi Haramati, a quien ya he presentado anteriormente, piensa que enseñar a los estudiantes de medicina a ser más conscientes es una parte importante de la respuesta. En 2014 Adi contribuyó a la creación de CENTILE, el Centro de Innovación y Liderazgo en Educación de la Facultad de Medicina de Georgetown, en el que se ofrecen programas para formadores con un énfasis especial en técnicas de cuidado personal y autoconciencia, como la meditación consciente. Los resultados de las clases mente-cuerpo impartidas en CENTILE sobre gestión del estrés y estimulación de la autoconciencia son impresionantes. Los estudiantes que participan en un programa de ocho semanas sobre meditación consciente y diversas iniciativas conjuntas de estudios de caso reconocen la gran influencia que ha tenido el curso en su educación. Antes de iniciarse las clases, dos tercios de los estudiantes afirman sentir empatía hacia sus compañeros. Al final de las clases, el porcentaje aumenta hasta el 95 %. Adi comenta que su despacho se inunda de cartas de estudiantes de medicina en las que le expresan su gratitud por la experiencia y agradecen a la facultad que les recuerde por qué eligieron estudiar medicina desde el primer momento.

Éste es el primer programa que conozco que tiene en cuenta la carga emocional y alostática de los estudiantes de medicina. Como fisiólogo, Adi entendió que enseñar fisiología del riñón, aunque era importante, no era lo mismo que impartir conocimientos sobre cómo las respuestas fisiológicas humanas al estrés durante la carrera de medicina pueden interferir en la gestión del aprendizaje y el estrés. Al introducir el *mindfulness* y la meditación, técnicas que en otros tiempos habían sido relegadas al dominio de la medicina alternativa y complementaria, la atención personal entró en el universo de los médicos en ciernes. Son lecciones importantes para todos: es imposible cuidar a los demás desde la compasión y la empatía si antes no nos ocupamos de nosotros mismos.

Por suerte, hoy se ofrecen programas similares en facultades de medicina estadounidenses y de todo el mundo. Un número creciente de universidades y programas de formación están incluyendo la atención personal en sus planes de estudios como materia troncal para la prevención del desgaste profesional. Así, en lugar de centrar toda la enseñanza médica en la atención al paciente, las facultades de medicina aprovechan la «oportunidad» que les brinda la actual crisis de casos de *burnout* para hacer virar el barco y acentuar también la atención personal en los cuidadores. Tal como hemos visto en este libro, la empatía engendra empatía a través de mecanismos cerebrales compartidos y cursos de atención personal, empatía y conciencia plena. Este énfasis en el cuidado de uno mismo y la compasión es necesario en todos los ámbitos de la sociedad.

Padres, educadores, empresarios, trabajadores sanitarios, abogados, políticos, agentes de la ley, el propio sistema jurídico y cualquier trabajador que interactúe con otras personas podrían disfrutar mucho más de sus funciones y tareas al tiempo que ganan en efectividad. Si practicamos la empatía hacia nosotros mismos y hacia los demás basándonos en las siete claves empáticas, contribuiremos seguro a diseñar una sociedad más cívica, un discurso más respetuoso, una mayor capacidad de comprensión de los demás y un mundo más humano.

Agradecimientos

Este libro no habría sido posible sin la cálida y maravillosa participación de Liz Neporent. Liz me ha ayudado a dar vida a décadas de experiencia clínica e investigación en psiquiatría, neurociencia, enseñanza y empatía, y lo ha hecho sintetizando las historias en las que se apoya esa experiencia de un modo que a ti, lector, te resulte atractivo. Ambas le estamos profundamente agradecidas a Linda Konnor, de Konnor Literary Agency, por su apoyo continuo, y a nuestra sagaz editora, Caroline Pincus, cuya guía y dedicación han sido inestimables. Liz y yo estamos sumamente agradecidas también a nuestras familias –Norm, Grant y Claire Nishioka, así como Jay y Skyler Shafran– por su curiosidad, sus ideas originales, su paciencia y su apoyo entusiasta.

Mi agradecimiento al departamento de psiquiatría del Hospital General de Massachusetts (MGH) y a la Facultad de Medicina de Harvard, donde la dirección de los doctores Ned Cassem, Jerry Rosenbaum y Michael Jenike determinó mi formación como psiquiatra, educadora e investigadora. Les agradezco su apoyo en la creación del Programa de Empatía y Ciencia Relacional del MGH, el primer programa de este tipo impulsado en un hospital.

Nuestro más sincero agradecimiento a mis colegas y compañeros de investigación, cuyo talento y conocimientos han puesto al servicio de una incansable labor en los numerosos proyectos que hemos llevado a cabo para el programa de empatía del MGH. Nuestro trabajo no habría sido posible sin las contribuciones de John Kelley, Gordon Kraft-Todd, Diego Reinero, Margot Phillips, Áine Lorié, Lidia Schapira, Rob Bailey, Lee Dunn, Tess Lauricella, Arabella Simpkin, Andrea Haberlein y Joan Camprodon. Gracias también a la memoria de nuestra querida colega Lee Baer.

Gracias a mis fieles mentores y amigos del Hospital General de Massachusetts General Hospital y la Facultad de Medicina de Harvard, los doctores Irene Briggin, Elizabeth Armstrong, Jon Borus, Michael Jenike, Elizabeth Mort, Maurizio Fava, Greg Friccione, John Herman, Christopher Gordon, Gene Beresin, Jim Groves, Margaret Cramer, Charlie Hatem, Carl Marci, Vicky Jackson, Juliet Jacobsen, Susan Edgman-Levitan, Tony Weiner, Beth Lown, David Eisenberg, Ed Hundert, Ron Arky, Rob Abernethy, Sherry Haydock y Liz Gaufberg.

Mi agradecimiento también para las fundaciones que han apoyado nuestra investigación, en especial la visionaria Sandra Gold y el difunto Arnold Gold, así como Richard Levin, de la Fundación Arnold P. Gold for Humanism in Medicine, la Fundación Josiah Macy Jr. for Medical Education, la Fundación Risk Management y la David Judah Fund.

No ha dejado de inspirarme la labor pionera en el campo de la comunicación y el *mindfulness* de: Alan Alda, Don Berwick, Richard Chasin, Richard Davidson, Jean Decety, Paul Ekman, el difunto John O'Donohue, Ron Epstein, Dan Goleman, Dan Siegel, la baronesa Sheila Hollins, Frank Sesno y Tania Singer.

Un agradecimiento especial a todas las personas que fueron entrevistadas y consultadas para la elaboración de este libro: Alan Alda, Caroline Abernethy, Frannie Abernethy Armstrong, Axelle Bagot, Susan Boisvert, Emile Boisvert, Richard Boyatzis, Christopher Gordon, Adi Haramati, Eric Kandel, Suzanne Koven, Lynn Margherio, Diane Paulus, Doug Rauch, Frank Sesno, Vicky Shen, Patty McLaughlin Simon, Dick Simon y Renee Peterson Trudeau.

Doy las gracias a todos mis colegas y amigos del Consortium for Research on Emotional Intelligence in Organizations, entre ellos sus cofundadores Daniel Goleman y Richard Boyatzis, así como Rick Aberman, Lauris Woolford y Doug Lennick.

Por encima de todo, mi más profundo agradecimiento a todos los pacientes y familias con los que he tenido el privilegio de trabajar a lo largo de mi trayectoria profesional. El poder que se libera en aquellas personas que tienen la valentía de conocer sus historias, llorarlas y aceptar todo aquello que no salió bien en sus vidas, para después emerger enteras y dispuestas a abrazar la vida, ha dado fuerza y significado a mi vida. La resiliencia del espíritu humano nunca ha dejado de inspirarme, esas personas que han cambiado sus vidas para bien y que han hecho del mundo un lugar más pacífico y conectado.

Mi más sincero agradecimiento a los queridos amigos y colegas que leyeron fragmentos del manuscrito y me hicieron llegar sus valiosas observaciones. Gracias a Malcolm Astley, Leigh Divine, David Frankel, Melissa Kraft, Claire Nishioka, Grant Nishioka, Nancy Rappaport, Johanna Riess Thoeresz y Christa T. Stout. A todas las personas que hicieron posible Empathetics, Inc., mi más profundo agradecimiento. Y gracias en particular a Charlie MacCormack, exCEO de Save the Children y profesor visitante del Middlebury College, por saber ver la aplicación de la empatía a la asistencia sanitaria e incluso más allá. Mi profunda gratitud a nuestra junta directiva –Joe Mondato, Pete McNerney y Nathaniel Opperman–, a nuestro consejo asesor, a Vance Opperman y al difunto Dr. Glen Nelson por su inestimable sabiduría, orientación y confianza en el potencial de Empathetics', y a todos nuestros responsables y personal, en especial a Diane Blake.

Gracias a los amigos que me dieron su inestimable apoyo mientras escribía este libro: Melissa Kraft, Nan Stout, Wendy Gordon, Larry Rowe, Nancy Persson, Ruthann Harnisch, Eve Ekman, Sandy Honeyman, Frank Sesno, John Weinberg, Cathy Lee, Malcolm Astley, Pam Swing, Diane y Dean Goodermote, sin olvidar a Kim y Ernie Parizeau. Gracias a todas esas mujeres tan especiales de Wayland, que me ayudaron a equilibrar mi vida y nuestro grupo de kayak: Jill Dalby Ellison, Anne Gilson, Annie Hollingsworth, Barb Burgess, Barb Fletcher, Bredt Handy Reynolds, Kim Wilson, Megan Lucier y Nancy Osborn.

Mis más sinceras gracias a mis padres y a mi hermano Victor, y a Jinny y Peter Bossart, por inspirarme ese amor a la música clásica, el arte, la fotografía, la medicina y la fe que me llevó a hacer este libro. Gracias también a la extraordinaria familia Nishioka, y en especial a mi suegra, Shizuye Nishioka, que ejemplifica el principio de que la gracia y la dignidad pueden imponerse a las circunstancias más adversas. Y gracias en especial a Adele Bargel, por una vida impregnada de empatía y cuyo poder me enseñó desde mi más tierna infancia.

Gracias a todas aquellas personas que no menciono en estos agradecimientos y que han sido una parte importante de este viaje.

Y, finalmente, nadie más merecedor de estos agradecimientos que mi hermana, Johanna Riess Thoeresz. Mi inspiración, modelo y mejor amiga. Gracias.

Referencias bibliográficas

Introducción

Borcsa, M. y Stratton, P. (eds.): *Origins and Originality in Family Therapy and Systemic Practice.* Nueva York: Springer, 2016.

Chasin, R., *et al.* (1996): «From diatribe to dialogue on divisive public issues: Approaches drawn from family therapy», *Conflict Resolution Quarterly*, vol. 13, n.º 4, pp. 323-344. doi.org/10.1002/crq.3900130408.

Halpern, J.: *From Detached Concern to Empathy: Humanizing Medical Practice.*

Oxford University Press, Oxford y Nueva York, 2001.

Kelley, J.-M. *et al.* (2014): «The influence of the patient-clinician relationship on healthcare outcomes: A systematic review and meta-analysis of randomized controlled trials», *PloS ONE* 9, n.º 4. e94207. doi.org/10.1371/journal.pone.0094207.

Marci, C. *et al.* (2007): «Physiologic correlates of perceived therapist empathy and social-emotional process during psychotherapy», *The Journal of Nervous and Mental Disease*, vol. 195, n.º 2, pp. 103-311. doi.org/10.1097/01.nmd.0000253731.71025.fc.

Marci, C. D.; Riess, H. (2005): «The clinical relevance of psychophysiology: Support for the psychobiology of empathy and psychodynamic process», *American Journal of Psychotherapy*, vol. 59, n.º 3, pp. 213-226.

RIESS, HELEN (2011): «Biomarkers in the psychotherapeutic relationship: The role of physiology, neurobiology, and biological correlates of E.M.P.A.T.H.Y», *Harvard Review of Psychiatry*, vol. 19, n.º 3, pp. 162-174. doi.org/10.3109/08941939.2011.581915.

—: (2010): «Empathy in medicine–a neurobiological perspective», *Journal of the American Medical Association*, vol. 304, n.º 14, pp. 1604-1605. doi.org/10.1001/jama.2010.1455.

RIESS, H. y MARCI, C. D. (2007): «The neurobiology and physiology of the patient– doctor relationship: Measuring empathy», *Medical Encounter*, vol. 21, n.º 3, pp. 38-41.

RIESS, H. *et al.* (2012): «Empathy Training for Resident Physicians: A Randomized Controlled Trial of a Neuroscience-Informed Curriculum», *Journal of General Internal Medicine*, vol. 27, n.º 10, pp. 1280-1286. doi.org/10.1007/s11606-012-2063-z.

Capítulo 1: La inteligencia mental compartida

BATSON, C. (1981): «Is empathic emotion a source of altruistic motivation?», *Journal of Personality and Social Psychology*, vol. 40, n.º 2, pp. 290-302. dx.doi.org/10.1037/0022-3514.40.2.290.

CARTWRIGHT, R. D. y LERNER, B. (1963): «Empathy, need to change and improvement with psychotherapy», *Journal of Consulting Psychology*, vol. 27, n.º 2, pp- 138-144. dx.doi.org/10.1037/h0048827.

DECETY, J. (2011): «The neuroevolution of empathy», *Annals of the New York Academy of Sciences*, n.º 1231, pp. 35-45. doi.org/10.1111/j.1749-6632.2011.06027.x.

DECETY, J. y ICKES, W. (eds.): *The Social Neuroscience of Empathy*. MIT Press, Cambridge (Massachusetts), 2011.

DECETY, J. *et al.* (2012): «A neurobehavioral evolutionary perspective on the mechanisms underlying empathy», *Progress in Neurobiology*, vol. 98, n.º 1, pp. 38-48. doi.org/10.1016/j.pneurobio.2012.05.001.

EKMAN, P.: *Emotions Revealed: Recognizing Faces and Feelings to Improve Communication and Emotional Life*. Henry Holt and Co., Nueva York, 2007. (Trad. cast.: *El rostro de las emociones: signos que revelan significado más allá de las palabras*. Círculo de Lectores, Barcelona, 2013).

HARRIS, J.: «The evolutionary neurobiology, emergence and facilitation of empathy». En: *Empathy in Mental Illness*, Tom F. D. Farrow; Peter W. R. Woodruff (eds.) pp. 168-186. Cambridge University Press, Cambridge, 2007.

KARAM FOUNDATION: Recuperado el 19 de marzo de 2018. karamfoundation.org

KNAPP, M. L. y HALL, J.: *Nonverbal Communication in Human Interaction*. 7.ª ed. Boston: Wadsworth, Boston, 2010.

KOHUT, H. (1959): «Introspection, Empathy, and Psychoanalysis: An Examination of the Relationship between Mode of Observation and Theory», *Journal of the American Psychoanalytic Association* 7, n.º 3 (1959), 459-483. doi.org/10.1177/000306515900700304.

LANZONI, S. (2015): «A Short History of Empathy», *Atlantic*. theatlantic.com/health/archive/2015/10/a-short-history-of-empathy/ 409912.

MEHRABIAN, A.: *Nonverbal Communication*. Aldine-Atherton, Chicago, 1972. Rankin, K. P., *et al.* (2006): «Structural anatomy of empathy in neurodegenerative disease», *Brain*, vol. 129, n.º 11, pp. 2945-2956. doi.org/10.1093/brain/awl254.

RIESS, H. (2010): «Empathy in medicine–a neurobiological perspective», *Journal of the American Medical Association*, vol. 304, n.º 14, pp. 1604-1605. doi.org/10.1001/jama.2010.1455.

—: «The Impact of Clinical Empathy on Patients and Clinicians: Understanding Empathy's Side Effects», *AJOB Neuroscience*, vol. 6, n.º 3, p. 51. doi.org/10.1080/21507740.2015.1052591.

RIFKIN, J.: *The Empathic Civilization: The Race to Global Consciousness in a World in Crisis*. Polity, Cambridge, 2010. (Trad. cast.: *La civilización empática: la carrera hacia una conciencia global en un mundo en crisis*. Paidós, Barcelona, 2010).

ROGERS, C. R.: *Client-Centered Therapy*. Constable & Robinson, Londres, 1995. (Trad. cast.: *Psicoterapia centrada en el cliente. práctica, implicaciones y teoría*. Paidós, Barcelona, 1986).

SHAMAY-TSOORY, S. G.; AHARON-PERETZ, J. y PERRY, D. (2009): «Two systems for empathy: A double dissociation between emotional and cognitive empathy in inferior frontal gyrus versus ventromedial prefrontal lesions», *Brain: A Journal of Neurology*, vol. 132, n.º 3, pp. 617-627. doi.org/10.1093/brain/awn279.

SINGER, T. (2013): «Feeling Others' Pain: Transforming Empathy into Compassion». Entrevista realizada por la Cognitive Neuroscience Society (24 junio). cogneurosociety.org/empathy_pain/.

VISCHER, R. (1873): «On the Optical Sense of Form: A Contribution to Aesthetics». En: *Empathy, Form, and Space: Problems in German Aesthetics, 1873–1893*, Harry Francis Mallgrave; Eleftherios Ikonomou (eds. y trads.), pp. 89-123. Getty Center Publications, Santa Monica (California), 1994.

WICKER, B. *et al.* (2003): «Both of Us Disgusted in My Insula: The Common Neural Pathway for Seeing and Feeling Disgust», *Neuron*, vol. 40, n.º 3, pp. 655-664. doi.org/10.1016/S0896-6273(03)00679-2.

Capítulo 2: Cómo funciona la empatía

AVENANTI, A. *et al.* (2005): «Transcranial magnetic stimulation highlights the sensorimotor side of empathy for pain», *Nature Neuroscience*, vol. 8, n.º 7, pp. 955-960. doi.org/10.1038/nn1481.

BUFALARI, I. *et al.* (2007): «Empathy for pain and touch in the human somatosensory cortex», *Cerebral Cortex*, vol. 17, n.º 11, pp. 2553-2561. doi.org/10.1093/cercor/bhl161.

DECETY, J. *et al.* (2012): «A neurobehavioral evolutionary perspective on the mechanisms underlying empathy», *Progress in Neurobiology*, vol. 98, n.º 1, pp. 38-48. doi.org/10.1016/j.pneurobio.2012.05.001.

FERRARI, P. F. y RIZZOLATTI, G. (2014): «Mirror neuron research: The past and the future», *Philosophical Transactions of the Royal Society of London B: Biological Sciences*, vol. 369, n.º 1644: 20130169. doi.org/10.1098/rstb.2013.0169.

HOGEVEEN, J.; INZLICHT, M. y OBHI, S. (2014): «Power changes how the brain responds to others», *Journal of Experimental Psychology: General*, vol. 143, n.º 2, pp. 755-762. doi.org/10.1037/a0033477.

LAMM, C.; BATSON, C. D. y DECETY, J. (2007): «The Neural Substrate of Human Empathy: Effects of Perspective-taking and Cognitive Appraisal», *Journal of Cognitive Neuroscience*, vol. 19, n.º 1, pp. 42-58. doi.org/10.1162/jocn.2007.19.1.42.

Miller, G. (2005): «Neuroscience: Reflecting on Another's Mind», *Science*, vol. 308, n.º 5724, pp. 945-947. doi.org/10.1126/science. 308.5724.945.

Pelphrey, K. A.; Morris, J. P. y McCarthy, G. (2005): «Neural basis of eye gaze processing deficits in autism», *Brain: A Journal of Neurology*, vol. 128, n.º 5, pp. 1038-1048. doi.org/10.1093/brain/awh404.

Preston, S. D. y de Waal, F. B. M. (2002): «Empathy: Its ultimate and proximate bases», *Behavioral and Brain Sciences*, vol. 25, n.º 1, pp. 1-20; debate, pp. 20-71. doi.org/10.1017/S0140525X02000018.

Riess, H. (2010): «Empathy in medicine –a neurobiological perspective», *Journal of the American Medical Associationm*, vol. 304, n.º 14, pp. 1604-1605. doi.org/10.1001/jama.2010.1455.

—: «The Science of Empathy», *Journal of Patient Experience*, vol. 4, n.º 2, pp. 74-77. doi.org/10.1177/2374373517699267.

Rizzolatti, G.; Fogassi, L. y Gallese, V. (2001): «Neurophysiological mechanisms underlying the understanding and imitation of action», *Nature Reviews Neuroscience*, vol. 2, n.º 9, pp. 661-670. doi. org/10.1038/35090060.

Singer, T. y Lamm, C. (2009): «The social neuroscience of empathy», *Annals of the New York Academy of Sciences*, n.º 1156, pp. 81-96. doi. org/10.1111/j.1749-6632.2009.04418.x.

Zaki, J. (2014): «Empathy: A motivated account», *Psychological Bulletin*, vol. 140, n.º 6, pp. 1608-1647. dx.doi.org/10.1037/a0037679.

Zaki, J. y Ochsner, K. N. (2012): «The neuroscience of empathy: Progress, pitfalls and promise», *Nature Neuroscience*, vol. 15, n.º 5, pp. 675-680. doi.org/10.1038/nn.3085.

Capítulo 3: El espectro de la empatía

Brewer, M. B.: «The social psychology of intergroup relations: Social categorization, ingroup bias, and outgroup prejudice». En: *Social Psychology: Handbook of Basic Principles*, (2.ª ed.), Arie W. Kruglanski; E. Tory Higgins (eds.), pp. 695-714. Guilford Press, Nueva York, 2007.

Dinh, K. T. *et al.* (2008): «The effects of contact with Asians and Asian Americans on White American college students: Attitudes, awareness of racial discrimination, and psychological adjustment», *American Journal of Community Psychology*, vol. 42, n.º 3-4, pp. 298-308. doi.org/10.1007/s10464-008-9202-z.

Ferrari, P. F. y Rizzolatti, G. (2014): «Mirror neuron research: The past and the future», *Philosophical Transactions of the Royal Society of London B: Biological Sciences*, vol. 369, n.º 1644: 20130169. doi.org/10.1098/rstb.2013.0169.

Goetz, J.; Keltner, D. y Simon-Thomas, E. R. (2010): «Compassion: An evolutionary analysis and empirical review», *Psychological Bulletin*, vol. 136, n.º 3, pp. 351-374. doi.org/10.1037a0018807.

Joseph, C. N. *et al.* (2005): «Slow breathing improves arterial baroreflex sensitivity and decreases blood pressure in essential hypertension», *Hypertension*, vol. 46, n.º 4, pp. 714-718. doi.org/10.1161/01.HYP.0000179581.68566.7d.

Missouri State University: Página web del Orientation and Mobility Graduate Certificate Program. Última modificación: 16 de enero de 2018. graduate.missouristate.edu/catalog/prog_Orientation_and_Mobility.htm.

Orloff, J.: *The Empath's Survival Guide: Life Strategies for Sensitive People*. Sounds True, Boulder (Colorado), 2017. (Trad. cast.: *Guía de supervivencia para personas altamente empáticas y sensibles*. Sirio, Málaga, 2018).

Phillips, M. *et al.* (2013): «Long-term effects of empathy training in surgery residents: A one year follow-up study», *European Journal for Person Centered Healthcare*, vol. 1, n.º 2, pp. 326-332. doi.org/10.5750/ejpch.v1i2.666.

Radaelli, A. (2004): «Effects of slow, controlled breathing on baroreceptor control of heart rate and blood pressure in healthy men», *Journal of Hypertension*, vol. 22, n.º 7, pp. 1361-1370. doi.org/10.1097/01.hjh.0000125446.28861.51.

Riess, H. *et al.* (2012): «Empathy Training for Resident Physicians: A Randomized Controlled Trial of a Neuroscience-Informed Curriculum», *Journal of General Internal Medicine*, vol. 27, n.º 10, pp. 1280-1286. doi.org/10.1007/s11606-012-2063-z.

—: (2011): «Improving empathy and relational skills in otolaryngology residents: A pilot study», *Otolaryngology–Head and Neck Surgery*, vol. 144, n.º 1, pp. 120-122. doi.org/10.1177/0194599810390897.

Singer, T. *et al.* (2004): «Empathy for pain involves the affective but not sensory components of pain», *Science*, vol. 303, n.º 5661, pp. 1157-1162. doi.org/10.1126/science.1093535.

—: (2006): «Empathic neural responses are modulated by the perceived fairness of others», *Nature*, vol. 439, n.º 7075, pp. 466-469. doi.org/10.1038/nature04271.

Slovic, P. (2007): «"If I Look at the Mass I Will Never Act": Psychic Numbing and Genocide», *Judgment and Decision Making*, vol. 2, n.º 2, pp. 79-95.

Slovic, P. *et al.* (2017): «Iconic photographs and the ebb and flow of empathic response to humanitarian disasters», *Proceedings of the National Academy of Sciences of the United States of America*, vol. 114, n.º 4, pp. 640-644. doi.org/10.1073/pnas.1613977114.

Capítulo 4: Las siete claves de E.M.P.A.T.H.Y.®

Adams, R. B., Jr., *et al.* (2003): «Effects of gaze on amygdala sensitivity to anger and fear faces», *Science*, vol. 300, n.º 5625, p. 1536. doi.org/10.1126/science.1082244.

Ambady, N. *et al.* (2002): «Surgeons' tone of voice: a clue to malpractice history», *Surgery*, vol. 132, n.º 1, pp. 5-9. doi.org/10.1067/msy.2002.124733.

Boucher, J. D. y Ekman, P. (1975): «Facial Areas and Emotional Information», *Journal of Communication*, vol. 25, n.º 2, pp. 21-29. doi.org/10.1111/j.1460-2466.1975.tb00577.x.

Bowlby, J.: *A Secure Base: Clinical Applications of Attachment Theory*. Routledge, Londres, 1988. (Trad. cast.: *Una base segura: aplicaciones clínicas de una teoría del apego*. Paidós, Barcelona, 2018).

—: *Attachment and Loss, Vol. I: Attachment*. Basic Books, Nueva York, 1999. (Trad. cast.: *El apego y la pérdida*. Paidós, Barcelona, 1998).

Chustecka, Z. (2016): «Cancer Risk Reduction in the Trenches: PCPs Respond», Medscape.com, medscape.com/viewarticle/870857.

CONRADT, E. y ABLOW, J. C. (2010): «Infant physiological response to the still-face paradigm: contributions of maternal sensitivity and infants' early regulatory behavior», *Infant Behavior & Development*, vol. 33, n.º 3, pp. 251-265. doi.org/10.1016/j.infbeh.2010.01.001.

DARWIN, C. (1872): *The Expression of Emotions in Man and Animals*. Reimpresión. Friedman, Londres, 1979. (Trad. cast.: *La expresión de las emociones en los animales y en el hombre*. Alianza Editorial, Madrid, 1998).

DECETY, J. y NORMAN, G. J.: «Empathy: A social neuroscience perspective». En: *International Encyclopedia of the Social and Behavioral Sciences*, 2.ª ed., vol. 7, James D. Wright (ed.), pp. 541-548. Elsevier, Oxford, 2015.

DECETY, J.; MICHALSKA, K. J. y KINZLER, K. D. (2012): «The contribution of emotion and cognition to moral sensitivity: A neurodevelopmental study», *Cerebral Cortex*, vol. 22, n.º 1, pp. 209-220. doi.org/10.1093/cercor/bhr111.

DIMASCIO, A.; BOYD, R. W. y GREENBLATT, M. (1957): «Physiological correlates of tension and antagonism during psychotherapy: A study of interpersonal physiology», *Psychosomatic Medicine*, vol. 19, n.º 2, pp. 99-104. doi.org/10.1097/00006842-195703000-00002.

Ekman, P.: *Emotions Revealed: Recognizing Faces and Feelings to Improve Communication and Emotional Life*. Henry Holt and Co., Nueva York, 2007. (Trad. cast.: *El rostro de las emociones: signos que revelan significado más allá de las palabras*. Círculo de Lectores, Barcelona, 2013).

EKMAN, P.; DAVIDSON, R. J. y FRIESEN, W. V. (1990): «The Duchenne smile: Emotional expression and brain physiology II», *Journal of Personality and Social Psychology*, vol. 58, n.º 2, pp. 342-353. doi.org/10.1037/0022-3514.58.2.342.

GAUNTLETT, J.: «The In My Shoes Project». Recuperado el 19 de marzo de 2018. janegauntlett.com/inmyshoesproject/.

HATFIELD, E. *et al.* (1995): «The impact of vocal feedback on emotional experience and expression», *Journal of Social Behavior and Personality*, vol. 10, pp. 293-312.

INSEL, T. R. y YOUNG, L. J. (2001): «The neurobiology of attachment», *Nature Reviews Neuroscience*, vol. 2, n.º 2, pp. 129-136. doi.org/10.1038/35053579.

JENNI, K. y LOWENSTEIN, G. (1997): «Explaining the identifiable victim effect», *Journal of Risk and Uncertainty*, vol. 14, n.º 3, pp. 235-257. doi.org/10.1023/A:1007740225484.

KELLEY, J. M. *et al.* (2014): «The influence of the patient-clinician relationship on healthcare outcomes: A systematic review and meta-analysis of randomized controlled trials», *PloS ONE*, vol. 9, n.º 4: e94207. doi.org/10.1371/journal.pone.0094207.

KÜNECKE, J. *et al.* (2014): «Facial EMG Responses to Emotional Expressions Are Related to Emotion Perception Ability», *PloS ONE*, vol. 9, n.º 1: e84053. doi.org/10.1371/journal.pone.0084053.

LIEBERMAN, M. D. *et al.* (2011): «Subjective Responses to Emotional Stimuli During Labeling, Reappraisal, and Distraction», *Emotion*, vol. 11, n.º 3, pp. 468-480. doi.org/10.1037/a0023503.

LORIÉ, Á. *et al.* (2017): «Culture and nonverbal expressions of empathy in clinical settings: A systematic review», *Patient Education and Counseling*, vol. 100, n.º 3, pp. 411-424. doi.org/10.1016/j.pec.2016.09.018.

MARCI, C. D. *et al.* (2007): «Physiologic correlates of perceived therapist empathy and social-emotional process during psychotherapy», *The Journal of Nervous and Mental Disease*, vol. 195, n.º 2, pp. 103-211. doi.org/10.1097/01.nmd.0000253731.71025.fc.

MEHRABIAN, A.: *Nonverbal Communication*. Aldine-Atherton, Chicago, 1972.

MORRISON, I.; PEELEN, M. V. y DOWNING, P. E. (2007): «The sight of others' pain modulates motor processing in human cingulate cortex», *Cerebral Cortex*, vol. 17, n.º 9, pp. 2214-2222. doi.org/10.1093/cercor/bhl129.

PETROVIĆ, P. *et al.* (2008): «Oxytocin attenuates affective evaluations of conditioned faces and amygdala activity», *Journal of Neuroscience*, vol. 28, n.º 26, pp. 6607-6615. doi.org/10.1523/JNEUROSCI.4572-07.2008.

RABIN, R. C. (2010): «Reading, Writing, 'Rithmetic and Relationships», *New York Times*, 20 de diciembre. well.blogs.nytimes.com/2010/12/20/reading-writing-rithmetic-and-relationships/

RIESS, H. «The Power of Empathy». Vídeo filmado en noviembre de 2013 en TEDxMiddlebury, Middlebury (Vermont), 17:02. youtube.com/watch?v=baHrcC8B4WM.

RIESS, H. y KRAFT-TODD, G. (2014): «E.M.P.A.T.H.Y.: A tool to enhance nonverbal communication between clinicians and their patients»,

Academic Medicine, vol. 89, n.º 8, pp. 1108-1112. doi.org/10.1097/ACM.0000000000000287.
Stephens, G. J.; Silbert, L. J. y Hasson, U. (2010): «Speaker-listener neural coupling underlies successful communication», *Proceedings of the National Academy of Sciences of the United States of America*, vol. 107, n.º 32, pp. 14425-14430. doi.org/10.1073/pnas.1008662107.

Capítulo 5: Quién está dentro y quién fuera

Brewer, M. B. «The social psychology of intergroup relations: Social categorization, ingroup bias, and outgroup prejudice». En: *Social Psychology: Handbook of Basic Principles*, 2.ª ed., Arie W. Kruglanski; E. Tory Higgins (eds.), pp. 695-714. Guilford Press, Nueva York, 2007.
Decety, J.; y Cowell, J. M. (2014): «Friends or Foes: Is Empathy Necessary for Moral Behavior?», *Perspectives on Psychological Science*, vol. 9, n.º 5, pp. 525-537. doi.org/10.1177/1745691614545130.
—: «The complex relation between morality and empathy», *Trends in Cognitive Sciences*, vol. 18, n.º 7, pp. 337-339. doi.org/10.1016/j.tics.2014.04.008.
Fisman, R. J. *et al.* (2008): «Racial Preferences in Dating», *The Review of Economic Studies*, vol. 75, n.º 1, pp. 117-132. doi.org/10.1111/j.1467-937X.2007.00465.x.
Lamm, C.; Meltzoff, A. N. y Decety, J. (2010): «How Do We Empathize with Someone Who Is Not Like Us? A Functional Magnetic Resonance Imaging Study», *Journal of Cognitive Neuroscience*, vol. 22, n.º 2, pp. 362-376. doi.org/10.1162/jocn.2009.21186.
Lorié, Á. *et al.* (2017): «Culture and nonverbal expressions of empathy in clinical settings: A systematic review», *Patient Education and Counseling*, vol. 100, n.º 3, pp. 411-424. doi.org/10.1016/j.pec.2016.09.018.
Peters, W. (dir.) (1970): *Eye of the Storm*. Filmada en Riceville (Iowa), transmitida por la ABC en 1970. Vídeo, 26:17. archive.org/details/EyeOfTheStorm_201303.
Petrović, P. *et al.* (2008): «Learning affective values for faces is expressed in amygdala and fusiform gyrus», *Social Cognitive and Affective Neuroscience*, vol. 3, n.º 2, pp. 109-118. doi.org/10.1093/scan/nsn002.

Piff, P. K. *et al.* (2012): «Higher social class predicts increased unethical behavior», *Proceedings of the National Academy of Sciences of the United States of America*, vol. 109, n.º 11, pp. 4086-4091. doi.org/10.1073/pnas.1118373109.

Yiltiz, H. y Chen, L. (2015): «Tactile input and empathy modulate the perception of ambiguous biological motion», *Frontiers in Psychology*, vol. 6, p. 161. doi.org/10.3389/fpsyg.2015.00161.

Capítulo 6: Crecer con empatía

Conradt, E. y Ablow, J. C. (2010): «Infant physiological response to the still-face paradigm: Contributions of maternal sensitivity and infants' early regulatory behavior», *Infant Behavior & Development*, vol. 33, n.º 3, pp. 251-265. doi.org/10.1016/j.infbeh.2010.01.001.

Cradles to Crayons: Recuperado el 19 de marzo de 2018. cradlestocrayons.org.

Fredrickson, B. *Positivity: Groundbreaking Research Reveals How to Embrace the Hidden Strength of Positive Emotions, Overcome Negativity, and Thrive.* One World Publications, Londres, 2009. (Trad cast.: *Vida positiva: cómo superar las emociones negativas y prosperar.* Bogotá, Grupo Editorial Norma, 2009).

Gladwell, M. *Blink: The Power of Thinking Without Thinking.* Little, Brown, Boston, 2005. (Trad. cast.: *Blink: el poder de pensar sin pensar.* Taurus, Barcelona, 2005).

Hemphill, S. A. *et al.* (2014): «Student and school factors associated with school suspension: A multilevel analysis of students in Victoria, Australia and Washington State, United States», *Children and Youth Services Review*, vol. 36, n.º 1, pp. 187-194. doi.org/10.1016/j.childyouth.2013.11.022.

Kendall-Tackett, K. A. y Eckenrode, J. (1996): «The effects of neglect on academic achievement and disciplinary problems: A developmental perspective», *Child Abuse and Neglect*, vol. 20, n.º 3, pp. 161-169. doi.org/10.1016/S0145-2134(95)00139-5.

Kendrick, K. M. (2000): «Oxytocin, motherhood and bonding», *Experimental Physiology*, vol. 85, n.º s1, pp. 111S-124S. doi.org/10.1111/j.1469-445X.2000.tb00014.x.

Kohut, H.: *How Does Analysis Cure?* Arnold Goldberg; Paul E. Stepansky (eds.). University of Chicago Press, Chicago, 1984.

Margherio, L. (2017): «Building an Army of Empathy». Vídeo filmado en noviembre en TEDxBeaconStreet, Boston (Massachusetts), 11:15. tedxbeaconstreet.com/videos/building-an-army-of-empathy/.

Open Circle: Recuperado el 19 de marzo de 2018. Wellesley Center for Women, Wellesley College. open-circle.org.

Piaget, J. y Inhelder, B.: *The Child's Conception of Space*. Psychology Press, Londres y Nueva York, 1997. (Trad. cast.: *Concepción de la geometría en el niño según Piaget*. Paidós Ibérica, Barcelona, 1986).

Sagi, A. y Hoffman, M. L. (1976): «Empathic distress in the newborn», *Developmental Psychology*, vol. 12, n.º 2, pp. 175-176. doi.org/10.1037/0012-1649.12.2.175.

Warrier, V. *et al.* (2018): «Genome-wide analysis of self-reported empathy: Correlations with autism, schizophrenia, and anorexia nervosa», *Translational Psychiatry*, vol. 8, n.º 1, p. 35. doi.org/10.1038/s41398-017-0082-6.

Winnicott, D. W. (1960): «The theory of the parent-infant relationship», *The International Journal of Psychoanalysis*, vol. 41, pp. 585-595. doi.org/10.1093/med:psych/9780190271381.003.0022

Capítulo 7: Los ABC de la empatía en la educación

Falk, E. B. *et al.* (2013): «Creating buzz: The neural correlates of effective message propagation», *Psychological Science*, vol. 24, n.º 7, pp. 1234-1242. doi.org/10.1177/0956797612474670.

Farber, M.: *Gamify Your Classroom: A Field Guide to Game-Based Learning*. Ed. rev. Peter Lang Publishing, Inc., Nueva York, 2017.

Hemphill, S. A. *et al.:* «The effect of school suspensions and arrests on subsequent adolescent antisocial behavior in Australia and the United States», *Journal of Adolescent Health*, vol. 39, n.º 5, pp. 736-744. doi.org/10.1016/j.jadohealth.2006.05.010.

Horn, M. B. y Staker, H.: *Blended: Using Disruptive Innovation to Improve Schools*. Jossey-Bass, San Francisco, 2015.

Kidd, D. C. y Castano, E. (2013): «Reading literary fiction improves theory of mind», *Science*, vol. 342, n.º 6156, pp. 377-380. doi.org/10.1126/science.1239918.

Lieberman, M. D. (2012): «Education and the social brain», *Trends in Neuroscience and Education*, vol. 1, n.º 1, pp. 3-9. doi.org/10.1016/j.tine.2012.07.003.

Redford, J. (dir.) (2015): *Paper Tigers*. KPJR Films, Branford (Connecticut). kpjrfilms.co/paper-tigers/.

Warrier, V. *et al.* (2018): «Genome-wide analysis of self-reported empathy: Correlations with autism, schizophrenia, and anorexia nervosa», *Translational Psychiatry*, vol. 8, n.º 1, p. 35. doi.org/10.1038/s41398-017-0082-6.

Capítulo 8: Textos, pantallas y empatía digital

Berridge, K. C. y Robinson, T. E. (1998): «What is the role of dopamine in reward: Hedonic impact, reward learning, or incentive salience?», *Brain Research Reviews*, vol. 28, n.º 3, pp. 309-369. doi.org/10.1016/S0165-0173(98)00019-8.

Buckels, E. E.; Trapnell, P. D. y Paulhus, D. L. (2014): «Trolls Just Want to Have Fun», *Personality and Individual Differences*, vol. 67, pp. 97-102. doi.org/10.1016/j.paid.2014.01.016.

Buxton, M. (2017): «The Internet Problem We Don't Talk About Enough», Refinery29.com, 15 de marzo. refinery29.com/online-harassment-statistics-infographic.

Dosomething.org (2018): «11 Facts About Bullies». Recuperado el 19 de marzo. dosomething.org/us/facts/11-facts-about-bullying.

Keng, S.-L.; Smoski, M. J. y Robins, C. J. (2011): «Effects of mindfulness on psychological health: A review of empirical studies», *Clinical Psychology Review*, vol. 31, n.º 6, pp. 1041-1056. doi.org/10.1016/j.cpr.2011.04.006.

Przybylski, A. K. y Weinstein, N. (2013): «Can you connect with me now? How the presence of mobile communication technology influences face-to-face conversation quality», *Journal of Social and Personal Relationships*, vol. 30, n.º 3, pp. 237-246. doi.org/10.1177/0265407512453827.

RIDEOUT, V. J.; FOEHR, U. G. y ROBERTS, D. F.: *Generation M2: Media in the Lives of 8- to 18-Year-Olds: A Kaiser Family Foundation Study.* Henry J. Kaiser Family Foundation, Menlo Park (California), 2010.

SCHENKER, M. (2016): «The Surprising History of Emojis», Webdesignerdepot.com, 11 de octubre. webdesignerdepot.com/2016/10/the-surprising-history-of-emojis/.

STEINBERG, B. (2012): «Study: Young Consumers Switch Media 27 Times an Hour», Ad Age, 9 de abril. adage.com/article/news/study-young-consumers-switch-media-27-times-hour/234008/.

WEST, L. (2015): «What Happened When I Confronted My Cruelest Troll», *The Guardian*, 2 de febrero. theguardian.com/society/2015/feb/02/what-happened-confronted-cruellest-troll-lindy-west.

WONG, H. M., *et al.* (2017): «Dental Students' Attitude towards Problem-Based Learning before and after Implementing 3D Electronic Dental Models», *International Journal of Educational and Pedagogical Sciences*, vol. 104, n.º 8, pp. 2110,1-6. hdl.handle.net/10722/244777.

Capítulo 9: Empatía, arte y literatura

Alan Alda Center for Communicating Science. Recuperado el 19 de marzo de 2018. aldacenter.org.

GAUNTLETT, J.: «The In My Shoes Project». Recuperado el 19 de marzo de 2018. janegauntlett.com/inmyshoesproject/

KANDEL, E. R.: *The Age of Insight: The Quest to Understand the Unconscious in Art, Mind, and Brain, from Vienna 1900 to the Present.* Random House, Nueva York, 2012. (Trad. cast.: *La era del inconsciente: la exploración del inconsciente en el arte, la mente y el cerebro.* Paidós, Barcelona, 2013).

KIDD, D. C.; Castano, E. (2013): «Reading literary fiction improves theory of mind», *Science*, vol. 342, n.º 6156, pp. 377-380. doi.org/10.1126/science.1239918.

MAZZIO, M. (dir.) (2017): *I Am Jane Doe.* Babson Park (Massachusetts), 50 Eggs Films. iamjanedoefilm.com.

O'Donohue, J.: *Anam Cara: A Book of Celtic Wisdom*, 25. HarperCollins, Nueva York, 1997. (Trad. cast.: *Anam Cara: el libro de la sabiduría celta*. Sirio, *Málaga, 2010)*.

—: *Beauty: The Invisible Embrace: Rediscovering the True Sources of Compassion, Serenity, and Hope*. HarperCollins, Nueva York, 2004.

Rentfrow, P. J.; Goldberg, L. R. y Zilca, R. D. (2011): «Listening, watching, and reading: The structure and correlates of entertainment preferences», *Journal of Personality*, vol. 79, n.º 2, pp. 223-258. doi.org/10.1111/j.1467-6494.2010.00662.x.

Rifkin, J.: *The Empathic Civilization: The Race to Global Consciousness in a World in Crisis*. Polity, Cambridge, 2010. (Trad. cast.: *La civilización empática: la carrera hacia una conciencia global en un mundo en crisis*. Paidós, Barcelona, 2010).

Siegel, D. J. *The Developing Mind: How Relationships and the Brain Interact to Shape Who We Are*. 2.ª ed. Guilford Press, Nueva York, 2012. (Trad. cast.: *La mente en desarrollo: cómo interactúan las relaciones y el cerebro para modelar nuestro ser*. Desclée de Brouwer, Bilbao, 2007).

Capítulo 10: El liderazgo y la política de la empatía

Adams, R. B., Jr. *et al.* (2003): «Effects of gaze on amygdala sensitivity to anger and fear faces», *Science*, vol. 300, n.º 5625, p. 1536. doi.org/10.1126/science.1082244.

Boyatzis, R. y McKee, A.: *Resonant Leadership: Renewing Yourself and Connecting with Others Through Mindfulness, Hope, and Compassion*. Harvard Business Review Press, Boston, 2005.

Buckner, R. L.; Andrews-Hanna, J. R.; Schacter, D. L. (2008): «The brain's default network: Anatomy, function, and relevance to disease», *Annals of the New York Academy of Sciences*, vol. 1124, n.º 1, pp. 1-38. doi.org/10.1196/annals.1440.011.

Cameron, K. (2011): «Responsible Leadership as Virtuous Leadership», *Journal of Business Ethics*, vol. 98, n.º 1, pp. 25-35. doi.org/10.1007/s10551-011-1023-6.

CNN Exit Polls (2016): 23 de noviembre. cnn.com/election/results/exit-polls DeSteno, D.: *The Truth About Trust: How It Determines Success in Life, Love, Learning, and More*. Hudson Street Press, Nueva York, 2014.

FAJARDO, C. *et al.* (2008): «Von Economo neurons are present in the dorsolateral (dysgranular) prefrontal cortex of humans», *Neuroscience Letters*, vol. 435, n.º 3, pp. 215-218. doi.org/10.1016/j.neulet.2008.02.048.

GOLEMAN, D.: *Emotional Intelligence: Why It Can Matter More Than IQ*. Bloomsbury, Londres, 2010.

—: *Social Intelligence: The New Science of Human Relationships*. New York: Bantam Books, 2007. (Trad. cast.: *Inteligencia social: la nueva ciencia de las relaciones humanas*. Kairós, Barcelona, 2012).

GOLEMAN, D.; BOYATZIS, R.; y MCKEE, A.: *Primal Leadership: Realizing the Power of Emotional Intelligence*. Boston: Harvard Business Review Press, 2002. (Trad. cast.: *El líder resonante crea más: el poder de la inteligencia emocional*. Debolsillo, Barcelona, 2003).

GRANT, D. (2010): «Artists as Teachers in Prisons», *Huffington Post*, 6 de julio. Actualizado 17 de noviembre de 2011. huffingtonpost.com/daniel-grant/artists-as-teachers-in-pr_b_565695.html.

KRAFT-TODD, G. (2017): «Empathic nonverbal behavior increases ratings of both warmth *and* competence in a medical context», *PloS ONE*, vol. 12, n.º 5: e0177758. doi.org/10.1371/journal.pone.0177758.

KUHN, D. (2016): *Dispatches from the Campaign Trail*. American University.

LENNICK, D. y KIEL, F.: *Moral Intelligence: Enhancing Business Performance and Leadership Success*. Pearson Education, Upper Saddle River (Nueva Jersey), 2008.

LENNICK, D.; GEER, R.; y GOULART, R.: *Leveraging Your Financial Intelligence: At the Intersection of Money, Health, and Happiness*. John Wiley & Sons, Inc., Hoboken (Nueva Jersey), 2017.

MASLOW, A. H. (1943): «A theory of human motivation», *Psychological Review*, vol. 50, n.º 4, pp. 370-396. doi.org/10.1037/h0054346.

PERI, S. (2017): «Empathy Is Dead in American Politics», *New York*, 30 de marzo. nymag.com/daily/intelligencer/2017/03/empathy-is-dead-in-american-politics.html.

SCHWARTZ, R. C.: *Internal Family Systems Therapy*. Guilford Press, Nueva York, 1994.

SESNO, F.: *Ask More: The Power of Questions to Open Doors, Uncover Solutions and Spark Change*. Amacom, Nueva York, 2017.

SOFIA NEWS AGENCY (2011): «Transparency International–Bulgaria reports alarming rate of potential vote sellers»., 19 de octubre 2011. novinite.com/articles/133068/Transparency+International-Bulgaria+Reports+Alarming+Rate+of+Potential+ Vote-Sellers.

THE EMPATHY BUSINESS: «Our Empathy Index». Recuperado el 19 de marzo de 2018. hbr.org/2015/11/2015-empathy-index.

«THE TRUMP FAMILY SECRETS AND LIES» (2017): Noticia de portada, *People*, 31 de julio.

VALDESOLO, P. y DESTENO, D. (2011): «Synchrony and the social tuning of compassion», *Emotion*, vol. 11, n.º 2, pp. 262-226. doi.org/10.1037/a0021302.

Capítulo 11: Bucear en lo más profundo de la empatía

ALDA, A.: *If I Understood You, Would I Have This Look on My Face?: My Adventures in the Art and Science of Relating and Communicating*. Random House, Nueva York, 2017.

ARUMI, A. M. y YARROW, A. L.: *Compassion, Concern and Conflicted Feelings: New Yorkers on Homelessness and Housing*. Public Agenda, Nueva York, 2007. publicagenda.org/files/homeless_nyc.pdf.

BARON-COHEN, S.: *Autism and Asperger Syndrome*. Oxford University Press, Oxford y Nueva York, 2008. (Trad. cast.: *Autismo y síndrome de Asperger*. Alianza Editorial, Madrid, 2010).

—: *The Science of Evil: On Empathy and the Origins of Cruelty*. Basic Books, Nueva York, 2011.

—: *Zero Degrees of Empathy: A New Theory of Human Cruelty and Kindness*. Londres, Penguin Books, 2011. (Trad. cast.: *Empatía cero: nueva teoría de la crueldad*. Alianza Editorial, Madrid, 2012).

EGAN, G.: *The Skilled Helper: A Systematic Approach to Effective Helping*. 4.ª ed. Brooks- Cole Publishing, Pacific Grove (California), 1990.

Final Report Draft (Washington, DC: Comisión Presidencial para la Lucha contra la Drogadicción y la Crisis Opiácea, 2017). whitehouse.gov/sites/whitehouse.gov/files/images/Final_Report_Draft_11-15-2017.pdf.

Wakeman, S.: *Journal of Addiction Medicine*. American Society of Addiction Medicine, 2017.

Yoder, K. J. *et al.*: «Neural networks underlying implicit and explicit moral evaluations in psychopathy», *Translational Psychiatry*, vol. 25, n.º 5: e625. doi.org/10.1038/tp.2015.117.

Capítulo 12: La empatía hacia nosotros mismos

Ekman, E. y Halpern, J. (2015): «Professional Distress and Meaning in Health Care: Why Professional Empathy Can Help», *Social Work in Health Care*, vol. 54, n.º 7, pp. 633-650. doi.org/10.1080/00981389.2015.1046575.

Epel, E. S. *et al.* (2004): «Accelerated telomere shortening in response to life stress», *Proceedings of the National Academy of Sciences*, vol. 101, n.º 49, pp. 17312-17315. doi.org/10.1073/pnas.0407162101.

Epstein, R. M.: *Attending: Medicine, Mindfulness, and Humanity*. Scribner, Nueva York, 2017. (Trad. cast.: *Estar presente: medicina, mindfulness y calidad humana*. Kairós, Barcelona, 2018).

Epstein, R. M. (1999): «Mindful practice», *JAMA*, vol. 282, n.º 9, pp. 833-839. doi.org/10.1001/jama.282.9.833.

Gazelle, G.; Liebschutz, J. M. y Riess, H. (2014): «Physician Burnout: Coaching a Way Out», *Journal of General Internal Medicine*, vol. 30, n.º 4, pp. 508-513. doi.org/10.1007/s11606-014-3144-y.

Goleman, D. y Davidson, R. J.: *Altered Traits: Science Reveals How Meditation Changes Your Mind, Brain, and Body*. Avery, Nueva York, 2017.

Gračanin, A. *et al.* (2015): «Why crying does and sometimes does not seem to alleviate mood: A quasi-experimental study», *Motivation and Emotion*, vol. 39, n.º 6, pp. 953-960. doi.org/10.1007/s11031-015-9507-9.

Hojat, M. *et al.* (2009): «The devil is in the third year: A longitudinal study of erosion of empathy in medical school», *Academic Medicine: Journal of the Association of American Medical Colleges*, vol. 84, n.º 9, pp. 1182-1191. doi.org/10.1097/ACM.0b013e3181b17e55.

Kabat-Zinn, J.: *Wherever You Go, There You Are: Mindfulness Meditation in Everyday Life*. Hyperion, Nueva York, 1994. (Trad. cast.: *Mindfulness en la vida cotidiana: donde quiera que vayas, ahí estás*. Paidós Ibérica, Barcelona, 2009).

Kearney, M. K. *et al.* (2009): «Self-care of physicians caring for patients at the end of life: 'Being connected… a key to my survival», *JAMA*, vol. 301, n.º 11, pp. 1155-1164. doi.org/10.1001/jama.2009.352.

Linzer, M. *et al.* (2014): «10 Bold Steps to Prevent Burnout in General Internal Medicine», *Journal of General Internal Medicine*, vol. 29, n.º 1, pp. 18-20. doi.org/10.1007/s11606-013-2597-8.

Mascaro, J. S. *et al.* (2013): «Compassion meditation enhances empathic accuracy and related neural activity», *Social Cognitive and Affective Neuroscience*, vol. 8, n.º 1, pp. 48-55. doi.org/10.1093/scan/nss095.

Neff, K. D. (2003): «Self-Compassion: An Alternative Conceptualization of a Healthy Attitude Toward Oneself», *Self-Identity*, vol. 2, n.º 2, pp. 85-101. doi.org/10.1080/15298860309032.

Riess, H. y Kraft-Todd, G. (2014): «E.M.P.A.T.H.Y.: A tool to enhance nonverbal communication between clinicians and their patients», *Academic Medicine*, vol. 89, n.º 8, pp. 1108-1112. doi.org/10.1097/ACM.0000000000000287.

Riess, H. *et al.* (2012): «Empathy Training for Resident Physicians: A Randomized Controlled Trial of a Neuroscience-Informed Curriculum», *Journal of General Internal Medicine*, vol. 27, n.º 10, pp. 1280-1286. doi.org/10.1007/s11606-012-2063-z.

Siegel, D. J.: *The Mindful Brain: Reflection and Attunement in the Cultivation of Well-Being*. W. W. Norton, Nueva York, 2007. (Trad. cast.: *Cerebro y mindfulness: la reflexión y la atención plena para cultivar el bienestar*. Paidós Ibérica, Barcelona, 2010),

Shanafelt, T. D. *et al.* (2012): «Burnout and satisfaction with work-life balance among US physicians relative to the general US population», *Archives of Internal Medicine*, vol. 172, n.º 18, pp. 1377-1385. doi:10.1001/archinternmed.2012.3199.

Smith, K. E.; Norman, G. J. y Decety, J. (2017): «The complexity of empathy during medical school training: Evidence for positive changes»,

Medical Education, vol. 51, n.º 11, pp. 1146-1159. doi.org/10.1111/medu.13398.

TRUDEAU, R. P.: *The Mother's Guide to Self-Renewal: How to Reclaim, Rejuvenate and Re-Balance Your Life*. Balanced Living Press, Austin (Texas), 2008.

Índice analítico

A

B

C

D

E

R

S

T

V

W

Y

Acerca de la autora

Helen Riess, MD, es psiquiatra en ejercicio, profesora clínica adjunta de psiquiatría en la Facultad de Medicina de Harvard y directora de Programa de Empatía y Ciencia Relacional del Massachusetts General Hospital (MGH). Es miembro del Consortium for Research on Emotional Intelligence in Organizations. La Dra. Riess creó un método de formación en empatía basado en la investigación neurobiológica y fisiológica, y que ha sido probado en estudios piloto y ensayos controlados y aleatorios realizados en el MGH. Llevó a cabo su residencia y su etapa como responsable de residentes tanto en el MGH como en la Facultad de Medicina de Harvard. Asimismo, la Dra. Riess ha dedicado su carrera a la enseñanza y la investigación del arte y la ciencia en la relación paciente-médico. Es una educadora, investigadora y conferenciante de reconocido prestigio internacional, cuyo artículo de referencia «Empathy in Medicine – A Neurobiological Perspective», publicado en *Journal of the American Medical Association* en 2010, transformó por completo la visión que tenían de la empatía los profesionales de la medicina. La Dra. Riess fue cofundadora, y es la actual responsable científica, de Empathetics, Inc., una Plataforma que ha formado a miles de profesionales de la medicina, educadores y líderes de la comunicación empática. Su labor investigadora pionera ha sido objeto de numerosos reconocimientos. Helen se doctoró en Medicina en la Facultad de Medicina de la Universidad de Boston, y se licenció en letras por la Universidad de Wesleyan.

Índice